经济常识从入门到精通

只有坚持进行精细化改革，才能够在迅速完成企业专业化的基础上实现企业的改革目标。

经济常识
从入门到精通

栾振芳 ☆ 编著

四川人民出版社

图书在版编目（CIP）数据

经济常识从入门到精通 / 栾振芳编著. -- 成都：四川人民出版社，2021.6
ISBN 978-7-220-11675-9

Ⅰ.①经… Ⅱ.①栾… Ⅲ.①经济学—通俗读物 Ⅳ.① F0-49

中国版本图书馆 CIP 数据核字 (2019) 第 272119 号

JINGJI CHANGSHI CONG RUMEN DAO JINGTONG
经济常识从入门到精通
栾振芳　编著

出 版 人	黄立新
策划组稿	张明辉
责任编辑	戴黎莎
营销策划	张明辉
插画绘制	金版文化
封面设计	简明波
责任印刷	李　剑
出版发行	四川人民出版社（成都槐树街2号）
网　　址	http://www.scpph.com
E-mail	scrmcbs@sina.com
新浪微博	@四川人民出版社
微信公众号	四川人民出版社
发行部业务电话	（028）86259624　86259453
防盗版举报电话	（028）86259624
印　　刷	深圳市雅佳图印刷有限公司
成品尺寸	135mm×180mm
印　　张	14
字　　数	300千
版　　次	2021年6月第1版
印　　次	2021年6月第1次印刷
书　　号	ISBN 978-7-220-11675-9
定　　价	49.90元

版权所有·侵权必究
本书若出现印装质量问题，请与我社发行部联系调换
电话：（028）86259453

前言
Preface

在现实中，我们的生活时刻被经济的影子所萦绕，我们的一举一动几乎都与经济学有着千丝万缕的联系。经常关注时政和经济的人，很容易就能总结出：目前中国的热点问题没有一个不与经济学密切相关，也没有一个不与老百姓的切身利益密切相关。例如，就业市场风云变幻，当初的热门专业早已"降温"，年轻人求职很难不受此影响；房市前景未明，房价似乎按兵不动，人们不知道什么时候买房才合适……

人的一生有几个关键时期——初涉人世、升学就业、成家立业，每一个时期都对整个人生的成败影响深远。但决定人生成败的关键几步，大部分都集中在人的前半生。我们一生中面临着各种各样的选择：当我们是学生时，要和家人商讨是上普通学校还是就读名校；临近大学毕业，我们要面临考研还是就业的抉择；走上社会了，我们要考虑是找份符合个人兴趣的工作还是找份体面的工作；如果我们创业了，我们还要选择一个好地段做生意，还要思考如何占领市场、如何提高产品竞争力；面对我们的终身大事，还要考虑在感情和面包之间如何选择……凡此种种，如果不打好基础、不做好选择，我们将抱憾终身。其实，这些对我们人生的成败影响深远的大事背后都隐藏着一定的经济学规律和法则，甚至就连一些鸡毛蒜皮的小事都与经济学有着莫大的关联。我们的生活已经离不开经济学，用经济学的原理来反观我们的生活，其实我们就是生活在一个经济学乐园里，人生时时皆经济，生活处处皆经济。

当各种经济现象和经济规则在我们身边交错上演时，真正能全面了解经济学常识并能让经济学常识为己所用的人却为数不多。人们或许都经历过或看到过这样一些情景：带上密友去相亲，结果促成了密友的一段姻缘；领导明明有意提拔自己，不知道为什么却提拔了刚来不久的同事；觉得自己岁数不小了却一事无成，懊悔于曾经荒废的美好时光不能自拔；忘了带钱，楼下的小贩不允许你先带走西瓜再把钱送来……为什么你被密友取代？为什么你会输给新同事？后悔有用吗？小贩为什么如此不信任你？这些谜底都能在经济学中一一揭开：你不懂得你和密友各自的比较优势；你没有算清楚职场的替代效应；你不知道过去的事情就是覆水难收，属于沉没成本；你不清楚小贩和你在进行一次博弈……因此，更深刻地了解那些在我们身边的、关乎我们幸福和成功的生活现象背后的本质和真相，能让我们在面临某些问题时更加睿智，不懂一些经济学常识是不行的。

经济学存在于我们每个人的日常行为中,我们每时每刻都在有意无意地运用经济规律进行选择和取舍。消费、投资、理财、谈判、营销、管理,乃至人际交往、职场竞争、爱情婚姻等,都是一种经济活动,都包含一些经济学规律。每个人都应该懂点经济学。懂得一些经济学常识,可以帮助我们在生活中轻松地做出决策,游刃有余地应对庞杂生活中的一切问题,在日常消费中更加精明、在恋爱婚姻上少走弯路、在人生大事的决策上更加理性……我们天天与经济打交道,唯有了解经济学常识,善于应用一些经济理论,才能让生活更加有声有色、有滋有味。正如一位著名经济学家所说的那样:"经济学知识是每个做大事或做小事的人都需要懂一点的一门学问。只有那些准备上荒岛去开荒且不与外界社会来往的人,学习经济学才会成为多余的事。"

古今中外,经济学著作浩如烟海,经济学理论艰涩抽象,经济学支派门类繁多,在此情形下,作为非经济学专业的年轻读者,如何才能在短时间内对经济学有一个通盘的了解呢?

为了帮助广大迷茫的读者朋友摆脱"经济盲"的状态,能在日常经济生活中更加得心应手,能更好地保护自己的利益,能更好地理解国家经济政策,并学会分析经济形势,我们精心编写了这部《经济常识从入门到精通》。书中用通俗易懂的语言对经济学的本质、经济学独特的思考方式以及经济学的基本概念和规律进行了系统而深入浅出的讲解，并通过大量的生活案例，从政治生活、日常生活、教育、职场、消费、投资、管理、人际关系、婚恋、家庭、社会文化等方面，全面剖析了经济学在社会生活各个领域的广泛应用以及经济学规律对生活的巨大作用，帮助广大读者通过一本书读懂经济学，掌握经济学的精髓，学会像经济学家一样思考，用经济学的视角和思维观察、剖析种种生活现象，指导自己的行为，并由此做好人生投资，为以后的人生铺平道路，奠定成功人生的基础。

目录 CONTENTS

第一章 价格谜思：为什么"物以稀为贵"

PART 01 市场——左右价格的神奇妙手

- 002　超市中总有卖不完的面包
- 006　电影院的爆米花要更贵一些
- 010　为什么说婚姻自始至终是垄断交易
- 014　市场也有失去效力的时候

PART 02 价值悖论——钻石为什么比水珍贵

- 018　奢侈品总是越贵越好卖
- 022　运动鞋比轮胎还要昂贵
- 025　钻石真的比水更有价值吗
- 029　聪明人只买对的，不买贵的

PART 03 弹性——
为什么食盐不搞促销

032 超值午餐，亏本还是大赚
035 为什么丰产不能丰收
037 深夜出租车的优惠服务
039 产品价格越高，买的人却越多
041 随时微调你的就业指示灯
044 购物返券，却不直接打折

PART 04 均衡——
买卖之间的讨价还价

047 为什么"粗粮"比"细粮"贵
048 对手为什么总喜欢做邻居

第二章 成本考量：
天下没有免费的午餐

PART 01 机会成本——
"舍"与"得"的启示

052 种小麦还是去酿葡萄酒
057 比尔·盖茨为何早早退休
060 校园兼职牺牲的是什么
063 买不买车，这是一个问题
067 要获得机会，就要付出代价

PART 02 | 沉没成本——追悔只是错上加错

- 070　沉没成本：失去的永不能再回来
- 073　不要在吃自助餐时想要赚回本钱
- 077　摔坏了的照相机应该拿去修理吗
- 080　航空公司亏本运营的秘密

PART 03 | 交易成本——买大杯咖啡是双赢的选择

- 085　商品一样却价格不同的神奇奥秘
- 089　组装还是套装，买哪种更实惠
- 091　吃肯德基，要网上订餐还是上门自取
- 096　热恋时 VS 分手时的交易费用分析
- 100　去星巴克应该买多大杯号的咖啡
- 103　真正了解顾客需求的商家更受欢迎

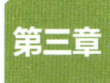

第三章　效益：
如何提升你的价值链

PART 01 | 竞争——适者生存的哲学

- 108　为什么漂亮的姑娘更爱打扮
- 111　为什么在大医院看病难

114	为什么限塑令在小摊小贩那里不灵
117	竞争优势效应：我+我们=完整的我
120	合作是成功的"羽翼"

PART 02 | 专业化——精通是最好的通行证

124	为何会把蓝领工人当宝贝
127	通用对麦当劳，极地对极地
130	地产企业如何结束野蛮生长困境
135	专于一门，还是多元发展
138	民营企业的职业经理人

PART 03 | 附加值——长久的爱情需要加点料

142	看京瓷的附加价值三分法
145	利润最大化是所有商家的追求
148	头等舱是商人出差的首选
152	长久的爱情需要附加价值
156	增加产品附加值，让它变得无可取代
159	谋求利润，也别忘了附加值
161	砍掉成本，剩下的都是利润

资源配置：
人尽其才，物尽其用

PART 01　**比较优势——**
尺有所短，寸有所长

- 166　中国的大蒜和葡萄牙的酒
- 170　无论谁都拥有比较优势
- 174　乔丹应该自己剪草坪吗
- 177　能力是获得天价收入的真实原因
- 180　找准比较优势，才能找到适合的工作
- 183　推动专业化生产，打造自己的比较优势

PART 02　**自由贸易——**
全球化已经不是寓言而是现实

- 187　全球化已经不是寓言而是现实
- 191　汇率送上的免费啤酒
- 194　在香榭丽舍大道扫货的中国人
- 197　增加美国大片进口，切走了谁的蛋糕
- 201　开阔视野，从民族企业上升到全球公司

PART 03　**要素整合——**
天衣无缝的搭档

- 204　无花果树没结果，砍了吧

208　大鱼吃小鱼，市场兼并无处不在
212　国际要素整合，要效率也要公平
215　企业合并比明星婚姻的失败率更高

博弈策略：
如何在博弈中占据上风

PART 01 | 博弈模型——针锋相对勇者胜

220　肯德基和麦当劳永远是邻居
224　言战并非冲动，妥协也非理性
227　互惠互利是出于策略考虑
230　盲从无异于踩上一颗地雷
234　学会倒推，把眼光放长远一点

PART 02 | 囚徒困境——寻求最佳合作

238　怎样度过周末
242　企业合作共赢策略
245　化解囚徒困境，赢得天长地久
249　摆脱企业管理中的困局

PART 03 路径依赖——成功的经验也非不二法门

- 253 火箭助推器,由两匹马屁股的宽度决定
- 256 如何才能选对池塘钓大鱼
- 260 何时能够停止英语的学习
- 263 过去的生活决定现在的环境
- 266 僵化的思维无法创造辉煌的人生

第六章 公共经济:免费蛋糕不是多多益善

PART 01 社会福利——从摇篮到摇椅的幸福护照

- 272 一张彩票可以帮助千万人
- 276 只有不到2%的老人由福利机构照顾
- 280 从"养儿防老"到"保险防老"
- 283 农民得病,国家报80%医药费
- 286 社保体系是否应当私有化

PART 02 公平——多干活反而高兴

- 289 绝对主义的乌托邦是否真的存在
- 292 如何达到公平和效率的理想王国

- 296 自私并不妨碍公平的实现
- 299 为什么有收入差距
- 302 个人遗产分割的公平考量

PART 03 | 税收——从国家诞生开始

- 306 提高税收能有效禁烟吗
- 310 谁是税收的最大贡献者
- 314 取之于民，用之于民的税收归宿
- 317 其实你可以交更少的税
- 321 在荒年为什么要减税
- 323 征税是完美的措施吗

第七章 金融战争：财富的保值增值

PART 01 | 货币——由贝壳到纸币的神变

- 328 不用银圆而用纸币作为货币
- 332 政府掌握货币发行权
- 335 如何衡量不同国家的钱
- 339 黄金和美元有何不同

PART 02 | 金融——像逛超市一样逛银行

- 344 相信美联储还是相信第六感
- 348 监管让你不得不做"空中飞人"
- 352 "外币往来"的外汇市场
- 356 如何在对冲基金中赚大钱

PART 03 | 复利——时间是最好的资本

- 360 降息和"五加星期三"一样无意义
- 364 躺着赚钱的金融家和街边乞丐
- 368 掌握景气与市场利率之间的关系
- 371 掌握市场利率走势,确立资产管理战略
- 374 时间就是金钱,掌握复利投资的秘诀
- 376 0.5个百分率诞生一夜暴富者

PART 04 | 资本——勇敢品尝投资美味

- 380 即便称为资本,也各有千秋
- 384 金钱从穷国区向富国区流动
- 387 5亿个头脑是一笔巨大的财富
- 391 增大的经济蛋糕与新增的工作岗位

第八章 经济周期：
看懂经济大势，守住自己的钱

PART 01 经济周期——利用经济的枯荣赚钱

- 396　世界经济周期的大杂烩
- 400　房地产作为经济周期之母
- 402　无法战胜经济周期时，请对冲风险
- 407　通过反周期削减开支来保护现金流

PART 02 通货膨胀——钱是如何"变毛"的

- 411　谁是通胀和紧缩的幕后黑手
- 414　石油暴涨让菜篮子轻起来
- 418　假如恶性通货膨胀出现，谁会通知我
- 421　如何应对通胀之后的通货紧缩
- 425　始于华尔街的全球金融海啸

第一章

价格谜思：为什么"物以稀为贵"

PART 01

市场——
左右价格的神奇妙手

超市中总有**卖不完的面包**

通俗地说，市场应被理解成是一种买者和卖者决定价格并交换物品或劳务的机制。几乎每一样东西都存在相应的市场。市场可以是集中的，如股票市场；也可以是分散的，如房地产或劳动力市场；甚至可以是电子化的，例如许多金融资产或服务是通过电脑进行交易的。市场的最关键特征是将买者和卖者会集到一起，共同决定商品的价格和成交的数量。

市场是一部复杂而精良的机器，它通过价格和市场机制对个人和企业的各种经济活动进行协调。它也是一部传递信息的机器，能将成千上万的各不相同的个人的知识和活动汇集在一起。在没有集中的智慧或计算的情况下，它解决了一个连当今最快的超级计算机也无能为力的、涉及亿万个未知变量或相关关系的生产和分配等问题。事实上，并没有人去刻意地加以管理，但是市场却一直相当成功地运行着。在市场经济中，没有一个单独的个人或组织专门负责生产、消费、分配和定价等环节。

我们通常想当然地认为经济能顺利进行。当你走进一家超市时，你想要的东西——面包、麦片、香蕉等通常都摆在货架上。你付款之后就可以将这些食品打包带走，然后美美地享用。世上还有什么事比这更简单呢？

如果稍稍想一想并仔细观察一下，你也许会对每天为你提供面包的市场机制赞叹不已。这些食物在提供给你之前可能已经经历了5个或10个环节，它们成年累月地穿越全球的每一个国家、每一个角落，先后经过了农民、食品加工者、包装员、运货员、批发商及零售商等一整套链条。整个过程似乎是一个奇迹：适量的食品被生产出来，运送到合适的地点，超市中总是有卖不完的面包。

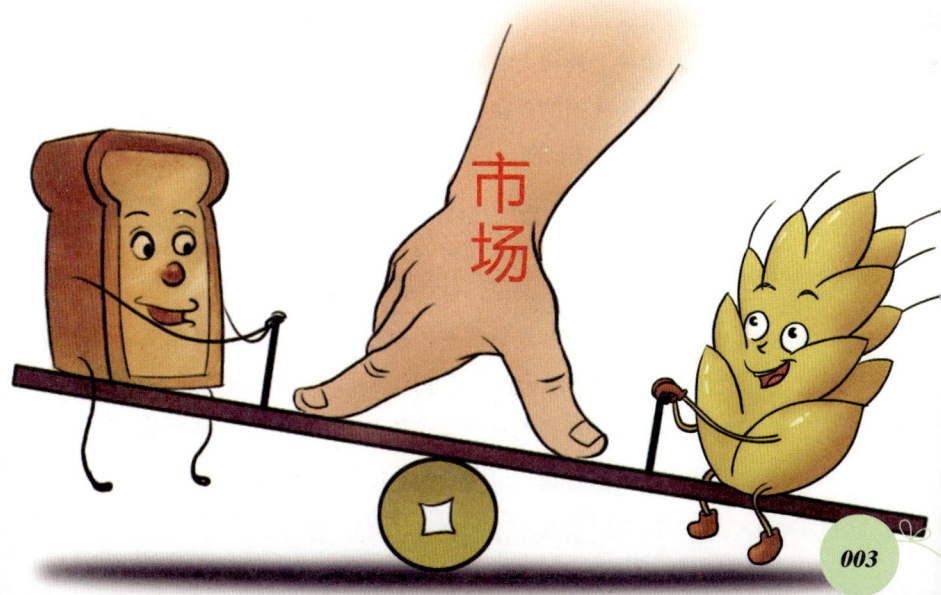

除了有卖不完的面包，还有牛奶、咖啡等，只要你需要就能够在超市中找到。而真正的奇迹是：整个体系运行过程中，没有任何人进行统一指导或强制运作。成千上万的企业和消费者自发地进行交易，他们的活动和目的通过看不见的价格和市场机制得以协调。没有任何人决定生产多少鸡肉，货车运往哪里，以及超市何时开业。然而，最终当你需要时，鸡肉便会出现在商店里。

如果我们仔细观察经济，很容易就会发现市场无时不在我们周围创造类似的奇迹，成千上万的人无须统一指导或指令性计划，便自愿地生产出许许多多的产品。事实上，除了极个别的例外（如军队、政府和学校），我们的大部分经济生活都是在没有人为干预的情况下进行的，这才是人类社会真正的奇迹所在。

近代"经济学之父"亚当·斯密提出，实现市场秩序井然有序的神秘力量就是有"一只看不见的手"在掌控着市场。这一发现是经济学史上最伟大的成就。人们在追逐利益之下对经济事项进行各种决策的结果就是整个社会通过"一只看不见的手"来进行调和，实现均衡。这只手就是追逐经济利益的核心，它通过市场价格机制来实现。

价格对保证超市随时拥有充足的面包发挥了极为重要的作用。对于生产者和消费者来说，价格是一种极为有效的调控信号。如果消费者需要更多数量的某种物品，该物品的价格就会上升，从而向生产者传递出供给不足的信号。例如，每年夏天，由于许多家庭外出旅行，汽油的需求量会大幅度上升，从而价格也会上升。较高的价位一方面刺激石油公司增加产量，另一方面抑制旅行者延长行程的愿望。

此外,"看得见的手"(政府)对"看不见的手"的有形管制,也是使得超市能够有充足面包供应的重要原因之一。正如凯恩斯所强调的,经济学的基本课题之一就是确定政府同市场的合理界限。如果我们追溯一下现存的界限是如何发展起来的话,那么我们对这个问题也许会有进一步的理解。

在中世纪,欧洲和亚洲的经济活动大多由贵族阶层和城镇行会来指导。然而,大约两个世纪以前,政府对价格和生产方法的控制力开始日渐减弱。封建主义的枷锁逐渐让位于我们称之为"市场机制"或"竞争资本主义"的制度。

在计划经济时代,如果要买米的话,就必须到粮店。粮店那些人服务态度非常差,和他们关系好,就可以买到好的米,否则就只能买到差的米,并且还短斤缺两。总之,老是要看他们眼色,不敢显露半点不满。

无论是在欧洲的封建社会还是现代计划经济时期,不光是大米,还有很多东西都是无法用金钱直接买到的。缺乏市场的自我调节,没有明码标价,你永远不知道要获取它的代价是多少。单纯从价格角度来看,很多东西确实很便宜,但就是买不到。买不到的东西,即使价格再便宜也是没有任何意义的。没有市场的地方,只是人们获取东西的竞争规则发生了变化,从货币转变为其他方式,但代价是永远存在的。

市场经济相比于计划经济,在价格机制上的交易以灵活见长。在市场体系中,每样东西都在价值基础上确立价格。价格代表了消费者与厂商愿意交换各自商品的条件。如果消费者同意以 4000 元的价格购入一台冰箱，这就表明该冰箱对于消费者的价值高于 4000 元，而这一价格也高于交易商眼中该冰箱的价值。这样，冰箱市场就决定了冰箱的价格，并通过自愿交易将冰箱分配给那些对其具有最高价值的人。

在既有的经济秩序下，市场经济一直在良好运转着。

电影院的爆米花要更贵一些

毫无疑问，现在越来越多中国人的生活方式开始西方化。早餐吃全麦面包、喝脱脂牛奶，把在肯德基或者麦当劳里解决午餐当成一种习惯，到了周末还会充分利用自己的闲暇时间进行放松——电影院也许是周末消遣的最好去处之一。一张电影票、一桶爆米花，一下午的时间悠然自得。

喜欢在电影院一边看电影一边吃掉一桶爆米花和喝掉一大瓶汽水，就像边看棒球赛边吃热狗、喝啤酒一样，这样的外出消费在很多家庭的娱乐预算中都占了不小的部分。

但是细心的你发现没有，电影院的爆米花要更贵一些，为什么呢？这要先从电影院这个小市场的定价系统说起。一般来说，电影院在定价上都有以下特点：

第一，电影院对成年人（非老年人）、儿童（一般指13岁以下）和老年人（一般指55岁及以上）收的票价不一样，但是爆米花以及其他商品的价格却都是一样的。

第二，在电影院大桶（只有7盎司，1盎司=28.350克）爆米花的价格是7美元，也就相当于1盎司1美元。另外，一桶爆米花的价格几乎是成年人（非老年人）电影票价格的75%，是儿童或老年人票价的90%以上。那么，一大包玉米粒有多便宜？粮店以每磅0.85美元的价格出售两磅重的袋装玉米，而一磅重的玉米大概能爆出3桶多电影院卖的爆米花。加上植物油和材料成本，在家制作电影院出售的一桶爆米花只需要0.55美元。这就表明电影院卖的桶装爆米花价格是在家制作爆米花成本的13倍左右，而且电影院单从材料上获得的利润一定超过90%——他们在大量购买玉米和油的时候往往能够获得折扣。

价格差异是显而易见的，但这只是市场运转的最后表现。从源头上说，电影院爆米花更贵主要是与那里的爆米花供应存在明显的卖方市场优势有关。由于电影院中爆米花供应只有一方，再加上很多电影院不让观众带零食进入，爆米花供给小于需求，卖方在交易上处于有利地位。在卖方市场上，商品供给量少，由于供不应求而不能满足市场的需求，即使商品质次价高也能被销售出去，商品价格呈上涨趋势，卖方在交易上处于主动地位。

卖方市场的存在，意味着商品交换中买卖双方之间的平等关系已被商品的供不应求所打破。卖方市场是商品经济特有的现象。资本主义商品经济中的卖方市场是在价值规律的自发调节之下，伴随着资本主义再生产周期中的复苏阶段和繁荣阶段出现的；社会主义商品经济发展到一定时期，也会出现卖方市场，这也是社会总供给和社会总需求比例失衡时出现的一种市场状态。

针对这些定价策略，有一个简单也经常被引用的解释：电影院通过对成年人和儿童以及老年人制定不同的价格把他们引到垄断的商品面前。这就牵扯到一个市场分割的问题。

市场分割就是细分市场，其重要的核心是让同一个分割市场达到最大的同质化，不同的分割市场达到最大异质化。这个做好了，定位自然就出来了，不同的细分市场，企业的定位肯定是不同的。而营销组合就是帮助被细分的市场实现定位。这种市场分割经常出现在电影院或机场里爆米花的定价上。

实际上，不同的价格是垄断市场力量的初步印象证据，经济学家一直这么认为。电影院往往有垄断价格的权力。而且，一旦顾客通过检票口的转门，电影院就成功地使顾客掉入陷阱，从而容许电影院给爆米花和其他商品定价。毕竟，一些电影院

在一个城镇或一个城市的某个地区是唯一的一家电影院，要想看一部时下刚刚上映的电影就只能去那家电影院。所以爆米花价格没得选，你只能选择吃或者不吃。

如果被问到电影院里的爆米花为什么这么贵，许多确信自己完全清楚这个问题的人会回答："电影院利用叫座的电影把人们引诱到电影院来。这些看电影的人就掉入电影院的设计里，然后不得不购买电影院柜台提供的商品，因为其他销售商不允许在这里与之竞争。"

在众多因素中，我们会发现爆米花价格这么高的一部分原因是儿童电影票价的降低。另外，为了提高对爆米花和其他商品的需求，经营者希望降低（相对的）所有票价，从而使电影院提高爆米花和其他商品的价格。这样的话，我们会发现电影院的电影票价事实上非常便宜——在边际价格上！

为什么同样是要占据一个座位，但是儿童票价却比成人票价便宜很多？有一种解释是儿童会购买更多的商品——爆米花、汽水和糖果，或者他们让父母购买更多的商品，那父母可能就会买。假设商品的利润在电影院的整体利润中非常重要，电影院就会有降低儿童票价的动力。更低的儿童票价可以看作是电影院提高人们对商品的需求和提高价格的方法，电影院在儿童票价上损失的部分会从商品收入中得到补偿。商品的成本越低，电影院的要价越高，那电影票价降低得越多。从这个角度来看，我们就能公正地解释为什么电影院里的爆米花卖得贵——爆米花过高的价格可以弥补一部分降低的儿童票价。

价格无疑是市场经济中最重要的信号，因为它传递了有关成本和支付意愿的重要信息。一般人认为在高价电影票里一定有爆米花的成本，而事实上，高价影院提供的经常是很差的爆米花。这就反映出价格作为信号对市场的影响力了。如果一桶爆米花的均衡价格是7美元，这实质上是告诉每个人：存在愿意支付7美元或更高价格的消费者，也存在成本等于或低于7美元的生产者。

卖方希望买方说出自己愿意付多少钱，可买方却害怕卖方索价过高，于是尽量掩饰自己的真实意图。同样，买方希望了解自己正在考虑购买的产品够不够好，而知道真实情况的卖方却不可能透露产品的缺陷。在如此局面下，作为最终决策人的你需要掌握更多有关信息，对产品价值进行衡量，决定从不从自己的口袋里把银子掏出来。

为什么说婚姻自始至终是垄断交易

即使自由市场经济的铁杆粉丝，也不会贸然反对婚姻垄断的合理性。除了要承担道义上的责任外，打破垄断所要支付的社会成本更得仔细权衡。对默多克这样的亿万富豪来说，离婚的费用与结婚的费用完全不是一个概念，离婚要比结婚昂贵得多。1998年7月，默多克的第二任妻子、与他结婚已31年的安娜·默多克在与默多克分居两个月后提出离婚诉讼，并要求进行双方财产清算。依默多克新闻公司所在地加州的法律，像他们这样长达30余年的婚姻，结束时双方可以五五分割财产。而当时默多克夫妇的财产总计高达60亿欧元。消息传出后，新闻公司的股价在澳大利亚和美国均应声下跌。经过漫长的讨价还价,安娜为了子女继承权的利益而进行了让步。尽管如此,默多克仍然向前妻支付了14亿欧元的费用,其中9070万欧元是现金。

经历了恋爱自由市场随心所欲地挑选之后,婚姻围城的垄断让很多人苦不堪言,它不仅导致情感生活的低效,也培养了"唯我独尊"的惰性,更造就了离婚的高昂成本——有钱人的作为只会让市场行情水涨船高。

婚姻自始至终就是一场垄断交易,离婚是打破垄断的最后一搏。离婚难就难在它是要跟金钱扯上关系,除了"搞定"你与对方曾经的情感纽带——孩子之外,还要清算共有的财产,倘若对方不如你,你就会如被水蛭上身,遭遇一次被惨"吸"的经历。只不过你没有意识到的是:婚姻垄断交易的开始并不是你们从民政局拿到结婚证,而是源于更早之前的恋爱。

恋爱时期的如胶似漆,不只取决于新鲜感(边际效应总是从最高值开始递减),更出于竞争的需要。作为"卖方",你得具备"待价而沽"的资本、"保值升值"的潜力,以及其他"卖家"所没有的差异化服务。"买方"存在很大的选择余地,就算是上一分钟还是你的女朋友，下一分钟也可能投入别人的怀抱。在开放式的竞争环境中，恋爱双方都需要小心翼翼，谨慎以待，掂量所说的每一句话，斟酌每一次行动，因为它们很可能决定整个交易的成败。

在恋爱的"交易"中为了获取足够的竞争优势，使自己受到青睐，能够在众多觊觎者中拥有心仪的那个人，人们会充分提高自己的质量，以增强自身的竞争力。

最终，恋爱双方在交易中达成共识。"买主"在物有所值的诱惑下，"卖主"在备受宠爱的欣喜中，"交易"完美落幕。两个人洋溢着幸福和满足，告别爱情的自由市场，牵手共赴婚姻的垄断围城。

近年新人的理性消费趋于成熟，但并未降低对婚庆的预算，一方面可能是因为婚庆价格也随物价上涨有所抬升；另一方面，新人对婚礼的细节与质量要求明显提高。从经济学上说，婚姻是一种介于完全竞争和完全垄断之间的垄断竞争。也就是说，在婚姻当中你的"垄断者"地位并非不可动摇。两个人选择婚姻意味着放弃选择别人的权利，从而相互垄断对方的权利。

在婚姻这个半开放的市场中，其他人也是参与竞争的——他们能够提供不同性质的产品或服务，消费者（配偶）也有其他选择。只是这种竞争并不是平等的，结婚证作为一块货真价实的壁垒，保护你对婚姻的各项权利和收益，也限制其他竞争者"准入"。这种消费也不是自由的——情感自由市场的大门已经关闭。贸易保护的坏处，是供求双方都要为此支付高昂代价。垄断竞争的弊端一目了然：资源无法得到合理配置，质次价高。

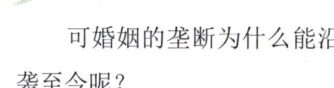

可婚姻的垄断为什么能沿袭至今呢?

表面上看,婚姻是男女私事,他们有权选择和决定自己的婚姻生活。但事实上,婚姻更是一种社会行为,它所具有的社会性,决定了婚姻制度的设计要以增加(而非减少)社会福利为前提。对于单个婚姻而言,鼓励竞争消除壁垒,可以换来低成本和好服务;但是,当所有的婚姻都敞开大门欢迎自由竞争之后,恐怕不是所有人都能拥有自由与幸福。自由竞争式婚姻的一个范例就是婚外情的出现,其负值的外部性毋庸多言——不仅使婚姻中另一方的利益受损,而且具有不良的示范作用,"诱导"更多的人进行情感走私。

如果我们把婚姻理解为一种受法律保护的长期合同,离婚就是解除这一合同的唯一合法手段。婚外情则是标准的违约行为,应该受到惩罚——这通常也是为减少负值的外部性产生的手段之一。就像单纯的环保意识不足以制约污染企业的排污行为一样,在控制离婚率上,经济制裁明显要比道德伦理的说教管用。同样,道义的谴责,财产的损失,以及时间、精力、情感等沉没成本的付出,都是离婚者必须承担的代价。这在经济学上可以解释为对婚姻垄断的保护,以及对反垄断的负激励。

市场也有失去效力的时候

一个煤矿工人的儿子问妈妈说:"现在天气这样冷,你为什么不生火炉?"

妈妈答道:"因为我们没有煤,你爸爸现在失业,我们没有钱买煤。"

孩子问:"妈妈,爸爸为什么失业?"

妈妈说:"因为煤生产太多了。"

据报道,在经济大危机期间,许多国家大量炸毁炼铁高炉,美国毁掉92座,英国毁掉28座,法国毁掉10座。在资本主义国家发生经济危机的时候,一方面,大量商品堆积如山,卖不出去。为了维持农产品的价格,农业资本家和大量农场主叫喊生产过剩,大量销毁"过剩"的产品,用小麦和玉米代替煤炭做燃料,把牛奶倒入密西西比河,使这条河变成"银河",把棉花、布匹烧掉。但另一方面,日益增多的失业工人家庭正在为得不到必要的食物而犯愁。

1973年的经济危机时期,英国单是伦敦一座城市,就有10万套新房空置卖不出去;日本的汽车库存达到100万辆以上,电视机库存超过需求量的一倍以上;同时设在美国的洛杉矶、加利福尼亚州的阿特西里牛奶公司,把38,000多加仑的优质鲜牛奶倒入了臭水沟。而与此形成鲜明对照的是大量工人失业,在业工人的实际工资急剧下降,购买能力不断丧失,生活贫困。

由此,提出一个问题:煤和牛奶是不是真的过剩?牛奶过剩为什么一定得倒掉?

倒牛奶是因为市场失灵。市场是一种资源配置的好办法，市场经济比计划经济更有效率。但市场机制不是万能的，它不可能有效地调节人们经济生活的所有领域，此时就有了市场失灵。经济危机发生时牛奶的价格太低，而农场主为了维护较高的价格，宁愿倒掉牛奶，等待价格回升再重新生产。

所谓市场失灵，是指市场本身不能有效配置资源的情况，或者说市场机制的某种障碍造成配置失误或生产要素浪费性使用。1929—1932年经济大危机就是一次典型的市场失灵。1933年，整个资本主义世界工业生产下降40%，各国工业产量倒退到19世纪末的水平，世界贸易总额减少三分之二，美、德、法、英共有29万家企业破产。

20世纪20年代末的一场经济危机宣告了古典经济学"市场神话"的终结，"市场失灵"这一经济术语在西方经济学界被广泛使用。市场失灵是由于某些因素的存在使得价格机制在调节经济的同时也会带来许多副作用，使市场不能发挥其应有的作用。这些导致市场失灵的因素主要有外部性原因、收入分配不均等。

但是并不是说所有的市场失灵都会以如此极端的形式出现，市场失灵存在一个缓慢的由量变到质变的发展变化过程。我们生活中不少问题也是由市场失灵造成的。

在煤电关系中，煤炭工业是上游，电力工业是下游。从国外经验看，在煤炭市场和电力市场充分竞争、没有运输瓶颈的条件下，电煤与电力之间可以形成长期稳定的供求关系。但我国的情况是，近年来电煤价格持续大幅上涨，很多发电企业的财务状况恶化，出现了电煤库存下降甚至缺煤停机现象，这成为部分地区发生"电荒"的重要原因。这一现象可以简单概括为"电煤涨价、电价滞后、电企亏损、调价艰难"。

传统观点认为，煤电矛盾是"市场煤"遇上了"计划电"。虽然煤炭业是我国生产资料领域最早开始实行市场化的行业之一，但时至今日，其生产流通并没有完全做到市场化，而且非市场因素越来越多。

由于煤炭价格和产量都受到控制，电煤市场竞争很不充分，煤价高并没有促进煤炭产量的提高。所谓"市场煤"，其市场体系远未完善。铁路运煤分计划内车皮和计划外车皮，计划内运煤可执行国家规定的运输价格，计划外运煤则要向中间环节付出高昂代价，很多铁路职工经营"三产"，而"多种经营"企业从中渔利，早已是行业内公认的潜规则。再加上点车费、车

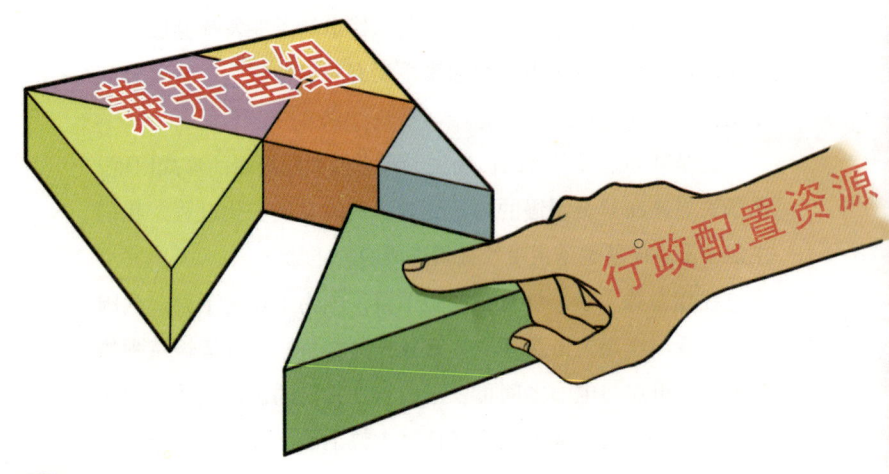

板费等各种名目的收费，运输成本大大提高。我国很多地方的电煤物流成本达到电煤价格一半以上，下游企业不堪重负。煤炭供需关系越紧张，中间运输环节对煤电矛盾的放大作用就越明显。

解决煤炭供需矛盾，一种方法是按照既定的市场化方向改革，用"看不见的手"促进多种所有制煤炭企业在竞争中优胜劣汰，在铁路运力和电力行业推进市场化改革；另一种是以行政配置资源为主，依靠"看得见的手"推进企业兼并重组，提高煤炭生产和运输的集中度，加强电煤、电力价格的调整和管制力度。现阶段我们主要采用后者。

由于市场失灵的存在，要优化资源配置，必须由政府进行干预。市场规律和政府调控相结合，才能有效遏制市场失灵现象。

市场调节不是万能的，有些领域不能完全依靠市场来调节。而且即使在市场调节可以广泛发挥作用的领域，市场也存在着固有的弱点和缺陷，包括自发性、盲目性、滞后性。而政府宏观调控有利于市场经济健康有序地发展。

PART 02 价值悖论——钻石为什么比水珍贵

奢侈品总是越贵越好卖

800元一斤的牛肉，100元一盒的香烟，50元一瓶的矿泉水，99元一碗的面条，5000元一部的手机，100万元一辆的汽车，听说都卖得特别好，甚至出现了供不应求的大好局面。想买还要提前一个月预订，还有需要提前半年预订的，甚至提前预订了也不能保证一定买到现货。

所谓"越贵越好卖"的商品常常指那些款式独特、数量有限的名牌产品。越贵越好卖的东西一般都是数量有限，所以专业经营高档服装的商人很少在专柜里陈列两件同样的衣服。不光类似的生活必需品，一些名牌奢侈品也是遵循越贵越好卖的原则。对于处于"衣服价格就是身份象征"错觉之中的富人来说，拥有这种消费心理是正常的，但是，不管是如何富有之人，都不会蠢到同样的衣服非得比他人买得贵一点。奢侈品具有一定的升值空间，像卡地亚这样的法国知名奢侈品几乎每年都在涨价，一涨少说10%，且从未降过价。世界级奢侈品有巨大的升值空间，在这种持续看涨的行情之下，被很多消费者看中它们的升值能力，因此价格越高越好卖。

有个生产经营珠宝首饰的商人，专门聘请了高级设计师精心设计了世界最新流行款式的首饰，并上市销售。基于打开市场的需要，他采取了低额定价策略，把每件首饰的价格定为800美元，大张旗鼓地叫卖了半个月，购买者却寥寥无几，商人只有不断地降价。然而，随着他更多地让利，购买的人却越来越少，最后他决定以500美元的价格清仓。但是粗心的店员在标价后多加了一个"0"。谁知，广告牌一挂出，价格高出10倍，购买者反倒一拥而上，销售状况越来越好，生意空前地兴隆。这个商人的精品首饰，主要销售对象是那些爱赶时髦的年轻人。他们的购买心理特点是讲究商品的高档次、高质量和时髦新颖，满足自己的虚荣心和爱美之心。然而首饰开始定价太低，人们便误以为价低则质次，戴到身上有失体面；后来，价格抬高10倍时，人们便以为价高而货真，因而踊跃购买。

"物以稀为贵"，有钱人要的就是通过高档服装品牌来显示自身社会地位和品位档次。如果跟满街人一样，穿着相同式样的衣服，自己的身份和优越感就体现不出来了。

很多时候，我们买一样东西，看中的并不完全是它的使用价值，而是希望通过这样东西显示自己的财富、地位或者其他。所以，有些东西往往是越贵越有人追捧，比如一辆高档轿车、一部昂贵的手机、一栋超大的房子、一场高尔夫球赛、一顿天价年夜饭。制度经济学派的开山鼻祖凡勃伦称之为"炫耀性消费"。他认为，那些难于种植并因此昂贵的花并不一定比野生的花漂亮，对于牧场和公园，一只鹿显然没有一头牛有用，但人们喜欢前者就是因为它更加昂贵、更加"没用"。

后来的经济学家们将这种炫耀消费的商品称为"凡勃伦物品"，甚至画出了一条向上倾斜的需求曲线——价格越高，需求量越大。对于喜欢穿戴奢侈品的人来说，购买奢侈品能够满足他们的心理需求，从而实现物品的价值。从经济学的角度来说，这一现象和消费者的这种"特别需求"弹性相关。

一般来说，随着收入的上升，某种商品或服务的需求也将大幅增加，但也有例外的时候。举例来说，虽然收入增加了，但对粮食的需要并没有多大的变动；相反，肉类消费却在大幅增加。收入每增加1个百分点，对肉的需求可能就相应增加数个百分点，这在经济学上被称为"收入弹性"。

收入弹性反映由于收入变动引起需求量的变动幅度，即需求的变动量与收入的变动量的比率，这个比率称为"弹性系数"。需求量将随着收入的增加（减少）而增加（减少）的商品在经济学中被称为"正常品"。我们可以得出这样的结论：生活必需

品的需求收入弹性比较小,而奢侈品和耐用品的需求收入弹性比较高。

收入增加后,乐于享受与身份相符的消费的人视这种差异化的价格为正常价格;当然也有一些人即便是拥有了较高的收入,还不忘自己贫穷的时候,于是仍然保持着艰苦朴素的精神,咬紧牙关过苦日子。但是,到底选择哪种生活与个人的价值观有关。

电影《大腕》中李成儒有句精彩独白:"不求最好,但求最贵。""贵"既是一种策略,又是一个撒手锏。当然,这里不能绝对地说富人用的东西就一定贵得令人咋舌,普通百姓就不能进高档店里咬牙买件衣服。人们要买什么样的东西,由各人的价值观来定。消费者或厂商等所有的经济主体都希望从自己有限的条件中获得最大的利益。供给者只有掌握并灵活运用消费者的这种心态,才能实现利润最大化。

对于高收入层首选的商品或服务,只有添加进去更多的附

加价值，实现价格上的差异化才能获得他们的青睐。对高收入层与平民层实施价格差异化，就能产生市场的需求差异化，根据需求来供给，这不正是企业的本质特性所在吗？

运动鞋比轮胎还要昂贵

如果今天是你孩子的生日，你给孩子买一双名牌运动鞋，鞋子的价钱可能足够顶得上四个轮胎的售价。为什么会这样呢？

无论从制造过程、原材料或者是从功能、耐久性来考虑，还是从生产设施的投资以及从技术层面上来看，生产轮胎的要求都要比生产运动鞋的要求高得多，因为如果生产出不合格的轮胎，不知道会伤害多少条宝贵的生命。但是从市场价格来说，轮胎与运动鞋的价格相差甚远，买一双名牌运动鞋的价钱可能要抵上四个轮胎的价钱。

当然，不管怎么样，运动鞋都不应该成为轮胎的比较对象。不过，市场上常常会出现这样的情况。这就是商品的独特性价值在发挥作用。同样，把牛仔裤做旧出售也是这个道理。有一家专门从事牛仔裤生产的中小企业，外销订单遍及亚洲和欧洲，虽然从规模上来说，这家企业比一流大企业要小，不过"麻雀虽小，五脏俱全"，从布料剪裁、染色加工到包装销售，它能做到一条龙工序井井有条地衔接起来，使烦琐的牛仔裤生产流程有条不紊。在牛仔裤加工过程中有一道将新衣料像磨轮胎似的磨旧工序，这道工序的核心目的就是将衣料磨旧，使牛仔裤穿在身上自然、贴身，却又不粗糙。以老一代人的眼光来看，非要将新东西磨成旧东西，这一过程反而是破坏商品价值的过程。那么，好好的新东西，为什么要浪费大量的时间和费用专门做旧？人们为什么更喜欢旧衣服？这难道不是一种奇怪的现象吗？

在市场当中，销售者如果按照市场的平均价格来进行销售，那么平均下来他们并没有太多的利润可以得到。如果商家要想在市场上获得更大的利润额，就需要给自己的商品添添减减，在增加商品的边际价值上下功夫。

运动鞋比四个轮胎的价格还要贵与高级运动鞋有特殊的防臭味原料而轮胎里不需要设置防臭原料的缘故有关，也和运动鞋的品牌价值较高有关。但是不管运动鞋的品牌多么如雷贯耳又或者存在防臭材料，都不足以使其价格如此昂贵，谁会买如此昂贵的运动鞋呢？难道是由于运动鞋的品质优良到了轮胎都自叹不如的程度？

轮胎与运动鞋并无差异，只有当消费者认为其具有较高的价值时，商品才能以较高的价格"优雅"地卖到消费者手里。从供给的层面上来看，只有当商品具有稀缺性时，高的价格才得以形成。全家便利店品牌1972年成立于日本，至今已是亚洲最大的国际连锁便利店之一，其网点遍及日本、韩国、中国台湾、越南、美国等地。全家在市场上的成功主要得益于它对于产品的独特价值的培养。

再回到一开始说的关于运动鞋比轮胎更贵的论述上来。运动鞋价格如此昂贵，但是仍旧有人愿意购买，纯粹属于商业中的"一个愿打一个愿挨"。从需求的层面上来看，要让消费者能够心甘情愿地购买价格令人瞠目结舌的运动鞋，必须满足以下两个条件：

首先，消费者对其品牌的认知度与忠诚度较高。在品牌时代，消费者的选择大部分基于品牌形象所提供的附加价值，这就是产生品牌忠诚度的原因。

消费者对某一商品认可或不认可，在很大程度上取决于这种商品的市场销量和品牌知名度。对消费者来说，商品品牌是自己身份、地位、个性、价值观甚至人品的体现。只有品质精良、把握国际流行设计风尚、不断增强的舒适度、切实可信的贵族气息才能吸引"非草根阶层"的垂青。

其次，商品需要与众不同，这也就是商品的差异化。商品具有与众不同的特质是商品能够在竞争中脱颖而出、赢得市场

的法宝。

通过商品差异化，赋予商品较高的"稀缺价值"，首选自己品牌的人才会增加。在设计上花工夫，在品质上赚噱头——增强耐久性、伸缩性、时尚感等，让消费者在与别人进行比较时获得优越感及满足感。这样一来，即使运动鞋价格昂贵，却仍然可以确保忠于此品牌的消费群，企业向这个群体的消费者提供能让其享有独一无二价值的商品或服务。无论市场上的同类商品有多少，但寻找这个品牌的运动鞋或牛仔裤的消费者却始终不缺。

钻石真的比水更有价值吗

众所周知，可饮用的水对于地球上的生物来说是必不可少的。人的生命离不开水，没有了水，人类就难以生存和繁衍生息，更不用说发展了。没有了水，地球上的一切生命将会消亡！水的巨大作用是怎么形容也不过分的，然而，水的价值却是如此低廉。相比之下，钻石则是另一种情形。钻石的使用价值主要在工业生产和科学研究上，从这个意义上说，钻石对人类社会的作用甚至是可有可无的。然而，事实上，钻石的交换价值却非常之高。

2012年3月，澳大利亚最大的矿业公司——力拓公司宣布，在西澳大利亚的阿盖尔钻石矿山发现了一块12.76克拉的粉红色钻石，并命名为"阿盖尔粉红禧"，这也是澳大利亚至此所发现的最大粉红色钻石。

然后这块稀世钻石在珀斯地区进行切割抛光，这个工艺至少花费10天的时间。紧接着有一个国际专家小组对其进行定级分析，在随后的时间里，这块钻石在全球一些城市进行了展出，并在当年的晚些时候采取招标的方式售出。

当时据专业人士判断这颗粉红钻石价值接近1个亿，可谓至尊奢华、光芒闪耀。虽然价值上亿的钻石不常出现，但是在市面上动辄1克拉数万的钻石却是数见不鲜，而1桶矿泉水的价格仅是几十元，两者一比较，矿泉水的价格就显得十分可怜。

这就是经济学史上著名的"钻石和水"的例子，被称作"钻石与水悖论"，曾经困扰了经济学界很长时间。"钻石与水悖论"首次由约翰·劳提出，后来亚当·斯密试图说明价值决定因素

时借用了这个例子，只不过亚当·斯密没有对约翰致谢。"钻石与水悖论"也被称作"价值悖论"。

钻石对于人的用处确实远不如水，所以人们从水的消费中所得的总效用远远大于人们从钻石的使用中所得的总效用。但是，商品的需求价格不是由商品的总效用决定，而是由商品的边际效用所决定。

钻石作为一种奢侈品，可以给人们带来炫耀等效用，而且数量很少，增加一个单位的钻石消费给消费者带来的效用很大，即钻石边际效用很大，消费者愿意以较多的支出来购买。水的需求是巨大的，并且是必需的，但水的供给也是巨大的，甚至可以说

是无限量的。地球上水资源实在丰富，只要厂商有一定的技术和资金，就可以向市场提供水。较小的需求价格弹性和较大的供给价格弹性共同作用，使得水的市场价格十分低廉。水虽然是人的生命不可缺少的，给人带来极高的效用，但由于世界上水的数量很多，增加一个单位的水给人们增加的效用就很低了，即水的边际效用很低，所以水的价格自然也就很低了。

但是边际理论解释也存在着问题，就是水的数量虽然很多，但如果在取水效率很低的沙漠，那么水的价值一样很高。就像太阳能，虽然很多，但地球上的人们取得太阳能的效率并不高，所以太阳能一样值钱。在沙漠里如果可以发明大规模的取水设备，那里的水就便宜了。所以决定价值的还是效率，以及决定效率的工具、劳力与资源。

亚当·斯密在《国富论》中就提到："没什么东西比水更有用；能用它交换的货物却非常有限；很少的东西就可以换到水……相反，钻石没有什么用处，但可以用它换来大量的货品。"

原因何在？亚当·斯密区分了使用价值和交换价值：钻石的使用价值小，但交换价值大；水的使用价值大，但交换价值小。他又进一步研究了交换价值，提出生产成本决定交换价值，要获得钻石，需大量投入；而得到水，不费吹灰之力。

像钻石这样的稀缺性资源的价格都高，但不都是由于生产成本高。后来的大卫·李嘉图又推进一步，提出使用价值是交换价值的前提，而具有使用价值的商品的交换价值之所以高，是因为两点：一是该商品的稀缺性；二是该商品所需要的劳动量高。一般商品即属此列。

李嘉图的说法具有相当的解释力，稀缺性的说法更成为流行。但并非没有不同意见，比如边际效用学派的重要奠基人卡尔·门格尔就指出：使用价值和交换价值不过是价值的不同形态，区别只在于：使用价值是在直接用途上具有价值意义，交换价值是在间接意义上具有价值意义。

"钻石与水的悖论"一直困扰着18世纪和19世纪的经济学家，最终被马歇尔摆平。马歇尔的确很高明，抓住了互动这一点，提出价格是由供给和需求共同决定的。具体讲，无论水多么重要，倘若供给充足，价格就低，甚至免费；钻石尽管不那么重要，但需求旺盛，而供给不足，价格就高，甚至奇贵。但显而易见，马歇尔仍没有摆脱稀缺性。

目前对价值悖论的解释都没有摆脱稀缺性。相应地，这也是对空气为什么不值钱的流行解释：虽然极其重要，但由于不稀缺，所以空气不值钱，大家免费呼吸。

聪明人只买对的，不买贵的

当今社会不管什么东西都是需要金钱来购买的，当然这里说的东西指的是商品，所以很多朋友常常会以商品的价格来衡量一个商品的好坏，特别是一些不懂行情的朋友更是如此。那么，真的是价格贵的东西就一定是好东西吗？旅美经济学家奚恺元曾经做过一个著名的冰激凌实验。现在有两杯哈根达斯冰激凌，一杯有150克，装在120克的杯子里，看上去快要溢出来；另一杯冰激凌170克，装在200克的杯子里，看上去还没装满。

你愿意为哪一杯付更多的钱呢?

如果人们喜欢冰激凌,那么170克明显要多于150克;如果人们喜欢杯子,那么200克的也要比120克的大。可是实验结果表明,人们反而会为少量的冰激凌付更多的钱。这也契合了卡尼曼等心理学家所描述的:人的理性是有限的,人们在决策时,并不是考虑一个物品的真实售价,而是通过售价来评价商品的优劣。根据价值悖论得出的结论,消费者想要购买的商品并非价格越高就质量越好。在冰激凌实验中,人们评价冰激凌的标准往往不是其真实的重量,而是冰激凌的价格。实际生活中这样的例子更是比比皆是,麦当劳的蛋桶冰激凌、肯德基的薯条无不如此,商家总是利用人们的心理制造出"看上去很美"的视觉效果。很多时候,人们正是由于自己想当然而掉进了商家设置的经济学陷阱,似乎贵的买得更值,实际不然。

俗话说"便宜非好货,好货不便宜",但是也并不是说贵的东西质量一定就好。一个好的商品,它的成本自然是要高一些的,价格也会水涨船高。

买东西要挑便宜的,这是绝大多数家庭生活开支的重要准则。在进行家庭或者个人的消费选择时,不要把价格作为唯一的衡量标准,商品背后的实际价值和效用才是进行最后决断的衡量标准。

张钰、王明新、李辉是同一家保险公司的业务员。公司为表彰他们的出色业绩,决定出资1万元让他们去风景名胜旅游一次,可供选择的旅游胜地有西安、黄山、九寨沟。他们可以在三个旅游胜地中选择两个。

张钰、王明新、李辉都没去过这三个地方,都很想去,但只能选择两处。于是张钰选择了黄山、九寨沟,王明新选择了黄山、西安,李辉选择了西安和九寨沟。三人都觉得自己的决定很正确、很合理,一周之后,都带着旅游的兴奋心满意足地回到了公司。对于张钰、王明新、李辉来说,虽然他们的选择各不相同,但都感到满意的原因就是自己的选择达到了最大效用。

上街或者在网上买东西,我们一般不会只到一家商铺逛逛就出手,通常都要货比三家。到超市买牛奶,我们会在货架前徘徊,一会儿看看这个牌子的纯牛奶,一会儿瞧瞧那个牌子的酸牛奶;一会儿掂量掂量盒装的,一会儿又合计合计袋装的……我们在盘算着性能价格比或者效用价格比,看看哪一种商品能给我们带来最大的实惠,这就是经济学上所谓的消费者选择问题的效用最大化,即我们常说的"花最少的钱买最满意的东西"。

PART 03 弹性——
为什么食盐不搞促销

超值午餐，亏本还是大赚

现在，很多餐厅、饭店经常会在节假日实行超值套餐，或者是在中午这样的用餐高峰期实行超值午餐。作为消费者的你看着那些劲爆的广告词，也许一个兴奋、一个小激动就去买了，然后还特别兴奋地觉得自己真的赚到了。

但只要仔细分析一下，你就会发现，在这份所谓的"超值"午餐里还有很多的经济学知识。假设是在某个优雅的、档次较高的法式（意式、中式也可）餐厅里，晚餐的种类根据主菜的配料不同共有3种，其价格均为3000元。在此条件下，假设一个1人份套餐的"平均成本"是2500元，包括食材费800元、房租600元、人工费1000元、水电费和宣传费等其他费用100元。其中，鱼、肉、蔬菜等食材的进价变动较大，3种套餐的食材费在600—1000元不等，平均后的价格为800元。

接下来，这家西餐厅计划开始经营超值午餐。假设午餐和晚上套餐的内容相同，但主菜的种类只有一种。问题的关键是如何定价。在调查周围竞争对手的过程中发现，想要吸引顾客，必须把价格定在980元以内，此时的成本核算如下：午餐选用当天最便宜的600元的食材，预计当顾客达到一定人数时每份午餐所包含的房租为200元、人工费为300元、其他费用为50元，合计后午餐的总成本为1150元。

如上所述，想要在竞争激烈的午餐市场赢得顾客而不得不降低价格，结果计算出来的平均成本为1150元，大于售价的980元，出现了170元的赤字，而且还造成了顾客平均消费单价下降、成本率（食材费售价的比率）上升的现象。以上数据都表明午餐不能带来盈利，那么这家餐厅是否应该放弃经营午餐的计划呢？其实，对于上面这家餐厅的情况，我们可以从经济学中的价格弹性和追加成本两方面来进行分析。

价格弹性表明供求对价格变动的依存关系，反映价格变动所引起的需求的相应的变动率，即需求量对价格信息的敏感程度。商品本身的价格、消费者的收入、替代品价格，以及消费者的爱好等因素都会影响人们对商品消费的需求。价格弹性是指这些因素保持不变的情况下，该商品本身价格的变动引起的需求数量的变动。在需求有弹性的情况下，降价会引起购买量的相应增加，从而使消费者对这种商品的货币支出增加；反之，价格上升则会使消费者对这种商品的货币支出减少。在需求弹性等于1的情况下，降价不会引起消费者对这种商品的货币支出的变动。

价格弹性取决于该商品的替代品的数目及其相关联（即

可替代性）的程度、该商品在购买者预算中的重要性和该商品的用途等因素。价格弹性主要应用于企业的决策和政府的经济决策。

对于一个餐厅来说，影响超值午餐定价的因素很多，价格弹性是一个非常重要的因素。我们常会听到"薄利多销"这样的话，实际上它也的确是存在的，用经济学中的概念来解释，就是价格弹性。餐厅根据客流量和成本选择一个合适的价格，往往单价不高，但交易次数增加，继而总体的交易额是巨大的。

另一方面，如果我们用经济学中的追加成本的知识来分析的话，你将会发现这家店按照原计划经营午餐不仅不会亏本，还会带来更多的利润。当然，这些数据是我们虚构出来的，实际上也有可能会出现不适合经营午餐的例子。但是合理利用追加成本的方法一旦掌握，还是很具有实际意义的。

如果用追加成本的概念来思考的话，食材费是要完全计入

到追加成本中的，而平均成本里的房租费可以从追加成本中扣除。关于人工费也是如此，午餐时服务员的工资需要算入追加成本，而厨师的工资，不管经营不经营午餐，他们都要从早晨开始进货、为晚餐做准备等，其工资是不变的，所以追加成本中不包含厨师的工资。按照以上的计算，我们把食材以外的追加成本定为150元。

由此可见，合计的追加成本是750元，而定价是980元，所以每份午餐可以获得230元的利润。对于顾客来说，晚上要花3000元才能吃到的套餐，中午花980元就可以享受到，实在是太实惠不过了。看似亏本的午餐，用经济学的知识来分析，可以得到店方和顾客双赢的结论。

在生活中，如果我们把价格弹性和追加成本这两个知识点结合起来运用于指导实践的话，那么赢利是必然的。

为什么丰产不能丰收

对于丰产不丰收的现象，在经济学中一直都有研究。最典型的是"谷贱伤农"这个问题。

"谷贱伤农"指粮食获得丰收不仅不能使农民从中获益，反而还会因为粮食的价格下降而导致农民的收入降低。在这个问题中，农民粮食收割后到底能卖多少钱取决于两个因素：产量和粮价。但这两个变量并不是独立的，而是相互关联的，其关联性由一条向下倾斜的粮食的需求线来决定。也就是说，价格越低，需求量越大；价格越高，需求量越小。另外还要注意的是粮食需求线缺少弹性，说明需求量对价格的变化不是很敏感。当粮价下跌时，对粮食的需求量会增加，但增加得不是很多。其基本的道理在于，粮食是一种必需品，对粮食的需求最主要是由对粮食的生理需求所决定的。

从"谷贱伤农"这个问题来看，商品是否畅销是由产品的需求弹性引起的。相同的价格变动，对于弹性较小的商品而言，需求量变动较小。此外，在市场需求固定的情况下，供给增加，供过于求，市场价格下降。而价格下降造成的效用损失大于销量增加带来的效用。

经济学家们通常把农产品频频陷入丰产却不增收的怪圈现象，叫作"丰收悖论"。它是指农民在丰收年获得的收入却比平常年甚至歉收年还要低的一种矛盾现象。这种现象出现的根本原因就是产品的需求弹性低及生产周期长。

深夜出租车的优惠服务

经济学中有一个概念叫需求价格弹性,又叫价格弹性或需求弹性,是指需求量对价格变动的反应程度。需求量变化率则是对商品自身价格变化率反应程度的一种度量,等于需求变化率除以价格变化率。

如果你了解日本的出租车定价,你就会发现,日本深夜出租车的价格要比白天贵20%(东京曾是30%)。当然,在世界任何一个国家,深夜出租车的价格都会比白天高。

单从供需关系上来看,白天车流量大,顾客的选择范围广,因此出租车的价格不高。但是深夜时分,出租车数量是很少的,其主顾相对较少,即顾客对出租车需求量是一定的。根据需求价格弹性,你很容易就可以知道,在日本,需求量的变动必然影响到价格的制定。因此,抬高价位也在情理之中了。

除此之外,起步价包含的距离暂且不说,车费是根据行驶距离而定的。无论是3公里后的1公里,还是30公里后的1公里,单价几乎相同(有时候距离远还有折扣)。实际上,能够连续碰到近距离客人的概率很小,所以只有拉到远距离的客人,载客率才会提高,才能在相同的时间内增加收入,这就是我们说远距离的客人能够赚钱的原因。

出租车在晚上如果能够拉到远距离的客人,也就意味着他实现了"远距离+深夜的高价格"这样的模式,这对于出租车司机来说是效率最高的赚钱方法,是充分利用需求价格弹性的赚钱方式,自然收入会更加可观。

卖家都期待着赚取利益的最大化,并采取一定的措施,例如以价格的调整和优惠活动的开展等来吸引客户,增大客流量,从而增加整体的营业额。

对于三四十岁的人来说,工作可能还是你生活的中心,你每天还是要花费很多的时间为工作忙碌。正是这样高节奏的生活,让你几近厌恶时间的虚耗和等待。也许每天午休排队等待吃饭时,你会想:"因为大家在同一个时间段休息,所以每个餐饮店都会非常拥挤,食物的价格也较低廉,但如果大家能岔开时间吃饭就好了……"这是一个很正常的想法,如果你有一点需求价格弹性知识的话,你就会发现这对于店家也是个很正常的事情。

其实,正因为大家中午都在集中的时间段吃饭,所以餐饮店可以提高效率,从而适当降低午餐的价格。如果消费者从早到晚都是零散光顾,那么所有时间段的拥挤程度倒是减少了,

但座位的利用率也会相应下降，餐饮店就失去了降低价格的理由。因为座位的利用率高，所以餐厅能够提供性价比较高的服务。只有许多餐厅集中在一起进行激烈竞争时，价格才会接近追加成本，人们才会吃到很多"既好吃又实惠"的午餐。

留住客户的方法有很多，价格优惠一点，商品精美一点，服务贴心一点……不论是餐饮店，还是深夜出租车，他们都会采取一定的措施，来稳固自己的顾客群。因此，在日本有许多深夜出租车司机才会在车里放饮料和水果，并提供一定的代金券。饮料、水果这些，说到底其实也是服务的一种，或者说是优惠政策的一部分。同样的出租车费，乘客们可以在较长的旅途中享受到舒适的服务，代金券的使用也更方便了他们的下次光临。

再重复一遍，出租车提高收入的关键是想办法实现"高载客率＋高价格"，但是受到需求价格弹性理论的影响，并不能最大化地赚取利润。因此，深夜工作的出租车司机们就利用车内的食品和饮料来吸引客户。而对于其他出租车司机来说，懂得合理利用需求价格弹性理论的话，比如在利用率高的雨天涨价，就算达不到酒吧出租车的赢利程度，相信他们也能保证一定的收入。

产品价格越高，买的人却越多

在经济学中，受价格弹性的影响，商品也被分为弹性商品和非弹性商品。所谓弹性商品，是指不买也无妨的奢侈品；而

> 看我们涨得多快

非弹性商品则是指生活必需的农产品、日用品等其他生活必需品。

首先我们来看一看奢侈品这一特殊的商品，奢侈品在国际上的概念是"一种超出人们生存与发展需要范围的，具有独特、稀缺、珍奇等特点的消费品"，又称为非生活必需品。这是一种狭义的理解，而广义的奢侈品在经济学上定义为需求价格弹性大于1的商品，当收入上升时，消费数量将上升快过生活必需品，同时收入下降时它的消费数量下降也会较快。与此相对的则是日常生活用品，即非弹性商品。

"价格定得越高，买的人反而越多"，之前凡勃伦的这一观点普遍适用于奢侈品的消费。虽然这一点在奢侈品这样的弹性商品中表现得还不那么明显，因为在购买奢侈品时，一旦客观条件发生变化，消费者就会放弃对奢侈品的购买，这样的消费还是可以调整的。而对于生活中的非弹性商品，一旦价格提高，往往买的人更多。

这种弹性商品和非弹性商品相关知识的存在，让我们更好地了解我们的经济生活。

> 一个比一个涨得高

随着物价的持续上涨，居民消费性支出相应增加，生活压力明显增大，尤其是生活必需品价格普遍上涨，给居民日常生活带来了一定的影响。生活必需品价格上涨将导致普通居民生活质量下降。

另外，生活必需品价格上涨也将导致低收入家庭负担加重。食品消费弹性小，替代效应不明显，不管价格是否上涨都必须消费。低收入家庭消费品种单一、集中，消费仍以传统主食为主，而且低收入家庭食品类人均消费比重远高于普通家庭平均水平，而物价普遍上涨又主要集中在居民生活所必需的服务项目以及粮油、鲜菜等日常主要消费的食品上。对低收入家庭来说，食品价格上涨幅度远高于居民消费价格指数中食品类4.0%的涨幅，其消费更易受到食品价格上涨的影响。由于食品消费支出增加，消费量下降，生活质量降低，低收入家庭消费负担加重，如果考虑到除食品以外的其他涨价因素，如水、电、液化气、燃煤等，其影响程度更大。

随时微调你的就业指示灯

2019年1—6月，城镇累计新增就业人数737万人，较上年同期少增15万人；1—6月新增就业人数累计同比增速为-1.99%，在2019年前6个月间均处于负值，显示就业压力并未显著缓解。经济下行压力下，一方面城镇新增就业人数的累计同比降幅在2019年第二季度收窄，较一季度末上升0.56个百分点；另一方面，城镇失业人数同比增速由正转负，2019年一季度末达到-1.24%，较2018年年末下降1.45%。

与此同时，国际金融危机的影响进一步显现，可以预见，在未来相当长的时期内，大学生就业压力不会减弱。如何帮助大学生走出就业难的困境将成为政府与社会长期而艰巨的任务。

大学生就业难是一个现实问题，更是一个社会问题。总体来说，大学毕业生具有较高的人力资本水平，是劳动力市场上的优势群体。但随着全球化的发展与知识经济的冲击，青年初次与持续就业所需的能力门槛逐年提高，大学生必须具备能够满足新经济要求的核心就业能力才能成功就业，但现有教育培训体系缺乏必要的就业市场需求导向，缺乏对创业行为的深入研究，高等教育培养出来的大学生在知识和技能结构上与人才市场的需求存在脱节，大学生就业的结构性矛盾日益突出。

从经济学上看，就业的实现必须要由就业需求和就业供给两方面来共同完成，而有效需求和有效供给的均衡点就是就业量。学校、学生只是供给方，而市场则是需求方。这样，就把

就业问题引入到经济学领域，运用经济学中的供求关系可以对此做出适当的解释。

近年来，中国劳动力市场供求态势发生了重要转变。一方面，由于持续的经济增长，劳动密集型产业产生了旺盛的劳动力需求；另一方面，从劳动力市场的运行情况看，市场机制日益完善，劳动力市场环境有所改善，劳动力市场的一体化程度也在逐步提高。但是我国总体的劳动力供大于求的局面在短期内无法改变，正是市场上劳动力供求失衡的严峻局面构成了大学生就业难的基本背景。

通常情况下，大局的走势必然影响个人的选择与发展，对于个人来说，如何在浩瀚的大海中守住自己的一叶扁舟，就要求个人在择业的过程中提高自己的能力，扩大自己的选择范围，提高个人选择弹性，让自己不至于在一棵树上吊死。

大学生上岗仍需再培训，这对于企业来说，也是一个巨大的投资成本。这一现状，一方面说明企业的生产成本提高了；另一方面也说明大学生在大学里学到的那些专业知识，面对工作很可能无法立即上手。这一点也应引起当代大学生的普遍关注，因为它无形中缩小了大学生的就业面。

在成长过程中，大学生应积极主动地培养自己全面发展的能力，提高自己的综合素质，让自己面对职场的竞争时能够脱颖而出。目前变化的大学生就业市场、供大于需的就业状态，要求大学生毕业后在工作的选择上还应具有一定的灵活性，提高个人选择的弹性，让自己能有更多选择的机会。

面对就业难这样的客观现实，我们必须保持一定的个人选择弹性，给自己一定的空间，做到能够随时微调自己的就业指示灯。对于即将毕业的大学生来说，毕业之际总是人生的十字路口，此时的选择决定了整个事业的发展方向。普通人对大范围的就业难无法产生影响，我们能做的应该是灵活地微调自己的就业策略，使自身即使是在本行业内，也能有一定的可选择性，而不至于面临失业的困境。

购物返券，却不直接打折

黄女士和好友听说市内一家商场周末购物实行"买多少返多少"的优惠活动，两人正打算买棉靴，如果合买相当于打5折，应该挺划算。进了商场不到半个小时，黄女士和好友就挑好了喜欢的款式，价位分别是1500元、1300元。她们算了一下，用前者购物返的券不仅可以买后者，而且还余下300元左右的券。

买完棉靴，黄女士发现购物返的券指定在商场一楼使用，买化妆品、黄金等有门槛限制的商品，她们只能绕回鞋包专柜，余下的300元券成了"鸡肋"——应季鞋基本上在500元以上，品牌的皮包价位更高，只有少数的单鞋和合成皮包可以选择。她们在鞋包专柜足足转了3个小时，走得头昏脑涨，才勉强把余下的券用上。在全球范围内，打折返券都是非常流行的促销方式。就拿北京来说，返券风始于1998年，始作俑者是庄胜崇光百货。当年北京各大商家大打折扣战，庄胜崇光率先推出了"满100元返20元券"的促销。这一新的促销模式立即吸引了商家的关注，从之前的"买100返20"到现在的"买200返300"，促销活动可谓愈演愈烈。

经营者们之所以选择购物返券的方式来促销，就是利用了经济学中的价格弹性。一般来说，价格弹性对有些经济决策是很有用的。例如，为了提高收入，商家往往对农产品采取提价的办法，对电视机、洗衣机、手表等高级消费品采取降价的办法。之所以会采用这种方式，就是因为前者弹性小，后者弹性大。

正是这较大的价格弹性，常常帮助经营者抓住消费者的心理。根据需求弹性理论，如果其他情况不变，消费者对某商品的需求会随着对其拥有量的增加而递减。这种递减也许缓慢，也许迅速。如果缓慢，那么他对此商品所出的价格就不会因为个人对该商品的拥有量的大量增加而大幅度下降，而且价格的小幅度下降会使他的购买量大幅度增加。

现行的返券促销活动，一般都要求消费达到一定金额，即赠送相应金额的代金券。各地各商场的具体使用规定不同，较为常见的方式包括赠券直接使用、限时使用、与一定比例现金搭配使用等。

从理论上来说，对折扣的计算为"折扣 = 实付价 ÷ 产品标价"。以"满 200 返 100"为例，消费者理论上能够享受到的最低折扣为 200÷300=66.7%，而在实际促销活动中，消费者很难恰好凑足金额，享受到的实际折扣率必然低于理论上的最低折扣。另外，在返券促销中，消费者很容易产生价格幻觉，即感觉自己得到了更低的折扣。返券比率 = 返券金额 ÷ 返券需满足的限制金额，幻觉折扣率 =1- 返券比率，在上文的例子中，消费者感受到的返券率为50%，低于理论上的最低折扣率，此时的幻觉折扣率为50%。假设现在变为"满100返120"，则相应的幻觉折扣率为40%，返券比率为60%。对于消费者而言，返券比率越高，幻觉折扣率越低，对其消费的幸福感和购买欲望的刺激就越强。

在现实生活的定价中，商家常常将商品价格定为99元、199元、599元等以"9"作为个位数字的价格，使消费者在心理上对价格产生幻觉。尽管300元与299元在实际意义上只相差一元，但给人的价格感受截然不同。这种定价方式也使得消费者要获得所期待的返券就必须增加消费，以弥补那"一元"达到返券金额。

采用购物返券的方式，一方面能直接增加企业净现金流，另一方面也可以留住一部分的客户，吸引他们继续来商店购物。如果总是以折扣的形式来促销，很容易让人们视觉疲劳，并很快对打折促销失去兴趣。成熟的人思考问题的方式应该是理性的，而这样的理性也是需要一定的知识储备的，懂得一些基本的经济学知识，可以更好地指导自己的生活。

PART 04 均衡——
买卖之间的讨价还价

为什么"粗粮"比"细粮"贵

随着国民生活水平的提高,人们越来越关注自身的健康。营养学家告诉我们,国际上有个《维多利亚宣言》(简称《宣言》),《宣言》里有三个里程碑:第一个叫平衡饮食,第二个叫有氧运动,第三个叫心理状态。

在饮食方面,目前备受推崇的是亚洲的"金字塔"饮食模式——以谷、豆、菜为基础。谷类中排列第一的是老玉米,第二是荞麦,再其次是燕麦、小米及薯类中的红薯、土豆、山药等;豆类中排列第一的是黄豆;菜类中排列第一的是胡萝卜,第二是南瓜,再其次是苦瓜、番茄、大蒜……如今,原本处于金字塔下端的粗粮开始成为饭桌上的"新贵",身价倍增。

生活中到处都存在着经济学知识,只要善于发现,就肯定能找到。价格一直比小麦低的玉米突然值钱了,甚至比小麦还贵了,这种价格的变化,从经济学的角度看,主要说明它们的供求关系发生了变化。用更专业的词汇来解释，就是涉及一个关于均衡价格的概念。那么究竟什么是均衡价格呢？

所谓均衡价格，是指商品的供给曲线与需求曲线相交时的价格。也就是商品的供给价格与需求价格相等时的价格。在市场上，由于供给和需求力量的相互作用，市场价格趋向于均衡价格。如果市场价格高于均衡价格，则市场上出现超额供给，超额供给使市场价格趋于下降；反之，如果市场价格低于均衡价格，则市场上出现超额需求，超额需求使市场价格趋于上升直至均衡价格。因此，市场竞争使市场稳定于均衡价格。在这里需要注意的是，均衡价格形成，即价格的稳定完全是自发的，如果有外力的干预（如垄断力量的存在或国家的干预），那么，这种价格就不是均衡价格。

总之，市场均衡价格的形成，取决于供需双方。均衡是市场的必然趋势，也是市场的正常状态。而脱离均衡点的价格必然形成供过于求或供不应求的失衡状态。由于市场中供求双方竞争力量的作用，自我调节机制的存在，失衡将趋于均衡。

对手为什么**总喜欢做邻居**

"纳什均衡"是由美国数学家纳什提出的一种最常见的、也是最重要的均衡策略。在这一均衡下，每个参与者都确信，任何一方单独改变策略、偏离目前的均衡位置，都不会得到好处。

在生活中，我们也经常会见到这么一个大家都很熟悉的现象：某一地段上的商店十分拥挤，形成一个繁荣的商业中心区。

再仔细观察，你就会发现一个更有意思的现象：同类型的商家往往总是聚集在一起，比如肯德基、麦当劳两家店总是紧紧相邻，沃尔玛、家乐福也总是相隔不远。

对于商家而言，竞争对手之间也存在着这种博弈关系。"纳什均衡"理论也能够对这些经济现象做出科学的解释。

假设在某条交通便利、客流量较大的马路上，客观条件都显示这里是开餐厅的不错选择。那么现在就设想有两家快餐店A、B，它们都打算在这个地方某个位置开张。那么，两家快餐店开在公路的哪个具体位置好呢？我们假设两家餐厅食物口味相近，价格也无多大悬殊，这时候消费者到哪个快餐店购买食物，就看哪个快餐店距离自己比较近，何必舍近求远呢？根据这个原则，两个快餐店应该怎样确定最后的位置呢？

基于它是一个模拟，那么我们就可以运用最客观的方法来设定位置。也许你马上会把这条公路从0到1四等分，快餐店A设在四分之一的位置，快餐店B设在四分之三的位置，不就是最好的策略选择吗？的确，从资源的最佳配置来看，这种均匀散布的情况是最优的，每家快餐店都拥有二分之一的顾客量。同时，对于开车的司机来说，这种策略的敲定，会使司机到快餐店的总的距离最短，可大大节省吃饭的时间。然而，在实际操作中，还是存在很多的主观因素。快餐店老板作为当代生意人，自然是精明的，用经济学术语来说，就是具有绝对的经济理性。只要手段合法，他们总是希望自己的顾客尽可能地多，生意尽可能地红火，至于其他人的生意好坏则与自己无关。也就是说，快餐店老板肯定不会考虑另一快餐店生意的好坏和车辆司机的方便与否，而只会以自己的营利为目的，这就决定了他们当然都不会安于这样的位置安排。出于这种理性，A快餐店的老板会想：如果他将快餐店的位置从四分之一点处稍微向中间的二分之一点处移一点，那么他的"势力范围"就会比先前所定的位于四分之一点处的方案要大。相应地，B快餐店的地盘就会缩小，他肯定会从B快餐店夺取部分顾客，生意会更红火。这对于快餐店A单方面来说无疑是一个好主意。所以，原来位于四分之一点处的A快餐店就有了向二分之一点处移动来扩大自己地盘的激励。当然，B快餐店的老板也不甘示弱，作为一个理性经济人，也会有将自己的快餐店从四分之三点处向中间的二分之一点处移动的想法，好扩大自己的地盘，争取更多的顾客。可见，原来A快餐店在四分之一处、B快餐店在四分之三处的配置，不是稳定的配置。

那么，究竟到哪个位置上才是稳定的位置呢？不难想象，在两个快餐店定位的市场竞争博弈中，位于四分之一点处的A快餐店要向中间的二分之一点处靠，位于四分之三点处的B快餐店也要向中间的二分之一点处挤，双方博弈的最后结局将是两家快餐店设置在位于中点的二分之一附近的位置，两家相依为邻且相安无事地做快餐生意。这是纳什均衡的位置。如果不是两家快餐店，而是很多家快餐店，也很容易对其进行分析得到结果：这些快餐店仍然会在公路的二分之一点处附近设店达到纳什均衡。

你可能有过创业的想法或计划，如何选择一个好的地点很重要。懂得一点经济学知识，能够更好地指导你的实践。

第二章

成本考量：天下没有免费的午餐

PART 01 机会成本——"舍"与"得"的启示

种小麦还是去酿葡萄酒

葡萄树适合温和的温带气候，所以全球大部分的葡萄园都集中于南北纬 38°～53°之间的温带区。影响葡萄成长的气候因素有很多，以阳光、温度和水最为重要。葡萄受天气变化的影响也很大，尤其是成熟期要避免雨淋和霜冻。在地形上，比较适合生长在既有利于阳光集中照射，又拥有很好的排水性能的斜坡。与葡萄的娇贵相比，小麦就显得朴实多了。小麦适应性强，各种类型土壤均可种植。当然，这并不意味着所有的地方都适合种小麦，也不是所有的地方都不能种葡萄。

现在我们能在市场上喝到法国的葡萄酒，同时又把我国的小麦出口到法国赚取外汇。自由贸易使国家间通过相互交换获得资源，同时又能够保证自己生产效率的最大化。但是在最初，世界经济状况并不是如此。

15 世纪的地理大发现，彻底改变了世界的经济面貌。海路的开拓强有力地推动了海外贸易的发展，使欧洲成为世界商业的发展中心。但是，在此之前的欧洲经济完全是另外一副样子。

随着资本经济的急速发展，商品货币关系开始从内部侵蚀封建自然经济的基础，瓦解封建制度，促进资本主义萌芽。当时，商品交换十分广泛，这就需要大量货币，这时西欧货币已经由银本位制过渡到金本位制。

由于购买大量商品需要钱，人们越来越重视货币。上至国王、教士、大贵族，下至中小贵族、低级教士，人人追求奢侈豪华。正如恩格斯在《论封建制度的瓦解和民族国家的产生》一文中指出："葡萄牙人在非洲海岸、印度和整个远东寻找的是黄金。黄金一词是驱使西班牙人横渡大西洋到美洲去的咒语；黄金是白人刚踏上一个新发现的海岸时所要的第一件东西。"

当时的国王都认为金币和银币是最实在的，只要国王有钱，就能够招兵买马，然后攻打别的国家，再去获得更多的财富。

当时的欧洲有很多小王国，每个国家都想尽量地积攒金银财宝，可是除了少数几个国家拥有金矿和银矿之外，别的国家的金银财宝的数量很是有限。

这该如何是好呢？

聪明的国王们还是想出了对应之策：想方设法鼓励自己的国民去多生产些产品，然后再把这些产品，比如小麦、葡萄酒、马匹、铁器等卖给其他国家，去赚别的国家的钱。那时，擅长小麦生产的英国人把自己的麦子运送到葡萄牙去，以获得更高的价钱。

第一个吃螃蟹的人会占得先机，一开始进行国际贸易买卖的国家的钱越来越多。但是很快他们发现了其他问题：谁都想多和外国人做生意，去赚外国人的钱。你跟外国人做生意，把东西卖给外国人，你的确是从外国人手上赚了一笔钱，可是一转身，你又跑到国外去买外国人的东西，刚赚来的钱一转手又花没了。钱从一只手转到另一只手，这样的小麦和啤酒的兑换生意对于国家的财富的增加是一点帮助也没有的。

为了能够单方面地获得其他国家的财富，很多国王宣布，只要是他的国民，只允许卖东西给外国人，不能买外国人的东西，就算买也只能从外国人那里买本土生产的东西，如有违抗轻则坐牢，重则斩掉违反者的双手绞死。因此，在十五六世纪很长一段时期之内，欧洲各国之间贸易往来并不频繁。

一直到了 18 世纪，亚当·斯密的出现开始改变这一状况。亚当·斯密（1723—1790）是经济学的主要创立者。他认为，分工的起源是由于人的才能具有自然差异，起因于人类独有的交换与易货倾向，交换及易货系属私利行为，其利益决定于分工，假定个人乐于专业化及提高生产力，经由剩余产品之交换行为，促使个人增加财富，此等过程将扩大社会生产，促进社会繁荣，并达到私利与公益之调和。

根据亚当·斯密的观点，不买外国人的东西是不对的，恰恰相反，和外国人做生意对自己是有利的。他举例子说，就像英国，气候比较适宜种植小麦，种葡萄的收成就不行了，所以英国人才喜欢喝大麦酒威士忌，很少喝葡萄酒。如果他们现在不跟外国人做生意，那么如果想喝葡萄酒的话，只能自己生产葡萄，自己酿酒。问题就在于葡萄在英国产量并不高，而离他们并不太远的葡萄牙却日照充足，很适合葡萄生长，而且出产的葡萄酒的品质也很好。

如果国王都不限制和外国人做生意，英国人只需种小麦，用小麦或者威士忌去换葡萄或者葡萄酒，这其实比自己去种葡萄，再自己去酿葡萄酒更合适。

亚当·斯密的这套拿小麦换葡萄酒的思想在当时受到了很多当权者的认同，他也成为现代西方经济学的鼻祖，建立了西方经济学的雏形。值得注意的是，亚当·斯密尽管并没有提出机会成本的概念，但是他的分析其实表明，他已经充分地领悟到了机会成本的深刻的含义。

机会成本就是意味着为了得到某些东西必须放弃的另外一些东西的最大值。种小麦还是种葡萄，这对英国人和海岸另一侧的葡萄牙人来说都是一个值得思考的问题。

对于英国人来说，土地的数量是固定的，如果他们拿土地来种葡萄，就没有办法再拿它种小麦。因此，他们种葡萄的机会成本就应该是同样的土地种小麦可以获得的收成。英国人发现，他们国家盛产小麦，尽管小麦的价格在英国不贵，可是拿到葡萄牙就值钱了，用它可以换到比在英国更多的葡萄或葡萄酒。而对葡萄牙人来说也是如此，同样的土地种葡萄的收成更好，并且他们生产的葡萄酒似乎在国外更有市场，卖价要比小麦高得多。当然，如果葡萄牙种小麦的话，就需要付出同样的土地种葡萄可以获得的收成的机会成本。

如果现在英国允许与葡萄牙之间自由贸易的话，假设每一个英国农场主手上有 100 亩土地，而他全部用来种小麦，必然能够收获非常多的小麦，他完全可以拿他收获的一部分小麦和葡萄牙的商人交换葡萄酒。在不允许交易的前期情况中，如果一个英国绅士想要喝葡萄酒就必须留下一部分地，比如说 3 公顷土地专门用来种葡萄酿酒。但是在英国，葡萄的产量不高，这 3 公顷地种植葡萄的机会成本就应该是这 3 公顷土地用来种小麦可以收获的小麦的数量。

近水楼台，英国人很快接受了亚当·斯密的思想，他们发现自己种小麦并拿出 3 公顷土地所产的小麦去交换葡萄牙人的葡萄酒的话，完全比自己留下 3 公顷土地种葡萄、再自己酿酒所产的酒的数量更多，也就意味着英国人种葡萄的机会成本是大于种小麦的机会成本的。如果要做出最为合适的选择，他们当然应该选择机会成本更低的小麦了。

葡萄牙人也不是傻子，很快也开始效仿，他们开始更多种植机会成本更低的葡萄。世界农业产业带也初步显出轮廓。

比尔·盖茨为何早早退休

对于人类而言，人才的选择就是机会成本颇具代表性的个案。如果企业鉴于情面或压力而没有选拔出优秀的员工，其机会成本将难以估量。不仅如此，商品的合同条件、交易对象、市场营销等所有的决策必定伴随着机会成本。高三学生填报志愿或学生在校期间由于一时糊涂做错了事，一生都要承担庞大的机会成本。比尔·盖茨是现在世界上最有钱的人之一。作为微软公司的创始人，比尔·盖茨成就了微软，也为自己挣下了万贯家财。在2019年的《福布斯》全球富豪榜中，盖茨以965亿美元的净资产位列全球第二大富豪，在此之前，他曾经长期占据《福布斯》富豪排行榜的头把交椅。

作为全球吸金能力最强的人之一，盖茨的赚钱能力可能无人能及。假设世界首富、微软总裁比尔·盖茨在走路的时候掉了600美元，这时候，他是应该弯腰捡钱，还是就此走过去置之不理？比尔·盖茨创业已经有30多年，目前积累的财产约为1120亿美元，如果不计利息收益，将时间换算成金钱的话，那么他的一秒钟就值121美元。假如你已经理解了机会成本，那么你肯定会劝比尔·盖茨直接走过去，因为他将弯腰捡钱的时间花在工作上的话，所获利润会更多。他弯腰捡钱的机会成本更大，而如前所说机会成本小的选择才是最佳选择。

机会成本也叫"择一成本"，是指在制定某项决策时必须做出一定的选择，而在被舍弃的选项里的最高价值者，就是这次决策的机会成本。我们都知道，决策应该选择最高价值的选项，它可以使得机会成本最低，即失去越少越明智。当然也存在不得不放弃最高价值的选项的情况，那么其机会成本（从理论上讲，此时处于第二高的价值）将会是首选。

在很多人看来，盖茨所创立的微软就像是能够为他带来源源不断的收入的一只会下金蛋的母鸡，盖茨应该把它紧紧地掌控在手中，然后把它传承给自己的子孙后代。然而，就像没有人能够想到盖茨会从哈佛大学退学去创办微软公司一样，也没有人能够想到，早在1990年，也就是在盖茨35岁的时候，他就已经辞去了微软CEO的职位，而隐退幕后。随后，他又在2008年正式宣布退出微软的日常管理工作，把精力全部集中于自己所钟爱的慈善事业。

活到老干到老，直到身体确实支撑不下去才会选择退休，这是中国大多数民营企业家选择的人生道路。其实，即使到了今天，盖茨的精力、战略眼光以及他管理企业的能力仍然没有丝毫的减弱，可是他为什么会选择早早就退居幕后，把一只"会下金蛋的母鸡"拱手让于他人呢？

退休时间的衡量和机会成本紧密相关。退休后就不再付出辛劳与工作时间了，这对于有闲暇偏好的人们更有吸引力。其次，社会上一些人急于提前退休，很多是因为有其他的生财之道，如可以全力从事以往做的其他单位的兼职工作，或有时间专门投入一些创收活动，再或者可以从事一些自己喜欢做但过去工作忙无法做的其他事，等等。

盖茨选择早早退休的主要原因在于他的工作的机会成本过大。对于盖茨来说，他可以自由地选择如何安排自己的下半生的生活。他可以继续担任微软的总裁，继续经营微软，并赚取更多的金钱；当然，他也可以选择退休，选择和妻子、孩子一起安度后半生。但是，他的人生是既定的，他可以支配的时间也是完全确定的。

如果继续经营微软，那么盖茨就必须选择牺牲与家人在一起享受生活的时间，而这其实就构成了盖茨经营微软的机会成本；如果他选择后者，那么他必须放弃继续经营微软可能给自己带来的利润，这也就成为自己退休的机会成本。其实，要做的选择很简单，那就是盖茨需要衡量判断这两个选择的机会成本的大小，进而做出对自己来说机会成本最小，或者说对自己最有利的选择。显然就盖茨的选择而言，他是认为自己退休所要付出的机会成本更小一些。

在分析人们对待退休年限的不同态度中，我们也会发现，机会收益的大小和可靠程度最为重要。如果在职的相对收益不高，就意味着退休的机会收益率更大。因为在职的收入即使表面上要比退休金多一些，但要得到在职的工资及奖金、补贴，就必须投入大量工作时间和付出相当的辛劳。

对于我们普通人来说，要维持我们的生活就必须通过辛勤

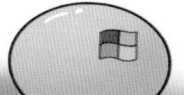

的劳动而获得劳动所得,来养家糊口。尽管我们每个人都有偷懒的天性,在内心深处,大家都希望能够不劳而获,或者少劳而获,希望天上能够掉下馅饼来,正好砸中自己的脑袋,然而,大多数人是不可能获得这样的机会的。如果自己不工作,或者偷懒、工作不努力,一旦失业,整个家庭的生活都会受影响。也正是出于这个原因,我们宁愿更努力地工作,付出更多的工作时间的机会成本,以换取更高的劳动报酬。

但是对于盖茨来说,由于已经获得了足以保证自己和家人衣食无忧地生活好几百年的金钱了,再努力工作赚钱也只能使自己银行账户里的数字发生变动,对自己的生活已经没有什么影响了。他再努力工作,就得付出更多的工作时间这一机会成本。能够和家人在一起生活,显然要比再努力工作、增加自己的账户数字更有意义。因此,盖茨选择早早退休也就不足为奇了。

与之相反,一些官员、专家教授、高级管理人员等倾向于延长退休时间,虽然可以从事业心、工作偏好以及职务性福利等方面加以表面性的解释,但在理论上,最终还是他们对退休的"机会收益"的权衡和受收益最大化原则驱使的行为表现。

校园兼职牺牲的是什么

店面不到 20 平方米,墙边有一排小椅子,每个椅子前的地上放着一个脚踏板,各式擦鞋修鞋的工具一应俱全。靠里的墙边还放着一个简单但不失精致的接待桌椅。2005 年 12 月,"秘密筹划"一个月,成都某名牌高校的2名研究生联络本校和另一高校的3名本科生,在新光华村附近开起了他们自称的"国内第一家由在校研究生开设的擦鞋店"。

依靠自己的"第一家在校研究生开设的擦鞋店"的金字招牌,擦鞋店开业头一天就赚了300多元。

从擦鞋店开业起,市民的质疑声就未断过。西南财大一位老教授获悉原委后直接表达了自己的观点:"你们都接受了高等教育,当中还有读计算机专业的研究生,应该说是非常专业了,擦鞋的活谁都能干,你们这不是大材小用吗?对你们的举动我不反对,但我不理解。"还有一些市民更是尖锐地指出,这样做太影响平时的上课,把钻研功课及其他的正事都耽搁了,实在不能理解。有一个疑问在人们脑中:校园兼职到底该不该干?暂且抛开人们的激烈争议,以经济学的眼光,该如何看待这件事情——这依然是要涉及"机会成本"的概念。

在用机会成本加以分析之前,还要探讨一下读研究生和开擦鞋店之间的共性。说出来可能人们还不相信,依据当前的形势,上学和开店都是典型的风险投资行为,而且前者的风险还要高过后者。就投资成本而言,上大学的投入明显比开擦鞋店要高。按常理推断,"研究生擦鞋店"的注册资本在三四万元,而现在一个大学生一年的平均成本就超过1万元,据统计我国7个壮劳力也供养不起一名大学生。就投资收益而言,近几年来,大学生就业难,而且是一年比一年难。在浙江、江西等地,甚至有的毕业生已经开始寻求"零工资"就业。与之相比较,开个擦鞋店的收益倒显得稳定得多。

机会成本广泛存在于生活当中。对于个人而言，机会成本往往是我们做出一项决策时所放弃的东西，而且常常要比我们预想中的还多。以读研究生为例，现在的学校收费都普遍偏高，那么，你一年的学费、书本费和生活费之和是不是就是入校成本呢？当然不是，还不仅这些。在选择大学的时候，其实机会成本已经产生。上大学的机会成本必须包括用于学习的时间的机会成本。如果将这些学习时间用于工作，那么它们也必然将是一笔收入，只是你不得不放弃了。这样，就会发现大学的机会成本是"实际的花销"再加上"放弃的收入"。如果你在读研前有一份收入不错的工作，那么你读研的机会成本将变得更大。

就成本而言，上大学的投入比开擦鞋店大。虽然新闻报道没有披露"研究生擦鞋店"的注册资本是多少，但按常理推断，大约不会超过4万元，而上大学就贵得多了。尽管教育部门一再表示从来没说过"教育产业化"，但现实中高校的确是把高等教育当"产业"办了。

被放弃的人也不要沮丧，如果没能上大学就把别人上大学的时间用去做生意，比如在义乌就有很多当年高考失利的学生在高考后就开始做生意。如果工作顺利，当年的同学大学毕业找工作的时候，

那个没上大学的人就已经是老板了。

再回到前面所说的"研究生擦鞋"的案例当中，如果将读书与擦鞋两者的机会成本进行比较就可以看出，研究生们牺牲部分学习时间用于擦鞋，其实是一种理性的经济选择。对于他们来说，放弃擦鞋的机会成本比放弃读书的机会成本更大。因此，他们的行为并不难理解，不应该遭到人们太多的非议。当然，需要指出的是，这里其实还涉及另外一种机会成本，即情感和观念的选择。相信从长远来看，研究生对于学问的价值认同还是要高于擦鞋的，所以他们是不会把读书的时间完全用于开擦鞋店的，他们需要的是在两者之间找到一种平衡。

买不买车，这是一个问题

李质在城东经济开发区的一家私营企业从事管理工作，可是他家却住在城南的一个小区中，家和单位之间没有直达的公交车，每天上下班转车至少要花费2个小时。每天早出晚归，让李质渐渐感觉有点吃不消。他开始想买辆车，希望能够避免转车带来的时间浪费和精神压抑。

由于业绩突出，李质作为公司的中层领导，一下子领到了七八万元年终奖。他琢磨着，年终奖拿了7万多元，再加上家里的一些积蓄，买一辆10万元的经济型小车的压力不是太大。买了车以后，每天上班就不用那么辛苦地挤公交了，上下班时间至少可以各压缩1个小时，自己也会轻松很多。

很多在城市中工作的中年人面临着和李质同样的选择。在个人当前的经济状态下，买车到底是一个理智的选择，还是自己的一时冲动？

解决这个问题最有效的办法就是拿出一张纸，列出自己买车的收益和成本，或者比较一下买车的机会成本和不买车的机会成本，认真地权衡一下买车对自己来说是利大于弊还是弊大于利，是买车的机会成本大还是不买车的机会成本大。

机会成本是选择某一特定方案放弃的其他各种可行方案的可能收益之最优值。这里的最优，并非实际发生的最优，而是选择者（决策者）的心理预期。比如说，10万元投资于房地产可获得利润20万元，投资于股票市场可获得利润15万元。如果把这10万元钱投资于房地产，那么可以从股票市场得到15万元就是其机会成本；如果把这10万元投资于股票，那么可以从房地产投资中获得的20万元就是其机会成本。一般来说，最优的资源配置意味着该笔资源投向某一用途所担负的机会成本最小。

机会成本是我们选择某一方案、方向、道路时应考虑的重点因素之一。人生的机会成本有时会很高，机会成本越高，选择越困难，因为在骨子里面我们从来不愿轻易放弃可能得到的东西。

仍然以李质为代表说明买车和不买车的机会成本差异。李质的孩子现在快参加中考了，为了能够使孩子顺利考上高中，妻子正在考虑给孩子报名参加一些课外的辅导班，帮助孩子提高成绩。其次，家里的很多电器已经处于需要更换的状态，妻子惦记着利用这些年终奖金把家里的电器换一下。

当然,最需要说明的是买车后的消费大大增加。买了车以后,每个月油钱、停车费、保险费等养车的钱,至少得1000多元,这会大大地增加自己家的经济压力。现在家中经济虽然不紧张,但是如果一下子每个月都得增加一两千元的花费,还是会打乱家庭现有的资金平衡。买车能够给李质上班带来更大的方便,可以减轻上班的辛苦程度,也可以给家庭的出行带来更多的便捷。但是,李质买车的成本也很明显,那就是为了买车所需要支付的10万元左右的资金。

如果购买的汽车不能带来直接的金钱收益的话,那么按使用5年来算,每年直接花在汽车上的钱加上汽车的贬值,大概在3—5万元。不论当前的家庭可投资支出(就是你拿来存在银行的钱或者股票、债券等投资支出)是5万还是10万甚至更高,如果现在买个10万的车,那么因为买车减少的投资收入(投资回报按每年百分之十计算)在5年后累计可达到28万左右。

李质买车的机会成本其实就表现为,这10万元用在其他方面可以给他们家带来更多享受和欢乐。比如说孩子可以通过上辅导班取得更好的成绩,考上好中学;家里可以换一套新的彩电、空调、冰箱、洗衣机;一家人也可以快快乐乐地旅游一趟,等等。

在清楚地知道自己买车将要付出怎样的机会成本后，李质所要做的就是在心中比较衡量哪一种成本对他来说价值更大。如果买车的机会成本更大，他认为把钱花在其他方面对自己的家的贡献更大的话，他显然就应该放弃买车；而如果李质已经对长期以来上班途中的辛苦深恶痛绝，十分厌恶这种辛苦给自己带来的不愉快，甚至认为这种不愉快已经影响了自己的工作效率或者生活态度的话，显然不买车的机会成本会更大，那么他显然更应该买车。最终，李质通过召开家庭会议，进行最后的商讨。好在体贴的妻子和听话的孩子都很理解李质，孩子还很懂事地表示自己一定更加努力，不用上辅导班也可以考上重点高中。

听了妻子和孩子的话，李质决定还是买一辆汽车，不过他提出降低买车的标准，把原定的 10 万元压缩到五六万元，把买车的花费控制在自己的年终奖之内，并且用剩下的 1 万多元给家中添置几件新的家电。他答应会在两年之内逐渐把家中的一些旧家电都更新一遍，以后在周末经常带家人去郊外踏青。

买车还是不买车，这只是我们生活中进行选择的一个个案。可供选择的道路越多，选择某一特定道路的机会成本越大，当然选择也越困难，因为所放弃的机会的数量和价值也越多。到底应该如何做出消费的决策，更多地取决于我们如何看待不同消费选择的机会成本，只要选择出对自己来说机会成本最低的消费项目，那么资金总会获得更大的使用效率。

要获得机会，就要付出代价

财富是由什么组成的？你的财富都包含哪些东西？很多人不假思索地就习惯性地认为经济系统创造物质财富，像掌上电脑、太阳工作站、约翰·迪尔拖拉机、福特小货车、马丁吉他、烤箱、金宾威士忌、任天堂掌上游戏机和小说《哈利·波特》之类的东西就是财富。只有人们认为这些东西有价值，它们才能称之为财富。按照经济学的思维方式，财富就是人们认为有价值的任何东西。

要获得财富就要付出代价，拿出自己的好东西进行交换。对于财富的不同衡量，使人们产生了对于事物价值的不同判断。交换增加了双方的价值和财富。不妨把交换看成是另一种生产方式，比如说李铭用篮球换周皓的手套，用篮球换手套没有制造出什么新东西，这并不需要另外的高难技术——但确实制造出了一种双方都认为更有价值的新模式，这就是他们开展贸易的原因。

每个人都用一种有价值的东西换取另一种更有价值的东西，实际上，任何选择或行为都伴随着代价——一个被舍弃的机会。要获得机会总要付出代价，这是经济学中永恒不变的真理之一。

假设现在有10分钟，用这10分钟能够干些什么呢？如果这10分钟是在网上玩一个刺激过瘾的游戏，那么这段时间简直可以短到忽略不计的程度。但是，如果你把手放在滚烫的水里，泡上10分钟，这10分钟该是何等难熬啊！这样看来，时间的相对性是非常明显的。

随着我们选择的不同，对时间的主观感觉就会产生较大的差异。选择到了好的机会，抓住了幸福的翅膀，这时就会觉得"光阴似箭""一寸光阴一寸金"；相反，则有可能会度日如年，感觉"一日如三秋"。

假设你赢了一张周杰伦演唱会的免费门票，注意，你不能转售。可是其实在同一晚上苏打绿乐队也在开演唱会，你也很想去。假设苏打绿乐队的演唱会票价为150元。当然，你别的时候去看他们的演出也行，但你的心理承受价格是200元。换言之，要是苏打绿乐队的票价高过200元，你就情愿不看了，哪怕你没别的事要做。如果看两个演出并无其他成本，试问，你去看周杰伦演唱会的机会成本是多少？

去看周杰伦的演唱会，唯一必须牺牲的事情就是去看苏打绿乐队的演唱会。不去看苏打绿乐队的演唱会，你会错失对你来说价值200元的表演，但同时，你也省下了买票所需支付的150元。就像这样，要获得机会总要付出代价。机会成本不仅适用于时间，同样适用于有限的资源上的选择。本来你有机会选择做B事，并且可能从中获得"100"的愉快，但由于你没有选择做B事，反而选择了让你痛苦、倒霉的A事，那么因痛苦的选择引起的机会成本就是从快乐的B事中可能获得的"100"。机会成本就是用来说明随着选择的不同，其获得的相对价值也不同。

又例如：为什么雄海象比雌海象的个头大那么多？为什么雄孔雀能够开极漂亮的屏？这是一种在大多数脊椎动物身上都可观察到的两性差异。按进化论来解释，大多数脊椎动物都采用的是一夫多妻制，因此雄性必须以竞争的方式才能获得雌性。雄海象有时候会在海滩上互相击打数个小时，直到其中一方筋疲力尽，满身是血地退却。

唯有战斗的胜利者，才能享有临幸上百只雌性海象的权力。这是进化成头等品的一种奖赏，同时也解释了为什么雄海象会大得多。在跟其他雄性海象的争斗中，具有大块头突变基因的海象更容易获胜，于是下一代海象出现这种基因的概率会更高。简而言之，雄性这么大的原因在于，个头小的雄性很少有机会接近雌性。对于孔雀也是同理，能够开出漂亮的屏的孔雀在自己的种群中更具备竞争力。当然，这种进化竞争并不会无限制地发展下去。到了某个程度之后，体格较大或尾羽较长的内在弱点会逐渐超过较易接触雌性的优点。这种成本与收益的平衡，会反映在幸存下来的雄性身上。

这就是动物界在进化过程中必须付出的机会成本。要在物种进化中取得进步，势必要付出种群更加多元化的成本。这不光局限于单纯的动物世界，对于高级动物的人类来说也是如此。

PART 02　沉没成本——追悔只是错上加错

沉没成本：失去的永不能再回来

如果面对以下问题，你会怎样回答？

单位发给员工每人一张免费音乐会门票，位置在前排中间，价值300元。可是天公不作美，在开音乐会的那天突然来了一场暴风雪，这场突如其来的暴风雪导致所有公共交通工具都暂停使用，但是音乐会照常进行。你如果要去，只能冒着寒风步行半个小时去音乐厅。请问你会不会去听这场音乐会？如果这张票不是单位发的，而是你自己花300元钱买的，你又会不会去听音乐会？

很多人在第一种情况下都不愿出门，音乐会门票浪费就算了，想想自己的损失也不大；但是在第二种情况下，人们就感觉非常舍不得，宁愿冒着暴风雪和交通不便，也要坚持去听音乐会。为什么看似相同的问题，却做出完全不同的决定呢？

大多数人的直觉认为，单位发下来的票是"意外的收获"，不需要自己掏腰包，浪费了也不会太心疼；可是自己辛辛苦苦又排队又花钱去买的票，是付出了一笔不小的"成本"的。因此，人们在单位发票和自己买票两种情况下会做出不同的决策。不过，我们还不免疑惑的是：为什么人们在自己花钱买票以后，就有更大的动力去听音乐会？

这种现象在行为决策理论中被称为"沉没成本谬误"。人们在决定是否去做一件事情的时候，不仅会看这件事情将给自己带来的好处和因此引发的成本，而且也会看过去是不是已经在这件事情上面有过投入，虽然这些投入已经是不能收回的"沉没成本"。

沉没成本从理性的角度说是不应该影响我们决策的，因为不管你是不是去听音乐会，你的钱已经花出去了。作为一个理性的决策者，你应该仅仅考虑将来要发生的成本（比如需要忍受的狂风暴雨）和收益（听音乐会所带来的满足和快乐）。不管是去还是不去，钱都已经花了，它是个确定的常数，不应该影响我们其后的决策。

在生活中，该现象比比皆是。你在眼睁睁看着钱财离你而去时，感受到的痛苦是你得到同等价值的东西时感受到的快乐的两倍。这也是为什么市场营销最主要的策略就是试图说服你，某个你想要的东西绝对物超所值——这样一来，你因为得到它而感受到的快乐就会抵消掉你付钱时的痛苦。如果这一推销策略成功实施，你就会觉得你实际上什么都不会损失；不仅如此，你还会觉得自己捡了大便宜。若你要花自己的血汗钱，通常都会尽最大可能避免损失——除非你就是为了烧钱。

这种情况再普遍不过了。人们在作购买决策的时候，除了产品本身能给你带来的效用以外，还受到很多其他因素的影响，比如促销，甚至有时候人们买某些东西仅仅是因为已经逛了一整天街还没有买东西而导致的。

不仅买东西如此，不少人还将整个人生陷入在沉没成本谬误的泥潭里无法自拔：毫无任何音乐细胞的人坚持要把钢琴学下去，只因为曾经买下耗资不菲的钢琴，并且已经花不少钱报了钢琴班；两个性格越来越不合的情侣早就没有了爱和甜蜜，勉强在一起只因为已经在一起这么久了，为对方已经付出了那么多，怎么也要耗到结婚吧……

行为科学的许多研究表明，正常人往往是"亚理性"的。我们所说的"既然买了领带，就戴上吧""既然买了票，就去听音乐会吧"，实际上都是想通过这种"把事情进行下去"的方式来挽回沉没成本。可是，你花钱买领带、买票的目的是什么？

仔细想想你就会明白，我们真正的回报并不是戴上领带或者去听音乐会，终极的回报是自己开心。如果戴不喜欢的领带或者冒着暴风雪去听音乐会给你带来的是负效用，那么你不仅没有挽回曾经沉没的成本，反而招致更大的浪费——不好看的领带让自己觉得别扭，或是一路寒风引发几天感冒。当然，我们并不是反对你戴买来的领带或者去听音乐会，只是以经济学的理性建议，不要因为沉没成本存在而影响了你的理性决策。你仅仅需要考虑某件事情本身的成本和收益，如果最终的收益是自己的健康和开心，那么之前和这件事情相关的成本，我们不妨借用一下阿Q精神，当那些不曾存在过吧！

不要在吃自助餐时想要赚回本钱

"沉没成本"是经济学家最感兴趣的一个话题。简单来说，沉没成本是指已经付出且不可收回的付款、投资等。一个拥有完整、健全的逻辑的机器人在做选择时绝不会把沉没成本考虑在内，但是你会。作为一个拥有情感的人，你对损失的憎恶会让你迈入沉没成本的陷阱。

如果你知道自己将永远失去某样事物，你会倍感痛苦。为消减这种消极情绪，你会做出一些荒谬的事。你是否有过这样的经历：挣钱本来不算太多的你花100元去吃烤肉自助餐，面对自选架上各种烤肉和花样繁多的甜点，吃了不到半个小时，你的肚子已经开始处于饱和状态。理智告诉你，这在往常你已经不可能再吃下东西了，可是一看见又新摆上来的肉和糕点时，还是不由自主地拿了又拿。

结果因为贪吃，第二天早上弄得自己身体不适，不得不请假，还要去买药吃。病假至少要扣半天工资，才买了两盒药就花了快 50 元。算一下，这又搭上了一顿烤肉钱。像这样，有许多人在吃自助餐时都会想"吃回本钱是理所当然的事情"，但是按照刚才给大家介绍的方法来分析，这种想法是极其荒谬的。在进入自助餐厅时，需要支付的 100 元就已经变为了沉没成本，所以应该从脑海里抹去。

与之相比，在吃自助餐之前，认真考虑自己是否能够赚回 100 元的本钱才更为重要。每个人应该关注投资的决定阶段，而对于付出后不能收回的成本应该彻底忘记。

又或者，你是否曾经买了一份墨西哥卷饼，在吃了第一口后你觉得它简直是加了萨尔萨酱（salsa，墨西哥菜肴中一种常用的烹调和佐餐酱料）的"狗食"，但是你还是坚持吃完了它，只因为你不想浪费钱和

食物？如果你有上述任何一种经历，那么恭喜你，你已经成为一名沉没成本谬误受害者。

一位李姓老妇人，年近70岁，体态臃肿，每次逛街买衣服都非常不易，耗去很多时间和金钱不说，还时常受到别人的"注目礼"。她对此非常苦恼，而且由于肥胖，健康每况愈下。想想自己年轻时一直很苗条，怎么到老了却长出这么多的脂肪呢？

原来，李老夫人生性节俭，幼时的苦日子让她每每看到剩菜剩饭就不能安心，舍不得丢掉，结果就勉强多吃。时间长了，身形也就变了样子。浪费确实可惜，但为了防止浪费而把剩余的东西"塞进"自己的肚子里，这样的行为正确与否，值得思考。尽管我们小时候也曾接受过家长的类似教育，但从经济学角度来看，未必要这样做。因为剩饭不管是吃掉还是扔掉，都不会改变其浪费的性质。可能有人会问：扔掉那是浪费，这毋庸置疑，为什么说吃掉也是一种浪费呢？

买饭时就已经付出了一定费用，不要以为把剩余的饭菜全部吃光就能够挽回付出的成本损失。一方面，强吃剩饭不会让你有吃饭的满足感，相反，自己却可能因此感觉到痛苦；另一方面，强吃剩饭会给胃部消化系统等造成负担，久而久之也就容易出现李老夫人那样的情况，对身体的伤害很大。这和在吃自助餐时想通过多吃来挽回付出的成本支出其实是一个道理。

经济学的基本理论是以个人、公司采取合理行动为前提展开论述的，所以没有考虑到我们被沉没成本束缚的现象。但在现实中，有许多个人和公司都为沉没成本所累，接连不断地犯下错误。实际上，吃自助餐的结局就是更多的人吃得过多，为了解决这个问题，最近行为经济学的理论备受人们的关注。简单地说，它的内容是以个人、公司的合理行为作为基础，同时还补充说明了我们为什么会在不经意间做出非合理性判断的原因。沉没成本的束缚也是行为经济学的重要课题之一。

你在生活中很可能遭遇过类似的境况。比如，你想要换个行业，辞掉工作，或者结束一段糟糕的恋情。但是你没有这么做，你继续忍受你的不顺心的工作和糟糕的恋爱，不是因为它们能给你带来美好的人生体验，而只是因为你已经为它投资了太多的时间、经历、金钱或者别的什么，你想要避免损失它们所必将带来的负面情绪。

当然，也不是所有人都会陷入沉没成本的束缚，能够彻底忘记沉没成本进行合理性判断的人，将会做出对自己有利的选择。希望通过这一节的阅读，大家能够记住沉没成本的概念，同时还要牢牢地记住"忘掉沉没成本至关重要"这条原则。

每个人做决策时，正确理解沉没成本的概念十分重要。

我们每个人的时间都是一旦付出就绝对无法收回的沉没成本，因此，是否能够冷静地评价过去花费的时间，将会左右我们的人生。虽然谁都不愿意承认自己浪费了宝贵的时间，但希望大家不要被已经变为过去时的沉没成本所束缚，连未来的美好时光都耽误了。

摔坏了的照相机应该拿去修理吗

对于大多数消费者来说,数码相机已经成为一种生活必需品了。而消费者在实际维修过程中的感受、遭遇,远比往年我们做过的售后热线调查更加真实,更加有参考价值。在生活中我们可以发现,消费者的观念相比以前也有着较大改变。其中印象最深刻的是,多位被访者表示,宁可买部全新的数码相机,也不愿意花费数百上千元去修理一部有故障的数码相机。

现在使用的数码相机是省吃俭用攒了3500元才买的,而且是当时最先进的机型,李先生每天都爱不释手地拿它拍照。可是就在昨天,却不小心把它掉到地上摔坏了。于是李先生急忙向厂家询问,他们说修理需要花1500元。天啊!1500元实在是太贵了,但不拿去修理的话又不能用,而且之前还花了600元修理过它呢。"就此放弃的话,买相机时的3500元和过去修理时花的600元,共4100元都将白费了……"想着想着,李先生走到电器城一看,发现同一款相机正在做促销,而且只卖2000元。应该怎么办呢?这也是一个被沉没成本束缚的例子。过去所支付的4100元在这里就是不折不扣的沉没成本,应该彻底忘记。为了能够得到相同的照相机,选择修理的话,要多花1500元;而选择重新购买的话,只需要花2000元。

经常听说"经济学是一门选择的科学",那么在我们实际进行选择时,沉没成本能够起到什么作用呢?它教给我们:在决策时不要考虑毫无回收希望的成本，要重新回到原点思考未来。覆水既然难收，不如放任自流。这个时候，作为消费者的李先生应该放弃过去支付的 4100 元的沉没成本，重新购买一个相对便宜的相机，而不应该选择修理。

当然，李先生的情况并不是生活中的个案，很多人在生活中也曾面临和他相似的困扰。

一般而言，相机的维修费用都比较高。据业内人士介绍，相机的维修费用一般包括技术费（即检查费）和材料费两项。而技术费也分成三个层次：轻度维修、普通维修和重度维修。即使是不用拆机维修的项目的最低价格也要几十元到上百元不等，而如果需要内部拆卸的话，技术费则要高得多。而且相机越贵，技术费越高。

除此之外，有的维修点缺乏相应的维修技术，消费者不得不将损坏的相机邮寄到厂商所在地进行维修，这么一来一回少则十天半个月，多则一两个月。这就需要消费者支付昂贵的时

间成本。更可怕的是，那些已经过了保修期的机器的维修费用需要用户自己付。而如果是感光元件的问题，单单技术费就要五六百元，加上材料费就要过千元了。

维修市场里的不规范收费也使得消费者需要理智放弃继续增加投入，避免相机沉没成本扩大化。据悉，漫天要价而没有一个标准已经成为反映比较集中的问题之一。需要更新的主要配件是液晶显示屏、相机镜头收缩、更换镜头、线路板、主板、传输端口等，如果是CCD之类的关键成像部件，维修价格还会更高。而个别维修人员为了追求利润最大化，就对一些可能花几元钱就能修好的部件，采取整体置换的方法，这动辄就要好几百元。

如果上面这些情况很不幸全部凑在一起，维修相机的花费很可能就大于当初买相机的价钱了。

每个人在作消费决策时，正确理解沉没成本的概念也十分重要。社会上的绝大多数人都是通过劳动，即出售自己的时间来获得报酬的，而时间对于享受消费是很必要的。另外，在对自己进行投资，选择某种学习时，如何分配时间也非常关键。

我们每个人的时间都是一旦付出

就绝对无法收回的沉没成本。不管沉没的是什么，对未来而言都已经没有意义。彻底放弃那些沉没的东西，才是最明智的选择，才是智慧的体现。

航空公司亏本运营的秘密

坐飞机的人各种各样，有大老板出差的，有小老板出差的，有老白领拖家带口去度假的，也有小白领带女朋友去浪漫的。这些人对价格的敏感程度是不一样的，而这个差异也使航空公司在同一航班上出售不同折扣的票成了可能。随着春节的结束，各条旅游线路频现低价，与此同时，由于节后出行的乘客大幅减少，飞机票市场处于淡季，各航空公司都打折成风。

相关数据显示，2012年2月，飞机票价格环比指数下降17.8%，旅行社收费环比指数下降22%。以山西太原为例，从2月开始，太原到北京海航代售点的机票价格由151元/人百公里降至91元/人百公里，国航代售点机票由141.25元/人百公里降至113元/人百公里；太原到上海东航代售点机票由123.45元/人百公里降至67.9元/人百公里，海航代售点机票由126元/人百公里降至63元/人百公里，吉祥航空代售点更是将4.4折的低价机票降至53元/人百公里。春节过后，人们开始步入工作正轨，进行远程旅行的人减少。航空公司为了满足航线上座率，不得不选择打折出售机票。一般在淡季，国内的很多航空公司都处于亏损状态。

再者，飞机与车船不同，它要摆脱地心引力，所以燃油消耗巨大，油费一般占到营业费用的 35% 左右。油价的上涨使航空公司不堪重负。2001 年原油价格每桶 20 美元，2006 年原油价格最高 70 美元一桶。2006 年燃油费占中国航空公司主营收入的 35% 以上，全球许多航空公司亏损。

但是我们却可以发现它们依然在运行，这是为什么呢？

因为航空公司大部分的成本是购买飞机、建设飞机场等硬件设施，每次飞行所带来的成本是很小的。而这些硬件设施一旦投入就无法挽回，即使现在不飞了，那也没有办法使已有的投资收回，所以对于航空公司来说，继续飞行是最优的策略。这些固定成本支出就是航空公司已经付出的沉没成本。一旦航空公司停飞，巨大的成本无法回收，资金链断掉，那么航空公司就要面临破产压力。

亏本运营的航空公司会面临两种情况：在旺季获得的盈利使淡季时的资金缺口得到弥补；或者，即使在旺季，却由于同行的激烈竞争，而无法获得足够收益，最终入不敷出，迅速破产——此时航空公司要承受的亏损金额也要远大于淡季退出时的亏损。

经济学还把"技术"视为企业的核心部分，其中包括商品的生产方法、提供服务的模式以及公司的运营经验等。大部分企业都是以追求利润为目的展开经营活动的，虽然也有一些例外，但是不能获利的企业最终还是会从市场上消失。中国航空工业第一集团公司在 2000 年 8 月决定今后民用飞机不再发展干线飞机，而转向发展支线飞机。这一决策立时引起广泛争议和反弹。该公司与美国麦道公司于1992年签订合同合作生产MD90干线飞机，1997年项目全面展开，1999年双方合作制造的首架飞机成功试飞，2000年第二架飞机再次成功试飞，并且两架飞机很快取得美国联邦航空局颁发的单机适航证。这显示中国在干线飞机制造和总装技术方面已达到20世纪90年代的国际水平，并具备了小批量生产能力。

就在此时，MD90项目下马了。在各种支持或反对的声浪中，讨论的角度不外乎两大方面：一是基于中国航空工业的战略发展；二是基于项目的经济因素考虑。单从经济角度看，干线项目上马、下马之争可以说是为沉没成本提供了最好的案例。许多人反对干线飞机项目下马的一个重要理由就是该项目已经投入数十亿元巨资，上万人倾力奉献，耗时几年，在终尝胜果之际下马造成的损失实在太大了。这种痛苦的心情可以理解，但丝毫不构成该项目应该上马的理由，因为不管该项目已经投入了多少人力、物力、财力，对于上下马的决策而言，其实都是无法挽回的沉没成本。

企业在撤销某个部门或是停止某种产品生产时，沉没成本中通常既包括机器设备等固定成本，也包括原材料、零部件等变动成本。通常，固定成本比变动成本更容易沉没。从数量角度看，沉没成本既可以是整体成本，也可以是部分成本。例如中途弃用的机器设备，如果能变卖出售获得部分价值，那么其账面价值不会全部沉没，只有变现价值低于账面价值的部分才是沉没成本。

仅仅认识了沉没成本尚不足够。事实上，这当中仍有认

识上的盲点,必须建立"决策成本"的观念。有这样一些例子:一些审慎的决策者因为将一些不相关的成本纳入决策成本考虑而错失了本来可行的项目;另一些冒进的决策者则因为将相关成本错误排除在决策成本之外而对项目做出盲目乐观的估计。

可见,在行动和决策时,建立决策成本的观念十分重要。衡量投资项目成本,只能包含因进行或选择该行动方案而发生的相关成本。相关成本指与特定决策、行动有关的在分析评价时必须加以考虑的成本,包括差额成本、未来成本、重置成本、机会成本等。非相关成本则指在决策之前就已发生或不管采取什么方案都要发生的成本,它与特定决策无关,因而在分析评价和最优决策过程中不应纳入决策成本的范畴,如过去成本、账面成本等。

从决策的相关性看,沉没成本是决策非相关成本。若决策时计入沉没成本,将使项目成本被高估,从而得到错误的结论。

事实上,在中国航空工业 MD90 干线项目下马完全是"前景堪忧"使然。从销路看,原打算生产 150 架飞机,到 1992

年首次签约时定为40架，后又于1994年降至20架，并约定由中方认购。但民航只同意购买5架，其余15架没有着落。可想而知，在没有市场的情况下，继续进行该项目会有怎样的未来收益？

当然，决策中某一既定行动的机会成本有时是很难衡量的，成本估计可能是高度主观和随意的。此外，有关评价应当考虑资金的时间价值，以贴现指标为依据。这些都应引起决策者的注意。

在复杂的市场当中，投资决策的失误有时也是在所难免的。一旦出现，则需要避免将错就错、一错到底，这才是真正考验管理水准的时候。另外，通过合资或契约，采用非市场的管理结构等，对于减少沉没成本都是十分有利的。

PART 03 交易成本——
买大杯咖啡是双赢的选择

商品一样却价格不同的神奇奥秘

柴米油盐酱醋茶，要生活就需要消费。芸芸众生谁都离不开购物或接受各种服务，这早已成为我们生活不可或缺的组成部分。当今社会能够为民众提供各色食品、各类服饰乃至种类繁多的日用品和家用电器，尤为便于选购，因而百姓能够充分享受丰富多样的消费生活。

购物或者接受服务在普通人的一天生活中占有很重要的分量，工薪阶层职员的每天几乎都是这样度过：乘坐公车上下班、购买当天报纸或杂志、在快餐店吃顿快餐、夜里和三两同事小酌几杯啤酒，如此日复一日，鲜有变化。有一个人喜欢喝雀巢咖啡，因为工作比较忙，经常会买简易的听装雀巢。很多人可能也有和他一样的经历，在大型超市、小型便利店、自动售货机等好多地方都可以见到卖听装雀巢咖啡的。但是只要稍加留心，你会发现其中一个有趣的现象：相同品牌，重量亦同，均为180毫升的听装雀巢咖啡，不同店家的售价颇有差异。

比如，自动售货机标价4元，在小型便利店花3.8元即可买到，而超市搞特价时花3元的低价便能到手。另外还有，大学校园内自动售货机上卖4元，有些超市以3.6元、3.7元、4元的不同价格销售给顾客，部分小型便利店有时也会以4.3元的价格对外出售，个别店甚至以含税4.5元的价格卖给消费者。而在网上有的团购活动只要78元就能买到24听，平均每听不到3.3元。同样是听装咖啡饮料，为何会存在售价差别呢？经常喝饮料的消费者，遭遇到价格高低不定的情形，是否认为是自己不够聪明而被商家愚弄呢？

其实，造成同物不同价的原因只有一个，即被称为"交易成本"的成本概念存在其中。

消费者在不同的店家以不同的价格购买相同的产品，这是一种十分有趣的经济现象。对此种市场格局进行仔细分析后，可以将其归结为两种情况：

第一，看似相同实则不同的商品出现的同物不同价现象。

第二，真正的同物不同价现象。

就第一种情况而言，给人感官上完全相同的听装咖啡，有些店销售时是不会对其进行冰镇处理的，而自动售货机或小型便利店提供给消费者的是冰镇咖啡。当然，自动售货机或者小型便利店也销售经过加热处理的听装咖啡。冰镇或加热处理后所附加的服务价值是两者价格层面的真正区别。

第二种情况就是由交易成本导致的。交易成本中包含为获取相关"信息"而付出的成本。消费者为了能够以更低的价格

购买到品质更优的商品，往往会搜集汇总多种信息以便进行比较和遴选，此时所付出的时间和精力成本以及店家为向消费者提供有关信息而付出的"工夫成本"等均应列入交易成本中。这些都是"交易前"所花费的。其他应该包括在"交易前"成本中的项目还有你与周遭受影响的人们进行协调、沟通的成本。比如，住在租赁公寓的人在购买你喜欢的宠物前，需要与房东沟通以取得其谅解——进行这种事先协调所耗费的工夫即为交易成本。

换个角度来说，消费者甘愿接受不同售价也有其自身原因。消费者宁可选择在自动售货机花4元的高价格购买听装雀巢咖啡，也不愿意为了省些钱等到打折时去超市购买3.6元的低价咖啡。对于单独的个人来讲，这当中有节约"成本"的原因，所以才导致他们有意识或无意识地选择自动售货机。的确如此，购物时所支付的金钱是消费生活中最重要的成本开支，但这仅仅是问题的一个侧面，事实上我们每个人在购买全过程中还需要付出其他环节的成本，比如时间、体力和精力等。

当然，不是每个人都会忙得没有时间去超市或者没有足够的耐性等到超市咖啡打折。很多人觉得自己动手冲咖啡也无所谓，此时此刻咖啡和自来水对他们而言即是需要付出的成本，购买可以沏出 180 毫升咖啡的咖啡粉不过很少几个钱，并且自来水也无须几个钱，既节俭又能自得其乐。嫌自己冲泡麻烦之人大多会就近去买听装咖啡饮料，如果站在自己动手冲咖啡的角度，与其说作为消费者的我们购买的是饮料，还不如说购买的是自己想喝茶但又不想动手从而接受他人提供的此种服务。

又比如外出游玩，并且中午在外面野餐吃盒饭。感觉口渴想喝茶时，如果自行准备水壶、咖啡粉等较为麻烦，因而一般人会事前买好听装咖啡饮料，这样可以减少用于筹备相应物件的时间与精力，同时节约由此带来的成本。遇有此种情形，可以提前备好超市特卖的 3.6 元的听装咖啡。若还嫌费事（听装饮料有一定重量），可以径直在公园的自动售货机上花 4 元购买一听，这样能够减少外出需要携带物品的数量和重量。

相当多的人对那些日常生活必备的、需要经常采购的物品的价格，心中基本是有数的。同时作为消费者中的一员，我们最好尽可能地总结购物时的经验教训，充分掌握好选购的时机，以便更好地节省时间或者精力。

每个商家都会根据具体情况赋予物品不同的销售价格，由此不难理解为什么有些地方的茶叶价格高，而另一些地方的价格低。同一商品名称的瓶装茶，在步行 10 分钟左右范围的不同销售点或者自动售货机上，其价格会迥然不同，而且每处均拥有各自相对固定的消费群体。

组装还是套装，买哪种更实惠

如果要找家具厂做实木家具，一般要三个月的时间，所以此前最好将时间算好，在装修前就选好款式，提早做准备。定制实木家具价格并不低，几万一套的并不少见。现在人们似乎更加偏爱自己动手，DIY组装家具。2006年春天，世界最大的家具连锁店宜家家居再次登陆日本。宜家尽管在很早以前就已经进入了日本，但在20年前（1986年）退出了日本市场，现在则再次以大型店铺的形式出现在了日本。2006年在船桥市设立了一号店，在横滨市设立了二号店。计划预定三号店在神户市设立，之后还将继续设立分店。宜家在日本再度受到热捧，反映了年轻人更加喜欢组装家具的购买倾向。当然，其实组装家具受到欢迎，也与它较低的交易成本脱不开干系。在购买家具时，负担的成本和个人满意度是消费者首先需要考量的内容。

在家具的价格中包含了"运送"和"组装"的成本。也有消费者自己解决组装和运送的情况，此时，要把消费者自己的花费等加入到购买价格中，来计算包含运送、组装成本的价格。于是，在零部件阶段中的家具价格加上组装成本，才是成品的价格。再加上运送成本，则成为最终消费者负担的价格。宜家的组装家具再度被消费者所接受，主要在于因为削减了店方的运送、组装成本，所以实现了廉价。

组装家具有以零部件的状态运送回来并自己组装的，另外也有在大型家具店等参观展示并购买家具的情况，即既有按商品完成的状态运送回家的，也有按半成品的状态运送并在自己家中由家具商进行最终组装的，还有把小型已完成状态的家具从店铺用自己的车运送回家的。

那么，组装还是套装，买哪种更加实惠？

一般来说，在家中组装的话，组装的成本可能会很高。首先，是自己还是由店铺的人进行组装的问题，运送到家后由店铺的人员进行组装的话，需要具有组装技术的人员来到家中进行，那么其成本（人工费用）会很高。在家自己组装时，个人的技术成本也是大不相同。如果是由工作很忙的人花时间来组装的话，时间成本会变得很高。

对组装不熟悉的人可以使用付费服务来进行组装，这需要支付相应的费用。使用配送服务时，也要花费相应的费用。想在宜家购买便宜家具的人，不自己运送组装的话，是感受不到低价格的好处的。宜家的一号店开业时，准备了3种房间配套样式，二号店准备了9种房间配套种类，各个房间在设定了特定的年龄层、家庭构成、房间用途（起居室、卧室等）的基础上，展示了考虑整体搭配的一套家具。只有这种房间配套方式才能真正降低消费者实际在家中放置家具时搭配的不确定性，这就是第二个对策。

因为房间配套的内容是不断变化的，所以如果经常去宜家，发现了中意的搭配房间后，并

把放置在该房间中的家具全部买下，放置在家中的话，后悔的可能性或许将变得微乎其微。即使不做那种极端的事情，但观看了各种壁纸、窗帘和沙发的搭配后，再去购买沙发也是相当便利的。特别是组装前的家具要尽可能平行包装，宜家在家具的设计阶段就已经注意到这一点了。重要的是，宜家不仅节约了从工厂到店铺运送时的成本，还节省了客人从店铺运送到家时的成本。

宜家的另一个魅力是以容易理解的方式展示家具的搭配。即使是有很多好功能的家具，在狭窄的地方或使用不顺手的地方放置也是不能充分发挥其功能的，仅就选择场所就会使人觉得很麻烦。另外，即使有再好的设计，如果与周围的壁纸、窗帘及其他家具的颜色搭配不协调的话，也有可能会给人以非常不好的印象。

可是，家具的设置和搭配的不确定性很高，从实际放置家具来看，也会很容易引起给人感觉与想象的完全不同的失败感。在购买的时候就要看好后再进行搭配，否则改换颜色的话，在交易后花费的交易成本会变得很高。

吃肯德基，要网上订餐还是上门自取

肯德基是美国的快餐，1987年11月，肯德基率先进入中国市场，成了当时中国市场上的中高端产品，让中国认识了一种别样的快餐。肯德基让洋式快餐中国化，吃肯德基逐渐成为中国市场上的一种时尚，人们慢慢地习惯了肯德基的味道、肯德基的情调。

　　肯德基网上订餐主要依托实体店的存在完成网上订餐功能,这个网站主要针对那些在公司上班、没时间去吃饭的白领,或一些宅男宅女。平时为了吃上一顿饭可能要在店里排队很久,现在有了网上订餐这个网站,让人们既可以在网站上选择想要吃的食物,又节省了时间,还可以足不出户就吃到美味可口的东西。2011年7月开始,肯德基开始推出网上订餐每天一款半价的优惠活动:

星期一:新奥尔良烤鸡腿堡,原价15.0元,半价7.5元;
星期二:香辣鸡翅两块,原价8.0元,半价4.0元;
星期三:香辣鸡腿,原价14.0元,半价7.0元;
星期四:培根蘑菇鸡肉饭,原价18.0元,半价9.0元;
星期五:新奥尔良烤翅两块,原价9.0元,半价4.5元;
星期六:葡式蛋挞,原价5.0元,半价2.5元;
星期日:吮指原味鸡,原价7.0元,半价3.5元。

　　于是,喜欢吃肯德基的顾客开始面临一个新的选择:是在网上订餐,还是上门自取?

　　消费者进行购物时的满意度分为从购买的物品和服务"功能"得到的满足感和从"情感"中得到的满足感两种。

　　例如,在肯德基餐厅吃饭时的满足感中,确保椅子和桌子等吃饭的场所的设施,并从不同食物可以补充的营养得到的满足感,就是来自"功能"的满足感。店铺的环境好,店员的应对干净利落，可以很舒服地吃饭，因调味及装盘的方法感觉到饭菜的可口，我们可以认为这是因"情感"而得到的满足感。

有时消费者大部分的满足是从功能中获得的，但在很多的物品和服务消费中，我们认为大部分的满足是从情感中获得的。如果只看功能的话，对于可以很好地摄取营养的饭菜、知道时间的时钟及可以很好地包裹身体的衣服，只因好吃或设计好顾客就会支付很高的费用来购买。以肯德基的网上订餐为例，顾客在网上订购自己喜欢的套餐，由肯德基送货上门，既使自己免去了排队（某些时间段，排队选餐的人可能较多）的辛苦，又能省去从自己家去店里所花掉的时间。

当然，世界上真的没有平白无故掉馅饼的事儿，送餐时使用的外带饭盒和劳务人员支出都是要算在送餐费里的。选择网上订餐就需要另外支付 8 元的送餐费用。后来肯德基在送餐费用上做出进一步改进，即网上订餐一次满 29 元就可以免去配送费。像这些时间与精力（劳动成本）、额外的金钱支出、其他资产的使用、心理负担等在购物时需要付出的代价，被称为交易成本。它意味着我们在各种各样的经济活动中，除了需要为商品和服务付款之外，还要付出更多的代价。

但交易成本只是一个相对的概念，即便对于同一种交易，因为看问题的角度不同也会有不同的解释。比如说，当你网购一种商品的时候，运费 20 元需要另行支付。这 20 元如果以店家和你之间进行的商品交易为中心来看的话，它属于交易成本的一部分。但是，对于快递公司来说，这 20 元是他们将这件商品送到你家的配送服务的价格，如果以配送服务交易为中心来看的话，这笔钱就成了配送服务费，而不能算交易成本。

在我们收集信息进行购买决策的过程中所消耗的成本，以及店家为了把这些信息传达给我们所消耗的成本，都属于交易成本。而且，这些都是在"交易前"所需要付出的代价。原本进行肯德基网上订餐时需要另外支付的配送费就是"交易前"要支付的成本。另外，你去商店的途中付出的成本，与你讨价还价时付出的劳动成本，既可以看作是交易中成本，也可以看作是交易前成本。肯德基与麦当劳成为很多人网上订餐的选择，外卖业务已经成为这两大餐饮巨头在新兴市场中销售额增长的重要部分。如今，肯德基在中国总共拥有3500家门店，其中半数以上都提供配送服务。据百盛集团首席财务长预计，在接下来的10年中，将会有超过2000家新开门店提供配送服务。肯

德基还在其他亚洲国家、中东、中美洲和北美洲墨西哥提供配送服务。

作为中国境内规模最大的快餐连锁店之一，肯德基依靠配送服务进一步拓展了品牌延伸领域。在中国，肯德基正在以每年约450家新门店的速度扩展规模，其中半数以上的门店都将提供配送服务。无论是选择肯德基网上订餐还是进行其他购物选择时，消费者都需要把交易成本提前考虑在内，看是否需要支付其他费用，并根据这些费用进行总体衡量。与消费者复杂的选择相比，肯德基方面就显得简单一些。网上订餐既能够扩大销售，又能在为消费者提供便利的同时实现企业品牌在互联网上的有效传播，何乐而不为？

在对各种物品和服务进行交易（买卖）时，除对所交易的物品和服务的价值进行支付并产生的另外的成本，本书将其称为交易成本。在此前的章节中已经出现了各种交易成本，如为了买东西而走到店铺所产生的成本，以及为寻找自己喜欢的商品而付出的成本等。

由此看来，交易成本具有相当广泛的意义。例如，某家位于街道尽头、正在销售着被评价为"非常好吃"的点心的店铺，为了节约从很远的地方赶过来购买点心的顾客的交易成本，而在交通方便的车站前开设分店进行销售，这样一来，店家就将承担昂贵的房租，以及将点心运送到车站前的成本。所以，通过特意在车站前开设分店而产生的各种成本，从广义上讲，也可以认为是为了销售点心而产生的交易成本。

考虑至此，就不难发现为什么近来一些本土的网上快餐配送遍地开花，如"饿了么""美团外卖"等。这些网上订餐软件不仅节省了商家自己招聘配送人员的费用和时间，又从消费者身上赚得利润。一些上班族对网上订餐也欣然接受——虽然这要多花一点钱，但是却可以吃到温暖的饭食和各式各样的美味，最主要的是节省了很多时间。

热恋时VS分手时的交易费用分析

交易成本是一个很难界定的概念，只有在动态过程中才存在，只有在一般均衡中才存在。谈恋爱无疑满足动态博弈的过程，但是这个"一般均衡"很难理解，也就是说你周围的每个人都会影响你的交易成本，有些比较明显，比如你被安排做的事情少，因而空闲时间多，或者得到更多的收入，有些则只是一些可能性。所有的人或事一变，交易成本也会因此而改变。年轻人谈起恋爱，给人的感觉就像是换了个人似的，做任何事都有了自信心，哪怕只是一件小事也能让恋爱中的人露出微笑，也会在某天由于一点小事而滋生出茫然不知所措的感觉来。家里的电话费也骤然突飞猛进，究其原因，两颗难舍难分的心希望用电子媒介来拉近两个人的距离，吝惜那点通信费用是多么世俗的事情啊！

希望越来越靠近的两人分别后，不断增加的不仅有电话费，还有为见上一面花上许多的时间，加上来来去去的车费，也不是一笔小数目。当一方已经为此负担过重时，就开始考虑两个人生活在一起算了。比起恋爱庞大的成本支出，两个人的结合不是更幸福吗？如果从当初就一起过的话，那么这些"毫无用处"的额外费用就可以大幅减少。当然有必要提醒各位年轻人的是，如果因为害怕负担恋爱成本，两个人在互相不了解的情况下就火急火燎地结了婚，婚后发现对方有恶劣得令人难以忍受的习惯后又死去活来要离婚的话，这样的交易成本会更大。

随着两个人交往时间的加长，考虑到规模经济可以降低两个人单独生活时的相加成本，可以增加为对方着想的利他主义的效用，可以减少分开时的交易费用（车费、电话费等），由此他们选择结婚，深深相爱着的两个人组建起类似企业的组织——家庭。谁都希望能够天长地久，但是面对生活中各种不可控因素的干扰，这种愿望难以成为最后的结果。

乔安娜忽然决定离开丈夫泰德·克莱默和孩子比利，独自离家出走。在他人看起来没有任何异常的克莱默家因此风云突变，虽然乔安娜也知道泰德会恨自己，但为了追求自己的人生，她还是义无反顾地出了家门。妻子的突然离去让工作忙碌的泰德的生活骤然间陷入了混乱之中，他无法兼顾繁忙的工作和照顾孩子这两件事，因而经常使上司和儿子两方都不满。泰德与儿子父子情深，在没有妻子和母亲的日子里，父子俩相依为命。几年后，事业有成的乔安娜为了获得儿子的抚养权向法院提起诉讼。泰德愤怒了，虽然他竭力争取希望能够获得比利的抚养权，然而就在此时，不幸失业的他心有余而力不足，法官还是把儿子比利的监护权判给了乔安娜……

看过电影《克莱默夫妇》的人对于这一幕可能很熟悉。没错！这就是这部电影的简介。不过，这种故事现如今不止发生在克莱默家中。据统计，2018年全国结婚登记人数为1010.8万对，离婚登记人数为380.1万对。在如此巨大的离婚率之下，像克莱默家庭那样涉及子女抚养问题的离婚案占比96%。

从两人结婚的那一瞬间开始，就签订了相互独占对方的合约，这与只能被某特定企业使用，而其他企业不能使用的"被占用资本"相似。由于具有垄断使用对方的特性，因此，无论男方还是女方，结婚前的表现和结婚后的表现都会有所不同。

由于长期合同具有稳定性，因此，以为稳定就可以为所欲为的心态为道德松懈现象制造了发芽的土壤。既然如此，难道就不能明文拟定条件清晰、责任分明的婚姻合同吗？随便找一个三流律师，都能帮"预备夫妇"拟定这样一份结婚合同。不过，对于因爱情而结合，而非因利益而结合的相爱中的男女来说，他们会认为明文责任式的婚姻合同是对爱情的一种亵渎。

没有明文规定婚姻责任的合同就只能靠双方自觉在利他性的原则下执行了。所以，严格履行合同的"公权力"因为"暗示性"而使力度降低，结果就是即使偶尔对对方感到失望，也只能选择忍气吞声。

结婚这一"暗示的合同"具有责任不明确、不完整的特点，所以夫妻之间容易因外在因素而引发其他交易成本。尤其是家庭成员容易受外部刺激的影响，即婚姻中的人容易受到外界的诱惑。在一起生活的时间越长，边际效用越低，热恋时能用爱情来遮盖掉的对方微小的缺陷，婚后就会无限放大。由于从家庭内部找不到满足感，于是把希望寄托于外部，期望从外部寻找到"新的人生意义"，从人的本性来说，要抗拒诱惑是很难的。

即便婚姻濒临灭亡，很多人也不会选择离婚收场，而是选择继续凑合过下去。因为夫妻一旦要打破"长期合约"，离婚的费用也不是一笔小钱。再者要抛开两人一起苦心经营的家，和已经缔结了深厚关系的配偶的亲戚分开。最要命的就是未来再婚后无论多么好的继母或继父，都很难与自己的孩子和睦相处。

市场越不完善，交易成本就越多。换言之，交易成本刚好就是企业扩张的本质因素，这与恋人为了减少交往费用而选择一起生活（规模经营）的本质一样。当然，如果两个人一起生活时不够和谐，隔三岔五地制造内部矛盾，那么希望内部消化交易费用的计划就会以失败而告终，两个人一起生活后打架或某一方夜不归宿的日子特别多的话，倒不如离婚。

无论恋爱还是分手，都是以交易成本为开始和结束的。当然，由于感情损失难以用钱来衡量的缘故，我们很难估算出分手时的实际损失费用。因此，感情的费用很难从经济学的角度计算出来。

去星巴克应该买多大杯号的咖啡

星巴克销售各种饮料,按其大小可以划分为中杯、大杯、超大杯等多种规格(未规定规格的种类有若干)。中杯容量最小,约240毫升;超大杯容量最大,为中杯的两倍,约480毫升。

不过,作为同样供消费者选用的饮料,中杯的饮料与超大杯饮料在价格方面的差额正好为6元。无论是标价为21元的中杯美式咖啡,还是售价为30元的冰香草拿铁,超大杯规格的同种饮料的价格就要比中杯规格贵6元。

售价21元的中等规格饮料与售价30元的饮料,其饮料种类是不同的。同种饮料,如果将中等规格换为超大规格,容量上增加了240毫升,增加部分的相应价格是6元。请注意增加的240毫升,这导致了原本价值完全不同的饮料以相同的价格对外售出。那么,去星巴克喝咖啡的话究竟要选择多大型号的杯子呢?21元的饮料与27元的同种饮料,大小容量相差两倍,价格却仅有6元的区别,这对消费者而言是相当划算的,当然果断要选择大号的杯子。但是你又开始在想,类似星巴克一样的大型连锁店,采取的销售政策是全国统一售价(麦当劳自2007年夏季开始实施地域差别价格),即不管是寸土寸金的地区还是地价相对便宜的其他地区,咖啡价格均无二致。假如地价较高地域的连锁店里,多数顾客消费的都是大容量杯子盛装的饮料,那么星巴克又是如何赚取利润的呢?

如果实在想不明白,不妨就站在咖啡店的经营者的角度上进行一下换位思考。

首先，咖啡店要营业需要几名店员，需要支付店铺租金以及水电和燃气费等，还必须准备装咖啡用的纸杯和设备等。其中占成本大部分的是店员的人工费和店铺的租金，那么就粗略地计算一下成本。

店员询问顾客喝什么咖啡然后收钱，用时约 1 分钟。其间店员会观察其他客人有何反应，并就客人对价目单提出的疑问做出回答，此项工作费时两三分钟。做咖啡需要 1—2 分钟，这取决于饮料的种类。此外，因为还要间接地处理一些必要的工作，如清洗烹饪器具、打扫店内等，如果将出售一杯咖啡所需的时间假定为 5 分钟，1 分钟 1 元，5 分钟就要扣除 5 元的人工费。如果销量增加一倍，人工费固然会增加很多（需要另外增加人手的话），但是房屋租金在咖啡里的摊平成本就会大大降低。在该计算的例子中，其中咖啡豆的价款，只要向生产咖啡豆的种植户支付几元（最多 2 元）即可，设想利用这种价格的咖啡豆制成的咖啡以 21 元的价格进行出售。仅这样，也只能赚到 2 元。

试着将杯形尺寸扩大为原来的 2 倍，但不管什么饮料都提高 100 元的价格来设定进行讨论。不再提供普通款杯子的咖啡，转而提供超大款杯子的咖啡，从点咖啡到买单所花费的时间没有变化，制作饮料所花费的时间也仅仅多花费几秒钟（或者十几秒钟）。越是价格昂贵的饮料，越是要多花费时间，如加牛奶、加巧克力等，所以也许将增加人工费用方面的成本。但是那是店员非常繁忙地进行工作的情况，在进店消费顾客少的时候，因为仅仅是利用应该休息的时间，所以也可以不考虑人工费用的增加情况。

越是价格昂贵的饮料,其利润率(利润对价格或者销售额的比率)越高。而且,杯子尺寸越大,利润率越高。对店家来说,超大款杯子的特色咖啡最赚钱,也最畅销。所以通过将普通款杯子的特色咖啡与超大款杯子的特色咖啡的价格差控制为6元,让顾客看起来超大款杯子特色的咖啡更充满魅力,进而吸引顾客进行消费才是合理的。

所以,如果只是关注通过杯子尺寸扩大为原来的2倍而追加的240毫升,那么不管那是何种饮料,都可以认为饮料的生产费用就是成本。消费超大款杯子咖啡的顾客,从店铺方面来看就是高效并且可以赚取更多利润的顾客。正如前文的介绍所示,在寸土寸金的中心位置街区,据称消费大款杯子咖啡的女性顾客比较多。她们为提高店铺的利润做出了贡献,对店铺来说就是好主顾。

如果将交易成本的概念扩大来看物品和服务的交易成本,那么很多种情况下,交易成本占了整个成本相当高的比例。在咖啡店里销售的咖啡中,其原材料所需的成本非常低,但人工费所占的比例很大。但是如果仅从泡制咖啡这1—2分钟的工作来看,人工费也并不那么高,可以说,为迎接顾客而进行的等待、进行各种准备以及清理工作所花费的人工费相当高。

虽然是以各种形式产生的交易成本,但是如果有好的节约交易成本的方法,单凭这一点,消费者与企业就都可以得到利益。因此,通过从"节约交易成本"这一角度进行分析,便能够理解各种商业活动的本质了。

消费者想要不盲目地进行购物,最重要的还是在购买前认

清自己承担的成本，以及店家和制造厂商为顾客承担的成本等各种交易成本。在清醒妥帖的基础上，进行购物选择，而不至于成为消费的"冤大头"。

真正了解顾客需求的商家更受欢迎

中国现在有中国移动、中国联通、中国电信三家通信公司。客户可以在里面任意选择，但是不管你选择其中哪一家的服务，都必须从它们提前制订好的资费计划中选择一项适合自己的。同时它们还会提供很多可供选择的折扣计划。

一般顾客进行的通话分为两类。一类是友人、恋人、家人之间的通话；另一类是工作方面的业务联系。手机运营服务商之所以注意区分两者性质差异的原因在于，通话费用降价时，用户是否会增加通话时间，企业对此极为敏感。

手机运营服务商的收费体系之所以很复杂，是因为存在着种类繁多的费用方案，以及为用户提供的各种优惠服务项目。例如，在作为运营商重点推介的服务项目之一的亲情通话免费服务中，用户需要事先将某些人指定列入亲情人员内，这势必增加运营商的工作量以及计费时的复杂性。假设有两种类型的手机用户。A 类型的用户只在必要的时候使用手机打电话，平时几乎很少使用手机，所以他们的通话时间非常短，一个月只有 100 分钟左右，而且，因为是非常必要的通话，所以他们愿意支付的价格（电话费）高达每分钟 0.3 元。那么这位消费者一个月的花费支付总额就是 30 元。B 类型的用户是"日常使用"型的，每天都会打很多电话。因此，他们每分钟只愿意支付 0.2 元的话费，但一个月的通话时间在 600 分钟左右。他们每个月愿意支付的话费总额高达 120 元。我们假设，不管是 A 类型的手机用户还是 B 类型的手机用户，如果实际支付的话费总额超过了他们愿意支付的金额，那么就不会选择通信公司的服务。而且为了便于说明，不考虑所需要支付的手机费用和其他各种费用。针对客户的不同需求提出不同的套餐备选方案，是了解顾客需求的电信商家的普遍选择。于是就出现了亲情通话套餐优惠业务。

为用户提供亲情通话话费优惠服务，实质上也是企业实行价格差别策略的典型做法。笔者首先对以下即将阐述的内容做一概括：对于那些通话时间与手机话费两者互动关系敏感，且手机使用用途易变的用户通话，手机运营服务商采取的定价策略是降低手机资费，并且适宜对此类用户提供优惠服务项目。拿友人、恋人、家人之间的通话来说，现在这方面的话费是越来越便宜了，两人进行此种亲情通话时一般都有"明天见面时好好聊""用手机打电话时说的都是无关痛痒的闲聊"这样的想法，而且如果手机话费偏高，两人打电话时心里更是在想早挂断。

在工作单位进行业务方面的联络时,如果没有手机很多时候会非常不便,并且为了将业务事宜表述准确、清楚而不出现遗漏,必然要确保足够的通话时间。这种情形下,即便运营服务商将手机话费定得较高,用户也不可能在业务联络方面为节省话费而缩短通话时间。

通信公司希望能够尽可能地从这两种类型的手机用户身上得到最大的利益,因此,它们首先要让这两种类型的手机用户都接受它们的资费服务。通信公司最科学的做法是针对这两种类型的手机用户,分别推出不超过他们各自所愿意支付的话费总额的资费计划。假设通信公司提出了两种资费计划。手机话费包括与通话时间无关的"基本费用(固定费用)",还有根据通话时间收费的"通话费用(变动成本)"。

消费者可以根据自己的需求选择这两种资费计划之中的任意一种,选择"节约基本费用"的资费计划,基本费用为每月10元,通话费用为每分钟0.2元。这种资费计划虽然节约了基本费用,但每分钟的通话费用相对较高。另一种是"节约通话费用"的资费计划,基本费用每个月高达50元,但通话费用每分钟只要0.1元。最近,还有每个月免费送通话时间的服务出现,也就是免费通话服务。为了方便说明,让我们先从没有免费通话的情况说起,随后再分析有免费通话的情况。

对于通话时间很短的A手机用户来说,节约基本费用的资费计划更适合。也就是说虽然每分钟的通话费用高达0.2元,但他一个月的通话时间只有100分钟左右,通话费用20元。加上基本费用10元,每个月也只有30元的话费而已。这个金额刚好不高于 A 手机用户所愿意支付的 30 元的心理价位，所以他会选择这种资费服务。对于通话比较多的 B 手机用户，选择节约通话费用的资费计划比较合适。每分钟 0.1 元，通话 600 分钟的话，每个月的通话费用为 60 元，再加上 50 元的基本话费，每个月的话费总额合计 110 元。因为 B 手机用户愿意支付的金额为 120 元，所以他会觉得这种资费服务更加合算。

当然，这也是价格差别。此时，运营服务商只管事先准备好复杂的收费体系就可以静候鱼儿上钩——随着消费者做出决定和选择，收费体系便可自动实施价格差别。

不但如此，充分认识到这种价格差别的有效作用的手机运营服务商，在实行新的优惠折扣并采取降价措施时，尽可能地在保持其复杂性（甚至更为复杂）的基础上改进收费体系。经历如此演进后，终于导致相当复杂的收费体系出现于当下。

一般来讲，广告或者宣传册上生僻文字或不易理解的文章段落，对消费者而言可能是不利的信息，也可能是最重要的信息，这当中最合理的解释是该企业在测试消费者。对细小文字丝毫不马虎，并且能够准确理解内中含义，表明消费者通过测试，他能获得便宜的价位或话费。企业登出此类广告的目的是，使得重要信息内容不易被消费者所理解，以提高消费者的信息成本。

面对这种局面时，手机用户如果改换费用标准方案，则需要付出较高的交易成本，但是正由于复杂的计费体系的存在才使得话费价格差别成为可能，手机运营服务商也才能提高利润。人们最好清楚一点：消费者的交易成本是运营商有效实行价格差别的关键因素。

第三章

效益：如何提升你的价值链

PART 01　竞争——适者生存的哲学

为什么**漂亮的姑娘更爱打扮**

打扮是每个女人的必修课，是值得女人学习和研究的一件事情。女人的美丽不单是出自美丽的眼睛和光滑细腻的皮肤，也是出自整体的妆容效果。眼睛和皮肤的美丽常常是一目了然的，而好的妆容是女人用智慧和修养精雕细刻出来的。那份与身体的和谐，那份洋溢于周身的风采和韵味，是可以用心去表现的。据统计，我国女性每年在护肤品上的平均花费约3600元人民币，在一线城市接近4000元人民币。近90%的受访者表示新一年增加了护肤支出，约75%的受访者表示更偏爱全套护肤产品。以上这组数字，足以令男人大吃一惊。

国内化妆品市场于2016年下半年呈现出爆发式增长趋势，2017年美妆市场规模达2210.72亿元，同比增长11.9%。从年龄结构来看，15—30岁的年轻人占据化妆品市场的近半壁江山，在物质充裕的年代长大的85后及90后已经成为提振消费的中

坚力量，约有 3.23 亿人，占全国人口的 23.28%。在独立的消费观和超前的消费意识下，这些人重视品质质量，拥有较高的消费偏好，更重视属性接近精神消费的化妆品。女人为什么爱化妆打扮呢？答案就在脸上，漂亮的女人更加爱好打扮是为了能够使自己获得更强的竞争力。唯一真理是——化妆是存在的，丑陋并不存在；脸孔是化出来的，美则是永远愉悦、变幻无常的。通过化妆能够使自己和别人感到愉悦，也能够使自己在生活的各个方面具有更多的竞争优势。

人们原本想，足够漂亮的女人相比于一般人来说，可能会不那么爱化妆。但实际上却与人们的想象不太一样，姑娘大多爱打扮，漂亮的姑娘更爱打扮。这个生活中的有趣现象，同样也可以用经济学的术语来解释。

竞争是指个人或团体为要达到某种目标，努力争取其所需求的对象。这种对象有物质的，也有非物质的。例如为增加收入、发展营业，是物质的对象；为争取荣誉、提高地位，是非物质的对象。竞争源于物资的短缺或限制，竞争的结果使成功者获得所求，失败者损失所有。相互竞争是现代社会生活的产物。

竞争是我们这个以稀缺资源为主的世界的常态，因此，凡事都要从竞争方面考虑。竞争就必须考虑成本，因为竞争之下，只有成本低者才能胜出。漂亮姑娘与不漂亮姑娘也要竞争，但竞争的维度，即可以竞争的方面很多，如才华、修养、勤劳等，都是不同的竞争维度。要在哪一方面与别人竞争，才会容易取胜呢？这是竞争者常常要思考的首要问题。避其锋芒，攻其弱点，这是兵家早就屡屡采用的谋略。用经济学的话来说，就是在成本低的方面与对手展开竞争。

漂亮的姑娘天生丽质，再辅之恰当的打扮，往往有奇效。而不太漂亮的姑娘，打扮得当，也会好看一些，但要达到漂亮姑娘的程度则难上加难，这就是成本很高的意思了。而选择从其他方面，比如才华、勤劳等方面与漂亮姑娘进行竞争，则容易一些——成本低是也。早在公元前200年就有美容化妆的专著告诉女人如何化妆，并建议还可以用文身和染发及牙齿来使脸孔显得更美丽。而现代，美国贝拉明大学的心理学家唐·奥斯本做过一项试验，他给50名男性评定人看一些上妆和未上妆的妇女照片。结果表明，在未上妆妇女的照片中，无论提供的女人照片多么好看，都大大降低了对她的魅力评价。大约80%的评定人喜欢化了妆的模特照片。这促使奥斯本力劝所有的妇女回到美容院去，向职业化妆师寻求帮助。化妆是对同事、上司最起码的尊重，给同事、上司留下好印象可以让你在工作上有更好、更大的发展。这似乎说明了"美貌先于其他因素"的定律。事实上，"悦己者"已不单单为吸引异性，也是"取悦自己"。有的女性坐在梳妆台前看自己看得出神,就是因为在化妆的过程中看到变化了的自己而感到快乐,通过检阅自我的容貌而获得愉悦的心情及自信,从而使脸上具备神采。化妆,毋庸置疑地成了对女性认证的一部分。

漂亮姑娘有着先天优势,既然打扮能够让自己变得更加漂亮,那又何乐而不为呢?因为打扮在很大程度上让她们更有信心,每天打扮得很漂亮,心情会很好,无论在怎样的场合都会给她们增加印象分。

为什么在**大医院看病难**

"看病难,看病贵"越来越成为百姓热议和政府关注的话题,百姓看病难的情况在大多数地方都存在。这里说的"看病难",是指排队等候时间比较长。看病难主要是指在医疗条件好的大医院看病难。事实上,小医院门庭冷落,在小医院看病是不难的。有资料显示,1980年我国卫生机构的数量是18万家,2019年2月底,我国有医院3.3万个、基层医疗卫生机构94.5万个、专业公共卫生机构1.8万个,但是有人认为,现在看病比以前更难了。

在大医院看个病要多久?曾有人做过这样的统计:从进医院到挂上号用了4小时;接着在门诊等了3小时;最后见了医生,问诊时间远远少于等待时间。然而,以上现象对在北京协和医院看过病的人来说,实在是太常见了。在这个全国公认的最好的医院之一看病,提前几天就得挂号、在门诊一守就是大半天等现象司空见惯。

据调查，哈尔滨市医大各附属医院、省医院、市第一医院等三级甲等医院每天的接诊量达几千人次。为了缓解看病难的现状，各大医院都采取了多种措施来解决挂号难、住院难等问题，但是看病难仍旧没有得到根本解决。据了解，该市医大一院骨科出诊专家，每人一上午至少要看20—30个病患。按平均一个病患看10分钟计算，医生一上午连上厕所的时间都没有。为什么在大医院看病难，而在小医院却不难？一般的回答是：因为很多病小医院看不了，病人只能在大医院看，自然就人挤人、排长队了。

如果是大病，只有某家大医院能治，而同时患这病的人很多，从逻辑上讲一些病人就一定得等候。但问题是，用什么方式决定谁等候？方式可以无数：可以排队，可以比赛谁出的钱多，可以比赛谁的相貌漂亮或者英俊，如此等等。但目前的现实是采用排队等候这一招，为何如此？

为了能够在医院看上病，患者需要展开竞争。

在医疗系统的竞争格局中，若比赛谁出的钱多，医生或医院要想知道病人谁肯出钱多一些，谁少出一些，唯一的办法是

令他们出价,即与他们讨价还价。但讨价还价是要有代价的——讨价还价的时候你不能给病人看病。病人如果等不起,价钱还未谈妥就一命呜呼,医者也收不到什么钱了。若比赛谁的相貌好,医生倒是容易决定谁漂亮,可是其他患者可能会不同意,不同意就可能与医生论理、吵闹或拂袖而去,病人走光了,也对医生不利。

因此,排队是使患者在竞争中获得公平的看病机会的有效方式。首先来说,它比较公平,免去顾客不服而吵闹或离去之弊端,代价是顾客等候的时间,时间越值钱者,排队等候的代价就越大。

不同的顾客,其可以接受的最高价格是不相同的,富裕的人通常可以接受一个较高的价格,而贫穷的人通常只能接受一个比较低的价格。当然,影响这种差异的因素不仅仅是贫富,还有其他,如性格、习惯、病情的性质等,但主要因素是贫富。

如果贫富差距很大,对于一人一价与统一定价来说,采用后者所导致的损失比较大,原因是统一定的那个价必定落在最高出价和最低出价之间。这样,最高出价低于统一价格的人就选择离开,医生就会损失这部分病人的诊病收入。所以,如果医生知道病人的财富收入差距很大,就会对顾客进行分类,使得同一类顾客的收入差距缩小,然后针对不同的顾客类别采用不同的价格。而在同一类别内则统一价格,辅之以排队决定就诊之先后。

此外,针对不同患者制定不同价格,不同级别的医院在此基础上也存在定价差异,这就是医院间的竞争。

据了解，患者及其家属信不过社区医院的软硬件。并且随着生活水平的提高，医疗保险制度的不断完善，小医院相应的医疗设备也不能够让患者家属满意。对好医院的追求有增无减，在一定程度上形成了竞争。尽管社区医疗服务中心和医疗服务站打出了小区居民就诊可以享受免挂号费、免诊疗费、打折等优惠，但未能吸引居民有病上社区医院。

大医院的医疗设备比较齐全，医生普遍医疗水平高，遇到重大疑难病症可以组织专家会诊。所以即使大医院收费高，排队看病需要很长的时间，但是很多人还是选择去大医院看病。

为什么限塑令在小摊小贩那里不灵

从2008年6月1日起，政府规定在全国范围内禁止生产、销售、使用厚度小于0.025毫米的塑料购物袋；所有超市、商场、集贸市场等商品零售场所实行塑料购物袋有偿使用制度，一律不得免费提供塑料购物袋。政府的这一法令简称"限塑令"。

根据国外的限塑经验，推行有偿使用制度，将使塑料购物袋的总体使用量减少三分之二左右。但中国的限塑成效和外国比较起来显然还有段距离，收费并没完全遏制人们对塑料袋的依赖。

从执行的效果来看，超市、商场的塑料购物袋使用量普遍减少了

三分之二以上，但主要问题存在于集贸市场等小摊小贩云集的场所，在这些场所限塑令难以推行。就目前的情况来看，限塑令施行这么多年后，农贸市场、菜市场、流动小贩仍在大量使用超薄袋。为什么限塑令在小摊小贩那里不灵呢？

小商小贩们的竞争，主要是价格方面的竞争，而超市的竞争维度要复杂得多，换言之，超市可以从很多方面进行竞争，不一定从"提供免费购物袋"这方面进行竞争。或者说，超市从"提供免费购物袋"这方面进行竞争的收获很小，一旦被查出违反限塑令而被罚款，损失就会很大，权衡利弊，不如遵守法令。

限塑令在小摊小贩那里很难实施，主要是竞争比较激烈，产品价格本来较低，如果再增加一个塑料袋的费用，可能消

费者就会选择那些可以提供免费塑料袋的卖主。为了在小市场中获得竞争优势，一般小摊小贩就会对限塑令比较敏感，在情绪上比较抵触。所以限塑令在小摊小贩中很难真正地实施下去。

马克思在《资本论》中说："资本家有50%利润，就会引起积极的冒险；如果有100%的利润，资本家们会铤而走险；如果有200%的利润，资本家们会藐视法律；如果有300%的利润，那么资本家们便会践踏世间的一切，甚至不怕绞首的危险。"

利益的驱使，往往使小摊小贩敢于冒这个险，存着侥幸或者观望的心理，所以限塑令在小摊小贩那里很难真正实施下去。由于面广人多，小摊小贩规模小、流动性强，在小摊小贩中贯彻执行限塑令，涉及面广，工作起来有一定难度。

社会学家史铁尔认为，如果有关部门严格管理，把宣传环保和推广塑料袋替代品工作相结合，限塑并没有那么难。比如宁波市大力推广"竹篮子工程"，上海的农贸市场则免费提供联卷袋以包装生鲜食品，如此进行，市民的环保习惯自然会逐渐养成。

经济学说，一个人做一件事情，是因为他认为做这件事对他自己利大于弊，所以，上述这些免费向顾客提供塑料袋的经营者必然从免费提供塑料袋中获益，即收益减成本，余额为正的净收益。现在的法律规定，违反者罚款。被罚款是成本增加，当增加的成本大于原先的净收益时，经营者就会停止向顾客提供塑料袋。

由于信息费用不为零，同时因为监测大商场的监测成本比较低，在需求定理的约束下，政府必然优先监测大商场。当然，开头可能轰轰烈烈，全面检查，这时肯定没有人敢顶风作案。但是，需求定理不可能被违反——代价越大，需求量越小，监测小商小贩的代价太大，其"需求量"必然小。

想把减少使用塑料袋的习惯延续下去，不是一朝一夕的事，需要的是各方的努力。一个重要环节还是我们每个消费者对消费习惯、消费观念、消费模式的根本转变。政府部门和非政府组织应该加强环保宣传，充分利用广播电视、报纸杂志、互联网等各种媒体，通过组织内容丰富、寓教于学的活动，采取喜闻乐见的方式，广泛宣传"白色污染"的危害性，强化环保意识，提倡重拎布袋子、重提菜篮子、使用环保塑料袋，营造实施"限塑令"的良好氛围，提高公众的环保意识，让环保观念深入百姓生活中，根植于心。

竞争优势效应：我 + 我们 = 完整的我

在现实社会中，人人都希望自己比别人强，没有人愿意承认自己是弱者。当涉及自身的利益时，人们必然会奋力争取，就算两败俱伤也在所不惜；即便是在双方拥有共同的利益时，人们也往往因为优先权而竞争，而非选择有利于双方的"双赢合作"。心理学家称这种现象为"竞争优势效应"。

有这么一对夫妻，两人离婚之后不久，丈夫就娶了新太太，他的前妻心生嫉妒，认为丈夫不该刚离婚就开始重新过上幸福的生活，心里感到非常不平衡。因此，她就千方百计地挑拨前

夫和他新妻子的关系，制造很多误会来离间他们之间的感情。最后，这个丈夫和新太太离婚了。在达到目的以后，这位前妻甩下一句"我得不到的东西，别人也休想得到"，就离开了。之后没多久，这位心胸狭隘的前妻也遇到了自己心爱的人，在前妻的婚礼上，那个决定报复的前夫也以同样的手段葬送了他们的新生活。

尽管这个例子有点极端，可是它却充分说明了如果不能很好地消除"竞争优势效应"的消极影响，我们就真的可能像沙滩上的鹬和蚌一样，最终走向同归于尽。想起来真让人惋惜，这对夫妇重新开始的新感情与新生活本来可以好好地继续下去，但却在"竞争优势效应"的消极作用下白白葬送了。

在双方有共同利益的时候，人们也往往会优先选择竞争，而不是选择对双方都有利的"合作"。人们与生俱来有一种竞争的天性，每个人都希望自己比别人强，每个人都不能容忍自己的对手比自己强，因此，人们在面对利益冲突的时候，往往会选择竞争，拼个两败俱伤也在所不惜。

除此之外，心理学家还认为，沟通的缺乏也是人们选择竞争的一个重要原因。如果双方曾经就利益分配问题进行商量，达成共识，合作的可能性就会大大增加。

如果想消除"竞争优势效应"的消极作用，就一定要推崇"双赢理论"。著名心理学家荣格有这样一个公式：我＋我们＝完整的我。世上不存在绝对的我，唯有融入"我们"的"我"才是"完整的我"。美国总统林肯就深谙此道，他对政敌的友好态度曾经使一位官员非常不满，他不明白为什么林肯要试图跟那些人交朋友，而不是消灭他们。林肯却非常老到地说："难道我这样做不正是在消灭我的敌人吗？"其实林肯是在化敌为友，实现双方共同利益上的"双赢"。"竞争优势效应"的积极作用是不可估量的，因为合作不仅仅能实现预期的共同利益，更会为双方的发展营造无限的空间。所以，不管个人还是组织，不管是人际交往还是经营企业，都要尽量发挥它的积极作用而避免它的消极影响，这样我们的道路才能走得更宽阔、更长远。要想彻底消除"竞争优势效应"的负面影响，就要积极地推行双赢理论。可以说，合作是我们这个时代的主旋律，它为我们每个人都营造了一个良好的发展空间。

任何一个人要想实现自身价值，就必须与周围的人友好相处、精诚合作，实现优势互补，在竞争中共同发展。这就是当今时代所推崇的"双赢"，某种意义上来说，只有"双赢"，才是真正的赢。而合作通常要通过谈判来实现，在所有谈判中，当事双方都表现出一定的态度，这种态度会影响他们之间的相互作用，如敌意或友善，竞争或合作。美国谈判高手斯腾伯格把他的谈判策略称为"以诚实取胜"。

斯腾伯格将双赢式的方法运用到自己的谈判过程中。他的谈判"规则"可以描述如下：

与懂得分享你的价值观的人密切合作，向对方学习，营造一种合作而不是冲突的气氛。面对威胁时，不要表现出胆怯，学会聆听，避免妥协折中，绝对不要走极端。

你必须懂得世界不仅仅是你一个人的世界。在多元化的世界格局中，要生存要发展，你必须明确知道合作共赢的重要性。在某个时候，借助别人的力量共同发展，你会发现"我们"的世界是如此美好。

合作是成功的"羽翼"

当今社会，随着知识经济时代的到来，各种知识、技术不断推陈出新，竞争日趋紧张激烈，社会需求越来越多样化，使人们在工作学习中所面临的情况和环境极其复杂。在很多情况下，单靠个人能力已很难完全处理各种错综复杂的问题。所有这些都需要人们组成团体，并要求组织成员之间进一步相互依赖、相互关联、共同合作，一起来解决错综复杂的问题。

自古以来，合作与竞争相伴而生，共同构成市场运行的良好格局。

在自由竞争时期，企业之间的价格竞争常常呈现出较为激烈甚至是无休止的特征；而垄断或寡头垄断出现之后，企业的价格竞争转化为相互之间制定公开或默契的价格协议，或结成"价格卡特尔"。

合作在产业组织中成为一种经常性的市场现象。但这一时期企业之间的合作，一方面表现为市场自由贸易基础上的市场交换关系，主要是上下游企业之间利用市场所形成的一种市场交易关系，这种合作往往是受分工因素决定的，对于企业而言还不是一种自觉状态；另一方面合作往往作为竞争的对立面存在，合作并不会导致竞争的激化，而是为了限制和抑制竞争。特别在垄断阶段，企业间的合作往往局限在价格和产量上，合作的表现形式主要是结成垄断联盟，从而获取垄断利润。

产业化时期，产业组织中的合作与垄断往往相混杂，合作主要以垄断组织的形式表现出来，这也是传统经济理论对合作产生误解的一个主要原因。

企业作为一个经济主体，在市场上为实现自身的经济利益和既定目标，必须不断进行角逐，竞争的具体表现为企业维持生存、保持或扩大市场占有份额、增大销售额、提高利润、争夺产业内有限资源等。竞争是市场经济的主要特征之一，市场上各经济主体之间充分而有效地竞争，可以引导资源流向高效率的行业和企业，实现资源配置的优化。

然而，真实的市场经济中既不是绝对竞争的，又不是完全合作的。它既有合作又有竞争，而且两者时常会纠缠在一起。例如在同公司同岗位工作的两位同事，一方面他们需要共同协作一致对外，但另一方面也需要随时比拼和较量，他们既是合作者，又是竞争者。所以当我们面对人类社会这个复杂的系统时，不能指望用一个简单的词汇就能轻易概括出这种错综复杂的关系。

合作与竞争的博弈不仅存在于市场经济活动中,对于人们的实际生活来说,也要面对合作和竞争的两难局面。一个人要想成功,更是离不开"合作"的协助。一个科学家将两只猴子分别放在两座孤岛上。弱小的那只过着群居生活,渐渐地长得又高又大;强壮的那只让它离开群体,靠自己独立生活。一个月后,科学家发现原本强壮的猴子死了。这个实验说明合作可以让弱小者变强大。

大雁有一种合作的本能,它们飞行时都呈V形。这些雁飞行时定期变换"领导者",因为为首的雁在前面开路,能帮助它两边的雁形成局部的真空。科学家发现,雁以这种形式飞行,要比单独飞行多出12%的距离。合作可以产生一加一大于二的倍增效果。据统计,诺贝尔获奖项目中,因协作获奖的占三分之二以上。在诺贝尔奖设立的前25年,合作奖占41%,而现在则跃居80%。哲学家威廉·詹姆斯曾经说过,如果你能够使别人乐于与你合作,那无论你做任何事情,都可以无往不胜。合作成为一个人通往成功道路的必然选择,所谓独木难撑船。具有合作精神,是人生成功的关键所在。钢铁大王安德鲁·卡内基也告诉过我们,追求成功没有捷径,每个人必须要爬楼梯,必须要学会与人合作。

小溪只能泛起破碎的浪花,百川纳海才能激发惊涛骇浪,个人与团队关系就如小溪与大海。每个人都要将自己融入集体,才能充分发挥个人的作用。总之,团队精神对任何一个组织来讲都是不可缺少的精髓。一根筷子容易弯,十根筷子折不断——

这就是团队精神重要性的力量直观表现。互相之间可以取长补短，这点很重要，毕竟一个人的实力总是有限的，互相补充才可以充分体现出更好、更强大的力量！

作为一名优秀的员工，应该努力在合作中追求卓越。在团队中的一个最基本的工作方法就是把同事当队友，而非对手。优秀的员工要善于与周围的人合作，所以合作性非常重要。作为团队中的一员，一定要明白，要做好复杂的工作，就一定要知道团队的力量——分工、合作才是解决问题的最佳途径，因此要充分利用合作来使工作达到完美的境界。合作是团队意识的精髓，也是员工的优良品德。

有合作才能双赢，有些时候靠自己的力量难以实现梦想，那么不妨大胆迈出合作的步伐，也许下一个成功的人就是你。

PART 02

专业化——
精通是最好的通行证

为何会把蓝领工人当宝贝

工作强度大,技术含量低,学历低,待遇差,没有职场上升空间,似乎是蓝领的普遍标志。而与蓝领相对的白领,工作体面,收入高,有声望。是做一个"白领",还是当一个"蓝领"?这在以前是根本不需要考虑的问题。但是现代职场正在发生改变,一方面是白领的日子并不那么好过,另一方面则是企业开出高薪而蓝领难求。新蓝领时代已经到来。

许振超是全国五一劳动奖章获得者和全国交通系统劳动模范,全国劳动模范,全国优秀共产党员,被誉为"新时期产业工人的杰出代表"。

在青岛港里,许振超虽然是工人,但从上到下都把他划到技术人员圈里。青岛港与英国铁行、丹麦马士基、中国远洋公司组建合资公司时,他进一步受到重用,被聘请出任专管设备和技术员的技术部固机部经理,手下工程师就有40多名,名正言顺地走进了技术管理人员的行列。合资公司开给他的月工资超过6000元，不但是固机部里最高的，而且比青岛港（集团）有限公司的党委书记还高。公司前两年还专门奖励了他一台笔记本电脑。

最令许振超自豪的是，青岛港几乎不用请外人帮助修理桥吊设备故障，他们有能力自己排除。看着设备转得安全，许振超说："这是对我最好的奖赏。"

凭借自己对于技术的专业化掌握，许振超从一个普通的蓝领技术工人成长成为新一代的劳动典范。因为专业所以精确，他多方试验在冷藏集装箱上加装节电器，仅2005年就节约电费600万元，投资回报率达到60%。自2006年以来，他积极响应国家节能减排的号召，领先组织实施了轮胎吊"油改电"技术改造，填补了这一技术的国际空白。在全部77台轮胎吊投入使

态度好　技术精　高新

用后，年节约资金3000万元以上，噪音和尾气污染大为降低，接近于零。许振超用自己的专业化技术，为企业创造了价值，成为新时代蓝领工人的典范。

为何现在有如此多的蓝领工人能够轻松拿着比白领高几倍的工资，且供不应求，原因就在于他们足够专业。近年来，天津对外招商引资的不断加强和企业规模的不断扩大，企业对人力资源的需求也在不断加大。过去，一说到蓝领，人们首先联想到的是传统的体力劳动工人，比如建筑工人、钢铁工人、纺织女工、技工技师等，但现代蓝领职场的范围已经延伸到了新型制造业、服务业和研发等各个领域。随着经济的发展和产业结构的升级，越来越多的企业开始注重对蓝领工人的专业培训，这就为蓝领工人提供了发展空间。而从企业角度讲，也为留住和提升蓝领工人投入了不少精力。

中国人力资源市场信息检测中心的数据显示，随着中国经济结构的调整，企业对于技术工人需求逐步增加，供求比例的失衡随着工厂技术水平上升而更加严重，像技师、高级技师和高级工程师因岗位空缺而招聘人数比率较大，2010年分别为1.85、1.84、1.75，高于初级技能和技术员等相对低技术水平的需求。

从前有句话叫"知识改变命运"，现在确确实实变成了"专业改变命运"。"蓝领"正在回归其本来的价值，他们不但要推动繁荣，也要享受繁荣，不但要更高的薪水，也要更多的尊严。

通用对麦当劳，极地对极地

美国《生活》周刊曾经评出的过去1000年中的100位最有影响力的人物中，爱迪生名列第一。爱迪生有许多逸事，他只上了3个月小学，一边跟父亲学木工，一边跟妈妈学知识。爱迪生一生为人类发明了1000余项专利商品，至今都还没有人能够打破这一纪录。

而对于爱迪生与著名的通用公司的关系，人们却知之甚少。1878年，爱迪生创立了爱迪生公司，后更名为爱迪生通用电气公司，它以垄断的形式使用爱迪生的发明专利，生产以照明装置为主的产品。1892年，为了扩张分公司，爱迪生通用电气公司与汤姆森休斯顿电气公司合并，从而诞生了今天的通用电气，并发展成为20世纪全球第一大企业。通用是自道·琼斯环球指数1896年设立以来，唯一一个一直保持榜上有名的公司。从1981年开始担任通用总裁，直至2001年，因年事已高才卸任的杰克·韦尔奇被誉为"全球最受尊敬的CEO"。1996年，在纪念道·琼斯环球指数 100 周年纪念仪式上，杰克·韦尔奇亲自在纽约证券交易所里敲响了开张的钟声。之所以会请韦尔奇做代表敲响纪念的钟声，是因为百年企业除了通用电气之外，再无其他。如果要用一句话来评价通用电气，那就是通用电气是企业多元化发展的神话的创造者。实际上，通用电气的多元化已经超越了人们的想象，从公司成立之初设立的照明部门，到飞机引擎、家电、金融保险、发电设备、医疗、机械、化学、运输装置、信息服务等产业，通用电气涉足 20 余个领域。此外，通用电气还通过收购美国国家广播公司进入传媒领域，同时进军代表电子交易的互联网产业。

通用电气从 20 世纪 80 年代开始进行划时代的结构调整，但在这个过程中，新事业扩张战略始终都不曾改变。它果断处理掉 100 亿美元的前景不佳的事业，随后又收购了价值约合 190 亿美元的别的产业，选择了其他企业连想都不敢想的多元化战略。在过去的 100 余年当中，通用电气以积极果断的多元化战略克服了多种市场危险因素，2003 年销售收入达 1340.2 亿美元，连续 7 年被世界知名的权威财经报纸《金融时报》评为"全球最受尊敬企业"第一名。

通用电气的成功让那些"倡导企业集中投资少数产业，只构建核心产业才能活下来"的经济理论黯然失色。拥有 1000 余个分公司的企业除了通用之外，还有日本的日立公司。

在战略的选择上，公司层面的战略模式无非就是专业化经营和多元化经营这两种最主要的模式。世界上不同的企业在这两种模式的选择上都有成功的案例，但对于大部分公司来说，专业化经营似乎成功的概率更高一些。

当然，这世上也不乏只打一口井也能成功的事例，与通用电气在多元化产业上大获成功的例子相反，仅凭一个小小的汉堡包打遍天下无敌手的麦当劳就是最为典型的专业化企业的代表。麦当劳始于20世纪40年代后期麦当劳兄弟经营的小小的饮食店。1955年，美国奶昔机推销商雷蒙·克洛克与麦当劳兄弟合伙成立第一家麦当劳加盟连锁店，为麦当劳今后在全世界范围的快速发展奠定了基础。

克洛克在53岁的时候领跑麦当劳，他在公司内部创立了大学，强化对员工技术能力的训练。在此之后，麦当劳开始大规模在美国及全球进行扩张。凭借着只有9个种类的汉堡包和薯条来决胜负的麦当劳虽然食物品种数年都未曾做大的改变，但却在全球开了23,000余家连锁店，年销售额达450亿美元，发展成为世界第30大企业。就在大家看书时，在地球的某个角落，

每5分钟就有一家麦当劳新公司成立。一个小小的汉堡包竟然成了人类饮食文化的标准，不得不说这是极其令人吃惊的一件事。麦当劳在专业化的道路上越走越远，同时也赚得盆满钵满。

专业化经营的战略，它对企业利用资源的能力主要表现在深度上，也就是你要将你所有的资源用在刀刃上，专注、一心一意，这样才能充分发挥资源的优势。对于某些企业、某些工作来说，工作专业化程度较高是有利的，但对于另外一些企业和工作，可能就相反。在大多数以产品对象专业化为生产组织方式的企业里，高度工作专业化都可取得较好的效果，例如汽车、家电装配线上的工作就适合这种高度工作专业化；反过来，对于主要进行多品种小批量生产的企业来说，工作专业化程度应低一些才能有较强的适应性。

由此看来，企业向单一化、专业化发展有可能是一种非常危险的构想。最好的企业结构莫过于能够对应不确定未来的弹性较大的结构，即像变色龙一样能够随着市场环境的变化而变化。

中国企业在这两种模式上的争议也非常多，到底哪一种模式更好，见仁见智。我们认为，这两种模式都可以成功，关键在于你能否掌握实现这种战略的能力。

地产企业如何结束野蛮生长困境

2003年，沈阳太原街万达广场高调开业，这是第一批万达广场中比较著名的一个。太原街是沈阳最繁华的商业核心地段，万达的四条平行商街、100多个商铺，开盘几天就全部卖光了。

这看上去很美，可问题接着就来了：这些商铺怎么也租不出去，即使有少数租出去的，租金也低得离谱。奇怪的是，除了这四条商街，太原街前后左右的其他项目都很火，甚至万达自己在旁边盖的几座楼也很火，就这儿没有人气。买商铺的投资者不乐意了，他们把万达告上法庭，要求退铺或赔偿损失。

一开始，万达还寄希望于通过局部改造解决问题，请来专家，这修那改，盖个棚、加几座扶梯、把书店换成餐馆，折腾了好几年最后不得不承认：第一座万达广场以失败告终。

盖房子、卖楼盘，中国的房地产产业曾经只是粗放存在。房地产行业是一个资金密集、知识密集的行业。房地产行业需要人才，并且需要非常专业的人才。第一，这个行业需要一大批职业经理人人才，只有职业经理人的大批出现，才可能促进企业的专业化进步发展；第二，只有专业化经理人的出现，这个行业才有专业化的保障；第三，必须推动企业的专业化发展。

粗放就意味着不专业，多年的粗放扩张式发展导致地产行业的资产负债率不断提高，截至2008年，Q3全部A股上市地产公司资产负债率已高达80.1%。在商品房销售不畅、回款缓慢的情况下，行业现金流紧缺状况明显加剧。要改变这种现状，房地产行业必须推动自己加快向专业化企业的转型。

IBM对全球各个行业的最佳实践进行了大量的比较研究发现，那些成功克服了这些挑战的组织正在通过重新组合企业的最佳能力来重新定义商业模式。这些企业首先将那些能为公司赢得最大竞争力和最大化利润的业务归类为核心业务,然后重点围绕这些业务功能培育专业化能力;对于那些不能提供竞争优势或对利润不能发挥关键杠杆作用的业务功能,则由外部的专业合作伙伴来实现。采用这种由内外部专家装配而成的商业模式的企业称为"专业化企业"。

专业化能力可以加强企业的差异化,创造多个竞争优势。例如,差异化的公司能通过较高的产品定价和抢占新市场来增加收入;与外部专家合作能增加利润,并允许公司退出无利可图的市场;内部管理更少的资产可帮助公司重新分配资源,以投资更具战略意义的业务。实现差异化需要企业强化关注力和专业知识,提高对核心业务的控制能力,这在某种程度上能产生强大的风险抑制力。

从单一项目占山为王、遍地开花地野蛮生长至今,中国商业地产似乎开始出现细小的分化。在2010年主流房企年报中,万科、中海、保利、远洋等以住宅开发为主的房企均成立了商业地产运营中心,并表示未来住宅与投资型物业的比例达到2:8或3:7。

有两类公司将度过房地产行业的"冬天"。第一类是以万科为代表的"作为"类公司。这类公司是行业内经营模式的探索者,普遍实行"精细化"经营,如万科还把房地产产业做成了一个"制造业",以求做到快速开发、标准化开发。这类公司将依靠成本节约渡过难关。另一类是"不作为"的公司,比如很多的大型国有开发企业。这类公司依靠前期储备的大量低成本土地,在近两年地价疯涨时没有做过多的积极进取,因此面对调整,未来的商业风险和财务风险都不会太大。

除了以上两类公司外，投机性过强、在地价疯涨的前几年吃进过多土地的公司，实力弱又粗放经营的公司，未来遭淘汰的可能性较大。中国房地产企业要想迅速从"粗放式发展模式"中走出来，让企业进入精细化管理模式中，企业专业化程度的快速提升就显得尤为重要。那么，该如何快速提升企业的专业化程度呢？

第一，增加专业性强的管理人才。只有足够专业的管理人才才能够让企业更"专业"地运行。

现代企业讲求职业经理人管理，优秀的职业经理人可以为整个企业的发展设计出规划蓝图，同时他们专业的管理能力能够让企业井井有条地运行。换句话说，企业毕竟是由人来操作

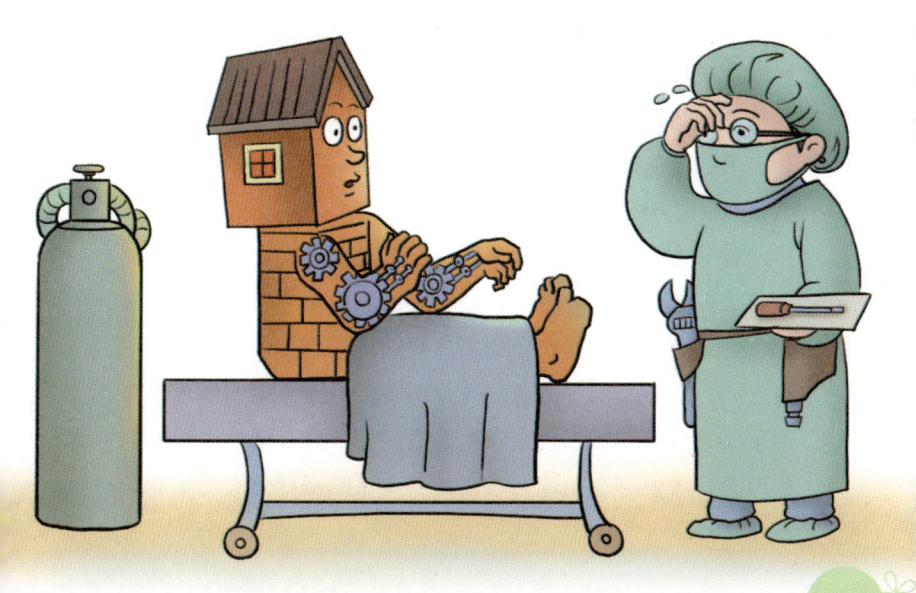

的，谁能够让企业更好地运行，谁就应该是企业的管理者。刚刚从粗放式发展过程中成长起来的中国企业要进入精细化的管理轨道，就必须使用专业性强、业务能力好的优秀职业经理人，因为当前的时代不仅仅是个产量与质量制胜的时代，更是一个管理制胜的年代。

第二，企业必须紧跟房地产市场形势，迅速淘汰落后产能，减短企业升级周期，加大科技力量的投入。只有这样才能够迅速提升企业的专业化程度，让企业迈入精细化发展的轨道中。

当今世界，IT企业中的佼佼者苹果公司的每一次新产品上市都会引领新潮流，改变市场需求，从而影响市场趋势。换句话说，苹果公司就是一家可以让自己的产品创造出好的市场趋势的企业。因此，对于当前的中国企业，尤其是那些房地产中小企业来说，要让企业更好地生存，获得更大的发展机遇，淘汰落后产能是必须解决的头号问题。

第三，企业的专业化需要决心，没有破釜沉舟的决心和勇气就不可能完成企业的专业化进程。

对于当前的中国企业来说，刚刚从粗放式发展的环境中走出来，企业中的设备和管理思想很多都是"粗放式生产时代"的遗留物。房地产企业要向精细化道路发展，就必须下定决心，以破釜沉舟的勇气进行革新，千万不能因为各方面的阻力而放弃向精细化方向变革的目标。只有坚持进行精细化改革，才能够在迅速完成企业专业化的基础上实现企业的改革目标。

专于一门，还是多元化发展

有人凭借着一副天生的好嗓子闻名全球，也不乏有人靠着精通一种乐器，获得全世界的瞩目。生于莫扎特的故乡奥地利的卡拉扬一生就靠着一根小棍子成了一名伟大的指挥家，20世纪伟大的小提琴大师耶胡迪·梅纽因一辈子也就只练好了小提琴而已。像卡拉扬和梅纽因一生都只靠着一种乐器过活。

如果将他们放到企业里，他们就是真正的"专家"。有时依靠集体力量的合唱或管弦乐队的演奏比起单个人的演唱或演奏更能激发观众的共鸣。就像亨德尔的歌剧《弥赛亚》一样，合唱具有独唱不能表现的雄壮气势。

同理，除了"一种商品走天下"之外，企业还可以进军多个领域，利用多个产业的凝结效应来维持竞争力。在经济学上，当专门生产某一商品时，规模越大、成本越低的现象被称为"规模经济"；相反，生产许多种类的商品，生产商品种类越多，生产效率就越高的现象被称为"范畴经济"。比如，与其单一地生产轿车，倒不如在生产轿车的同时附带生产电子产品，使两个产业的生产率都得到提升。

企业多元化经营是企业战略中企业成长的重要方式之一。但是，不管企业实施何种形式的多元化，培养和壮大核心竞争能力都至关重要。稳定而具有相当竞争优势的主营业务，是企业利润的主要源泉和企业生存的基础。企业应该通过保持和扩大自己所熟悉与擅长的主营业务，尽力扩展市场占有率以求规模经济效益最大化，要把增强企业的核心竞争能力作为第一目标,并视为企业的生命,在此基础上兼顾多元化。优秀的企业在经营领域的选择上,都首先确定自己的核心主营业务,并积极培养核心竞争力,再以此为基础,考虑多元化经营。但是,这里需要说明几点:首先,范畴经济具有能够共同使用的技术信息、销售网、品牌、组织等生产性的资源优势,当共同使用的范畴资源越多,从多元化中获得的利益就越多;其次,社会性的信赖基础薄弱的社会文化也能诱发出多元化。社会性的信赖薄弱的话,比起单个的企业来,消费者或投资商们更加信赖看起来气势庞大的有着多个企业的大企业团,因为如果一个企业不行了,还有其他企业支撑着。以韩国为例,由于韩国的资本市场不完善,越是多元化的大企业越容易筹措到外部资金,内部的现金周转也更加灵活。银行在借钱的时候,首先借给谁呢?一眼就能看出来。也正是因为如此,韩国在对国有企业实施民营化的时候,首先就会考虑将国有企业卖给大企业。这样看来,多元化具有较大的诱发范畴经济的优势,本不应该对此持否定态度,但是有不少观点对集团的多元化持保留的态度。

多元化的大企业内可以实现产业间相互辅助和相互买卖,产生复合的力量,形成了能够支配市场的影响力。此力量又能促进大企业往更大的规模扩张,从而将其他的专业化企业淘汰出市场。由于多元化的企业有一个"深口袋"的缘故,常常会采用多样化的市场战略排挤同类中小企业,中小企业的破产就不可避免。万一多元化导致的非效率的损失无法用范畴经济的优点弥补,这时就要考虑对集团进行结构调整,实现专业化。

但是，只有当专业化在某特定产业里具备国际化的竞争力时，专业化才有可能获得成功。我国多元化经营失败的例证很多，巨人集团总裁史玉柱反省其失败的四大失误之一，就是盲目追求多元化经营。巨人集团涉足电脑业、房地产业、保健品业等行业，跨度太大，新进入的领域并非优势所在，却急于铺摊子，有限资金被牢牢套死，巨人集团陷入财务危机，几乎拖垮了整个公司。所以在专业化企业里，要的是像帕瓦罗蒂一样的专业而优秀的演唱者，而不是一个"放牛班"。企业诞生出一个帕瓦罗蒂，不是一件容易的事。而在发达国家里，当企业有了一定的规模时就会考虑多元化。在中国，问题不仅仅在于企业的多元化，而是应该采取多种措施来减少多元化带来的弊病。根据国内外无数的经验教训，得出以下结论：

（1）公司的多元化发展必须与其核心竞争能力紧密联系，并以培植公司新的核心竞争能力为中心，从而有助于维持和发展公司的竞争优势，确保公司的长期稳定发展。

（2）确保公司有限财务资源的合理配置和有效利用，保持资产结构与资本结构、资产盈利性与流动性的有机协调，从而在资金上保证公司的健康发展。

（3）公司集团化必须与财务控制制度建设保持同步发展，集团公司能否稳定健康发展的关键在于能否有效整合集团。而财务控制制度建设是集团公司整合的重要且关键的一个环节。

民营企业的**职业经理人**

经营者职业化是现代企业制度的重要标志。职业化是现代企业制度及市场经济对经营者提出的要求，而专业化是职业化的一种高级表现形式，是对职业化的具体及较高水平的要求。从当今社会职业的发展情况来看，科技的高速发展、管理方式的不断进步对各种职业的从业人员提出了专业化这一要求。随着房地产市场逐渐规范，职业经理人逐渐成为企业竞争力的核心，其专业化程度与企业发展密切相关。陈长春告别金地，谢强重回富力，每一次企业高层的人事变动都会挑动房地产业敏感的神经。

职业经理人已经不算是什么新鲜的词汇，在市场化经济逐步发展的今天，越来越多的职业经理人开始走向自己的工作岗位。董事会开始退位让贤，只负责股票分红及公司重大事件的决策，公司日常事务的管理大多是交给专门的职业经理人来打理。

专业化是衡量职业成熟性的重要指标。从社会分工与职业分类的角度看，专业是指经过专门训练和教育，具有较高深和独特的专门知识和技术的专门职业，由此可以推出，专业高于职业，职业不等于专业。职业经理人职业的更高层次的目标就是使职业经理人专业化。职业经理人专业化的实质就是职业经理人成为企业管理领域的专家。

职业经理人是在现代企业制度下，所有者与经营者的责权分离的产物。职业经理人受企业的所有者委托对企业的各方面进行经营管理。职业经理人的出现意味着经营者的职业化。1841年10月5日，两列客车在美国马萨诸塞州的铁路上发生撞车事故，造成7伤2死的惨剧。公众哗然，认为事故的根本原因是铁路运输企业的业主没有能力管好这种现代企业。迫于社会压力，企业所有者不得不对企业管理制度进行改革，选择有管理才能的人来担任企业的领导，实行所有权和经营权的分离，"老板伙计一人担"的业主制被"老板雇用伙计打理生意"的公司制所替代，世界第一个经理人由此诞生。

有人认为，我国职业经理人已经有很长的发展历史，在清代随着票号的出现已有了出资人。出资人作为股东聘请掌柜，股东一般不干预整个经营，一旦选好掌柜之后，把经营的大权全都给掌柜。今天的职业经理人就相当于古代的掌柜。为什么MBA会在短短几年内在国内如此火爆，这是由市场对管理人员专业化的内在需求拉动的，中国如此众多数量的国有企业在快速走向市场经济的过程中面临着庞大的管理人才需求缺口。随着市场经济的逐步规范，在国有企业大规模的管理人员更迭中，企业高管层都迫切地希望有大量受过系统专门化训练的人才进入企业各级管理岗位，且这种需求非常强劲。

民营企业已经历了从混沌到有序的发展过程，在完成资本原始积累后，它们面临的是更加规范、更加激烈的市场竞争，两权分离、职业化管理已成为大多数民营企业的现实需求，这又为MBA的火热添了一把柴薪。

大体上来讲，MBA的前景是好的，至少在短期内有极大的市场空间。进一步分析，无论是国企还是民企，真正需要的不是MBA，而是优秀的职业经理人才。市场所稀缺的也不是MBA，而是优秀适用的职业经理人才。

当然，在社会信赖资本贫乏、市场经验也比较少的环境里，要寻找到一名既值得信任、能力又出众的专业人才的确不是一件容易的事。韩国财阀的改革也围绕着企业是由所有者直接经营，还是由专门经营人员经营这一问题展开。

人们不禁要问：为什么这会成为问题？在稍小一些的中小企业里，所有者（老板）直接经营、管理企业，当属天经地义的事情。然而，换到大企业，所有者直接经营就成了问题。在市场经济里，实现股东利益的极大化是企业经营的最大的目标。因此，在中小企业里，所有者拥有100%的企业资本，所有者直接经营，让自己的小企业茁壮成长是理所当然的；但是大企业的问题在于有支配权的大股东常常无视小股东的利益，想在经营权上独霸专横。

职业经理人作为所有者的代理人，并不能成为实现股东利益最大化的保障。如果职业经理人更注重自己的报酬和社会声誉、晋升等私人利益，那么比起股东的利益来，职业经理人将会优先考虑市场扩张或扩大组织规模。所有者想通过职业经理人来实现自身利益最大化，当然应该赋予他们一个积极工作的动机；但站在大股东的立场上来看，这也不是很容易的一件事。

这种现象在经济学上被称为"主人—代理人问题"。职业经理人由于有一定任期，因此在进行长期投资的决策问题上并不果断。就像大企业的所有者希望追求自己的利益一样，职业经理人也会考虑自己的利益。因此，通过监督职业经理人行为的理事会和监事会及通用证券市场的机能调节，才能达到在职业经理人经营的体制下实现企业高效率运作的目的。

PART 03　附加值——
长久的爱情需要加点料

看京瓷的附加价值三分法

20世纪90年代初，为了适应企业经营环境的巨大变化，美国思腾思特咨询公司于1982年提出并实施了一套以经济增加值理念为基础的管理机制，包括财务管理系统、决策机制及激励报酬制度、新的财务业绩评价指标。还提出了经济增加值的目的在于克服传统指标的缺陷，准确反映公司为股东创造的价值。经过发展，EVA指标越来越受到企业界的关注与青睐，世界著名的大公司如可口可乐、IBM、美国运通、通用汽车、西门子公司、索尼、戴尔、沃尔玛等近300多家公司开始使用经济增加值管理体系。京瓷公司OA（自动办公化）市场份额不断攀升，获得众多客户的青睐。能够在日趋饱和的市场当中站稳脚跟，其经营模式有其独到之处。据了解，京瓷公司对于附加价值的分配采用了"附加价值三分法"。

所谓"附加价值三分法"就是将公司产生的总体经营附加价值分为三部分，一部分分配给职工，一部分作为企业内部留存分配给股东，还有一部分作为税金为社会的支出。这种分配方法强调员工的工资和奖金是劳动成果附加价值的一部分，不是成本费用。员工是企业的主体，为企业创造附加价值。附加价值是企业通过劳动资料附加在来自外部的价值物上面的价值，它是衡量企业在经济上对社会贡献大小的指标，同时也构成据以对各方面的利害关系者分配工资、利息、地租、税金和利润等的企业收入的源泉。

京瓷的附加价值三分法调动了企业员工当家做主的积极性，实现了附加价值在相关利益集团（股东、员工、社会）的合理分配，调动各方面的积极性，促进了企业内部职工与股东之间的和谐，促进了企业与外部社会之间的和谐，进而为实现整个社会的和谐发展做出了贡献。从京瓷公司对于附加值的分配方式可以看出：打破企业对于附加值的传统定位，用三分法来衡量更加趋于合理。强调了员工的薪酬不是企业的成本支出，而是企业所创造出来的价值，肯定员工对于企业发展的重要作用，实现各方利益的合理分配，在企业发展中取得了良好的效果。基于附加价值的绩效考核方法理论符合可持续发展的发展理念。我国国有企业可以借鉴京瓷公司的成功经验，将企业所创造的附加价值在企业的各利益相关者之间进行合理分配。京瓷公司坚持走高品质道路，以服务客户为前提，其提供给客户的产品和服务具有高附加值，是京瓷公司能够逐步壮大的重要保障。

一直以高品质、长寿命著称的京瓷，凭借优质的产品服务得到客户的一致好评，其三年保修的售后服务更是获得许多客户的青睐。进入中国不久的京瓷，市场份额不断攀升，其成功不仅基于产品的品质保障,更是由于其多元化的服务模式深得人心。在商务办公领域,京瓷始终坚持走以品质保障为前提、解决方案为主导的整合型道路,为客户提供最优质的服务。京瓷复合机产品均可以选用其特有的办公解决方案——京瓷文档管理系统(Kyocera Document Management System,简称KDMS)。KDMS是借助京瓷自主研发的高级解决方案整合平台HyPAS而全新开发的客户文档整合应用系统,通过全面优化输出环境、输出设备和文档管理,在保障数据安全性的同时,充分实现了按需打印,有效减少不必要的纸张消耗,大幅提高办公效率。通过对附加值细分,京瓷从客户成本出发,即便是小企业,也能轻松应对解决方案价格的压力。同时兼顾个性化与服务至上原则,据京瓷技术部部长高祖耀介绍,京瓷产品在销售前做全面调查,听取不同客户的需求,替客户量身定做解决方案,满足客户的多样化需求。软件调试阶段,也会有专门的技术人员现场进行使用培训,直至运作正常,客户满意为止。在售后支持上,还开通了没有时间限制的咨询服务平台,客户一有问题反馈,技术人员会在第一时间给予解答。

现今在欧美、日本等发达国家的办公设备市场上,客户大多采用了相对比较新颖的租赁形式。租赁的优势显而易见,服务商为所有的租赁产品进行保养、升级,并且解决用户使用过程中出现的问题,为客户分担了设备维护与使用的成本与精力。

在现实经济活动中,绝大多数资本所有者只不过是资本市场上的寻利者,真正为企业的生存和发展操心、真正支配企业的其实是向企业投入大量人力资产的企业经营者和职工。企业面临日益复杂的外部环境，其生存和发展越来越依赖职工的素质，人力资本与物质资本相对地位的变化增强了企业中人力资本的谈判力，物质资本所有者要想获得更多的投资收益，必须依赖人力资本所有者，并与其合作。

国内的 OA 厂家需要在产品附加值方面下功夫，特别是在产品同质化严重的现状下，需要提高产品的附加值，提高客户服务的满意度，这样才能够在市场中不仅只做跟随者，而是做领导者。

利润最大化是所有商家的追求

大多数人对"利润"这个词都不陌生，它就像碧波里的珠宝，荡漾着诱人的光芒。虽然从经济学的角度看，在不同的社会条件下，利润的内涵有所不同，计算利润时也有一些比较复杂的方法，但对于一个从事生产或销售的厂商来说，如果他的总收益大于总成本，那么他就会有剩余——这个剩余就是利润。

生活中有一句俗话："有谁会嫌钱多？"甚至有人说得更加直接："有谁会嫌钱扎手？"它表明的意思不言而喻——钱当然越多越好。与之相应，对于作为市场主体的企业来说，也有一个鲜明的目标——"利润最大化"。它已经成为企业高呼的口号、行动的指南。追逐利润的企业家和那些出卖劳动力挣工资的人不一样，他们不知道他们付出的劳动是否能得到回报。他们有可能会亏损，不管他们的事业多么高尚，心地多么善良，也不管他们付出了多少努力。身处市场大潮之中的任何一个企业，都不能也不敢违背利润最大化这一目标，而只能去尽力实现它。

那么，如何进一步深入理解利润最大化呢？如果我们单凭直觉，认为对于一个企业来说利润越多越好，这样其实是没有什么意义的。原因很简单，企业的利润来自于自身的生产或者销售，在市场里，一个企业的生产和销售总是处于变化之中的，利润也在随之改变。因此问题的关键就在于，企业得判断出自己的经营在何种状态时能够取得利润的最大值。这就意味着，在衡量如何实现利润最大化时，必须要有一个客观的标准。

实际上，经济学家们早已经给出了这一标准，即"边际收益等于边际成本"。边际收益是每多卖出一单位产品所增加的收入，边际成本是每生产一单位产品所增加的工人工资、原材料和燃料等变动成本。需要指出的是，边际成本往往随着企业的生产发生变化。

假设有一家皮鞋厂，在一个销售期结束后进行盘点，它的总收益便是卖出皮鞋后的全部收入，它的平均收益便是每卖出一双皮鞋所增加的收入，规范地说，就是"出卖每单位产品所得到的收入"。大家不难看出，平均收益其实就是每双皮鞋的价格。假设该鞋厂生产一单位产品，也就是生产一双皮鞋增加的收益为20元（边际收益），而每多生产一双皮鞋的边际成本为15元，那么企业一定要增加生产以实现利润最大化，把能赚的钱尽量都赚到。但是，如果一双皮鞋的边际收益为20元，而边际成本却变为25元时，鞋厂每生产一单位产品就会赔5元，那么企业就一定要减少生产，因为它正在"贴钱卖货"。

厂商在生产过程中要时刻监督自己的经营状况。如果从某一刻起，再增加一单位产量，该单位产量的边际收益大于边际成本，就说明增加产量可以增加总利润，于是厂商会继续增加产量；反之，如果增加的这一单位产量的边际收益小于边际成本，就说明增加产量将发生亏损，这时应减少产量。只有在边际收益等于边际成本时，厂商的总利润才能达到极大值。

在经济学里，通常用高等数学中的微积分对此加以分析。边际收益用 MR 表示，边际成本用 MC 表示，所以，当你看到"MR=MC"这一条件成立时，便说明企业实现了自己梦寐以求的目标，即利润最大化。当边际收益与边际成本相等（都为 20 元）时，企业既不会增加产量，也不会减少产量，这时就说明这家皮鞋厂实现了利润最大化。

在上面的例子中，设定皮鞋的价格不变，因此其边际收益也不改变，但是生产皮鞋的边际成本却在发生变化。那么，这又是为什么呢？在这里，还需要对边际成本的变化加以说明。

但是在生活中，边际成本往往是在变化当中的，比如铁路货运。

铁路货运的计算单位是吨·公里。假设某一铁路区段在运输饱和时，每吨·公里的成本是 5 分钱，在此可以暂将其边际成本视为 0.05 元／吨·公里。如果在这一饱和的基础上，再增加运量，其收益自然会增加，但是其利润却会下降。对于铁路来说，这往往意味着重大的技术改造，如更换大马力的机车、铺设铁轨辅线等，而这些技术措施都需要巨额投资，都要计入成本。也就是说，在运输饱和的情况下，如果要增加运量，那其边际成本就不会是 0.05 元／吨·公里，相反将会迅速增加。

如果运输定价维持不变，铁路货运的利润将会迅速降低。

对于生产型的企业来说，这种情况也是一样的。在产量很低时，再多生产一件产品的成本（如机器损耗、电力等）会呈下降趋势；但是当超过生产规模时，边际成本便会急剧上升（导致其上升的因素包括机器的超负荷运转、工人的加班费等）。上文提到的鞋厂生产，也符合这一规律。

在这里，也许有人会说，在现实当中，许多企业家并不清楚什么是"MR"和"MC"，并没有刻意追求边际收益和边际成本的相等，也照样赚了不少利润。在市场之中，有一些成功的企业家确实如此。但是，规律就是规律，它的特点就是不管人们是否清楚，它总是在起着作用。

那些实现了利润最大化的企业，有意也好，无意也罢，必然都遵循了这一规律。反过来，如果企业在生产中能够主动、自觉地按"利润最大化"规律办事，分析企业生产的边际成本和边际效益，就可以有效避免盲目、走弯路所造成的浪费。生活中经常听到有人感叹"钱不是好赚的"，现在看来，这里边不仅包含着对工作辛苦的感慨，还应该有利润最大化规律不易掌握的意味吧。

头等舱是商人出差的首选

国内航班上公务舱的客票价格是经济舱的 1.3 倍，头等舱客票价格是经济舱的 1.5 倍。头等舱的价格明显高于经济舱，为什么对于头等舱的需求还是那么旺盛呢？2011 年 10

月，中国首架空客 A380 加盟南航，南航成为世界上第七家拥有 A380 客机的航空公司。这架中国最豪华的客机，一个头等舱座椅的造价和整辆法拉利相当。当然它的票价不菲，"京广线"头等舱 4760 元，"京沪线"头等舱 3164 元，均为经济舱的 3 倍。

运营一个月后出现有趣现象：空客 A380 的昂贵头等舱一票难求，经济舱却有点卖不动。以 2011 年 10 月 17 日至 19 日北京往返广州航班的前三天为例，17 日上午 7 点 30 分起就有乘客在北京首都机场办理登机手续。在"京沪线"上，27 日至 29 日航班的豪华头等舱已全部售完，头等舱也卖得很好，经济舱客座率则平均超过 50%。

从 2012 年 1 月 10 日开始，从深圳始发的机票价格全面上涨。至 1 月 20 日，不仅票价几近全价，而且武汉、长沙等热门线路机票已经一票难求。机票业务成为卖方市场，除了个别票务公司，基本没有优惠促销活动，头等舱也一票难求。从航空公司头等舱的火爆现象，可以看出旅客对头等舱的需求是非常旺盛的。根据数据调查发现，乘坐头等舱的旅客主要是公务人士和商人。头等舱所提供的硬件和软件服务较好，对于旅客而言，其附加值较高。

构成产品的要素不外乎核心产品、形式产品、附加产品，所谓的附加产品即产品的附加值。由于消费已日益从"物"的消费转向"感受"的消费，日益倾向于感性、品位、心理满意等抽象的标准，所以产品附加值在市场上的地位就越来越高，它与产品卖点难以分割，日益融为一体。

头等舱相对于经济舱来说，具有较高的附加值。无论在软件、硬件还是价格比方面，头等舱都优于经济舱，给旅客提供VIP服务，使旅客能够有愉快的旅程。

从候机、乘机的硬件设施，到空乘人员的餐饮、休息盥洗等软性服务方面，经济舱都不能"望头等舱之项背"。但由于价格相对昂贵，乘坐者以公务人士居多，自己买单的多半是商人阶层。由于在针对头等舱乘客设计服务的过程中，一些航空公司已不再仅仅是将空中飞行器当作交通工具，而是将其定位为空中飞行的五星级酒店、精英俱乐部、豪华餐厅和休闲之地，头等舱乘客能够享受到的，已经越来越超出期望。

南航A380座位布局为豪华头等舱8个，头等舱70个，经济舱428个，总座位数为506个。而空客设计A380，如果考虑单一客舱布局，即全经济舱布局，座位数可以超过800个。也即意味着，南航为设置豪华和头等舱座位，减少了372个经济舱座位（800-428=372）。从物理布局上来讲，头等舱（含豪华头等舱）与经济舱之间的比例关系是1∶5。如果考虑到头等舱的硬件与软件服务完全异于经济舱，头等舱与经济舱之间的价格至少相差10倍，方可实现头等舱和经济舱的收益率相当。

附加值在头等舱所提供的软件和硬件里淋漓尽致地显现出来，提供一种家的感觉和高品质的享受，能够让旅客度过一个愉快的路程。成功学专家戴尔·卡耐基说过，他乘坐飞机时，都是选择头等舱，因为乘坐头等舱的客人极有可能成为他的客户。如果能够增加一个客户，那么，乘坐头等舱多付出的钱又算什么呢？

美国赫赫有名的富翁，美国最大的信封企业的老板麦肯锡，他上飞机只坐头等舱，后来他公布了原因。他说，他在飞机上的头等舱认识一个客户，就可能给他带来一年的收益。在头等舱他能够认识到很多的商业伙伴，虽然不是一个行业的，但是在交谈中能够给他带来商机。据他说，他的确在头等舱认识了很多名流，这些人中有的真成了他的客户。卡耐基和麦肯锡出行只坐头等舱，在旅行途中一边享受，一边盘算着生意经，真是一举两得的事情，看来头等舱的附加值真还是挺高的。

仅仅是配餐的差异当然不足以说明问题，空客 A380 对头等舱客户的服务，除了"吃好"，更重视"专属"——专属值机柜台、专属乘机指引、专属休息室、专属登机口再到专属行李转盘等，这么多的"专属"只为了传达——这不仅仅是一次飞行。对商务人员来说，这种机上的舒适是他们甘愿接受头等舱"贵得有理"的重要一点。坐头等舱是其经济地位的重要标志，体现其品位，而且能够提高其效率。头等舱的附加值较高，对于商人来说，也更加具有吸引力。

由头等舱想到的是：企业提供的产品和服务应具有高附加值。大多数的顾客，都明白"物有所值""一分钱，一分货"的道理。只有提供的产品具有高附加值，在激烈的竞争中才能崭露头角。

长久的爱情需要附加价值

昨日的金童玉女令多数人羡煞不已，今天却以分手收场，多少令人有几分惋惜；七年之痒，爱情会出现危机，婚姻有可能破裂；两个人相互不理解，一心想要让对方认识到自己的错，殊不知对方也正是这么想的。所以，一个"恰当"的时刻，即使没有波折，爱情也有可能消亡。

小兰刚入社会时，身高 1.68 米，体重 48 公斤，面貌清秀，笑容甜美。她比同班同学幸运，第一次找工作就被录取到一家跨国的科技公司当柜台总机。不要小看大公司的总机小姐，是正式员工，一样分得到红利与股票，年薪比想象中优渥得多。两年内,她买了房、买了车,正打算甜甜蜜蜜地和男友步入礼堂。

然而,她的婚姻却不顺利。订婚没多久,她发现男友竟然还有好几个女朋友。失恋女性在职场中常有的现象是:一谈不好恋爱,就做不好工作。有好几次,因为她自己打电话和男友谈判,误了公司重要的电话,让公司里的主管抱怨连连。她差点受到处分,还好主管知道她的处境,替她求情,要她保证不再犯,她才暂时保住饭碗。

但是,这个饭碗还是摔碎了。和男友分手后,她开始靠吃米得到快乐,桌子底下总藏着零食,填补自己空虚的胃,也连带安慰受伤的心。三个月的时间,她的体重由48公斤变成78公斤。最后在公司裁员中,小兰因为形象不佳被辞退了。一个公司请柜台总机,为的是什么?他们刚开始录取她的唯一原因,因为她甜美可爱,可以当公司的门面。如今抛弃了她,是因她不再甜美可爱——她失去了价值。也就是说,她刚进公司时,除了漂亮,并没有"附加价值"。如果她想要保持竞争力,一定要有不可取代性——简单地说,不能帮公司赚钱的人,都是很容易被请走的人。

同样在感情中,美丽也不是幸福的保障。光凭着年轻与美丽,可以在情场中暂时得胜;但如果没有其他的附加价值,比如体贴的心、好脾气与默契等,当美丽不再,感情也会急速降温,这是意料中的事。

俗话说,路遥知马力,日久见人心。婚前所进行的恋爱是我们对这场爱情的考察,既要以感性的一面去享受爱情,也要以理性的一面看待双方的综合素质以及条件。这种"结婚需要考量的对象的综合条件"就是爱情当中的附加价值。

和企业经营、产品规划一样，附加价值也在爱情当中存在。对于结婚对象来说，当然是附加价值越高，越有"投资"下去的意义。

爱情怎样才能长久？需要如何经营才能让那些山盟海誓的豪情壮语得以实现？长久的爱情需要附加值。婚姻爱情在某种意义上是两个个体信任、理解和包含的体现，唯有如此，才可能真正懂得爱情。

据民政部提供的数据，2019年第一季度，全国结婚登记人数281.5万对，同比减少6.7%。离婚登记人数达到104.8

万对，同比增长7.8%。2019年第三季度我国离婚率高达44%，其中天津的离婚率是所有省份中最高的，高达70.56%。可见中国的年轻一辈对婚姻的态度更加谨慎，对配偶的选择也更加"挑剔"。

现代人的婚姻越来越脆弱，家庭的稳定性越来越差，我们急需探究这背后的原因。随着离婚率的提高，很多人意识到：缺少附加值的情感不足以稳固婚姻。

化妆打扮就是女人在爱情婚姻里的情感附加值，对男人来说包容就是他们的情感附加值。女人结婚之前善于打扮，结婚后变成了黄脸婆；男人结婚前大献殷勤，结婚后再没有那些情调了。曾经的情人眼里出西施，现在只是看到了对方的不好。也许，这两种极好和极不好的状态都需要反省。女人需要把自己最漂亮的一面展现给男人看，男人需要一如既往地去爱、去包容。时间久了，必定有着爱情的沉淀，当爱情遇到任何风浪的时候，都能够扬帆起航。就像《圣经》里面上帝指着夏娃对亚当说，这是你"骨中的骨、肉中的肉"，因为她是从你身上取出来的。

过了蜜月期的爱情需要更多地理解与包容，需要更多地接纳和认可。看到对方的缺点不是去指责，而是学会带着爱心去帮助对方；要能够看到别人没有看到的优点，懂得学会彼此欣赏。牵起一个人的手，就要牵一辈子，这谈何容易！如果没有相互包容的话，爱情是怎么也维持不了的！

增加产品附加值，让它变得无可取代

为什么消费者愿意为同样的产品付出不同的价钱？那是因为同样的产品会体现出不同的价值。这个价值，不仅是产品的使用价值和功能价值，还包括产品被赋予的情感价值、文化生活价值等。

一块手表，其本身和成功没什么联系，但是劳力士手表却被赋予了一种文化的价值：成功人士戴劳力士。它的营销又很好地表现出这种尊贵和地位，让消费者感受到其象征意义，它的价值就不仅仅是一块手表本身的计时价值了。

这种在产品上附加的文化价值也属于一种附加值。附加值传统的定义是附加价值的简称，即附加在产品原有价值上的新价值。这里讲的附加值是指由于产品创造并满足了客户更高层次的需求而使企业获得超额回报。企业的发展不是水中月、镜中花，必须有实打实的价值内涵才能够吸引顾客。附加价值可以使企业价值大幅度提升。一个企业或者一个品牌若想获得消费者的长期支持和信赖，就要不断使自己的产品价值最大化，增加产品附加价值，使产品价值稀缺，这样才能真正使自己无可取代。

企业如此，个人亦如此。作为企业员工，想要在企业内部牢牢站稳脚跟，就是要能够不断赋予自己附加价值，使自己的能力在企业中无人能及。

从经济学角度讲，生产的含义十分广泛，它不仅可以表示制造一台机器或生产一批钢材，还可以表示各种各样的经济活动，如律师为他人打官司、商人经营商场、医生为病人看病等。

这些活动都向个人或经济实体提供产品或服务。因此，任何创造价值的活动都是生产，从这个角度来看，工作就是创造价值的活动。

在员工与老板的经济关系中，创造价值的人也是产品。员工靠出卖劳动力获得报酬，并在实践中积累经验实现增值，从而实现扩大再生产；老板出资购买生产资料、生产工具和"人力"组成企业，通过生产产品和提供服务赚取利润，所以人力和其他生产资料一样，都是商品。

人力既然是商品，就具有价值、价格、质量等商品特征。价值又分交换价值和使用价值。对于人力交换价值的大小，很多专家认为与人的受教育程度即文凭高低相关；而人力的使用价值，则与人的实践经验和专业技能相关。用人单位（确切地说是买方）看重的是"人力"的使用价值，因此买方（即企业）

要先识人，判断其使用价值，并放在合适的岗位；卖方（即员工）则要认识自己的长处，找到能够发挥个人所长的舞台。

决定薪水的不是学历，而是你的使用价值。"使用价值"这个概念是相对老板而言的，从员工的角度来说，"创造价值"这个词语表达的含义更为确切——你创造价值的能力强，在老板眼里使用价值就高；反之，你在老板眼里就一文不值。

创造价值的能力决定着你的身价和薪水。工作是体现个人价值的试金石，任何人都应该找到自己在工作中的价值。要用心想一想：自己在做什么？自己是否能够提供必需的服务？自己是否已有完成的产品？然后，再问问自己：因为我的投入，这份工作是否变得不一样？

当你成为被认可的角色，别人就不如你。没有人天生卓越，追求完美和卓越需要后天有意识地自我培养。有人原有很强烈的悲观性格，凡事向最坏结果想。后来经过不断的培训改变思维模式，经过多年工作历练，不断自省和自悟，回头看看走过的路，最坏结果从未出现，白白耗去宝贵的元气和再不能重来的快乐时光。

谋求利润，也别忘了附加值

为什么消费者愿意为同样的产品付出不同的价钱？这意味着企业在赚取利润的同时，需要提高产品的附加值。

美国泰森食品公司是世界上规模最大的禽肉加工企业，该公司可生产近千种鸡肉制品，其销售额占全美国快餐店销售总额的80%。当泰森以15亿美元买下它的最大竞争对手的公司后，年销售额猛增到40亿美元。

公司成立初期，面临的一个最棘手的问题就是鸡肉价格起伏不定。为了解决这一难题，泰森决定将鸡肉进行深加工以提高附加值。首先，它改变原来的按斤出售，而是将鸡整只出售，这样可以使鸡肉的价格在3—4个月内保持稳定，有利于在禽肉制造业中异军突起。其次，打破传统的按份定价，转变为按斤定价出售黄油鸡块，从1970年，开始将鸡肉做成鸡肉馅饼和鸡肉面包，这些产品不仅很快成了非常受人们欢迎的快餐食品，也给公司带来了丰厚的利润。

泰森公司通过将鸡整只出售，使鸡肉价格在一段时间内保持稳定；并且对鸡肉进行了深加工，为鸡肉增加了价值，其生产出来的产品受到了市场的认可。泰森公司的案例告诉我们：要想把企业做好，需要注重产品的附加价值。

附加值是附加价值的简称。一件商品，如果能比竞争对手拥有更具知名度的品牌，即使价格开得高一点，也能吸引更多眼光；它在销售中能提供更好的服务，包括售前、售中和售后，那么它也可以要求消费者支付额外的费用，为服务买单。或者，

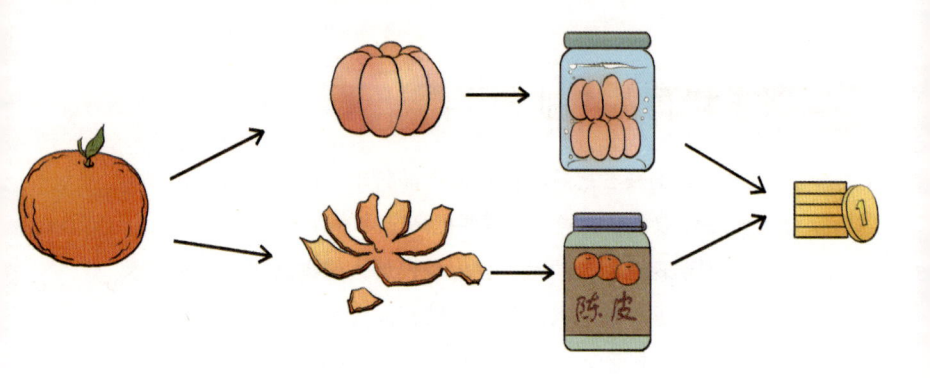

采用同样的原材料和生产工艺，企业 A 比企业 B 有更好的设计，那么企业 A 的定价高于企业 B，也能得到市场的理解。这些，都是附加值在发挥作用。

一些知名品牌卷入了信任危机的旋涡之中。这些品牌存在着价格过高，但产品的附加值过低的问题。附加值对于企业的经营是十分重要的，企业必须对产品附加值足够重视。

东西虽小，但是不代表附加值不高。即便小到一杯豆浆、一个冰激凌，也可以因为它蕴含着品牌价值、代表了某些服务而拥有更高的附加值。这些现象都符合市场规律：真正拥有附加值的企业，即使价格定高了，也不乏买单者；如果附加值只是水分，企业也难以在高定价下生存。附加值的高低和实际的价值是否成正比还需要通过消费者来检验。

企业的目的在于谋求利润，本无可厚非，但"君子爱财，取之有道"。如果企业所生产的产品只是在谋求利润，而忽略了企业产品的附加值的话，无异于杀鸡取卵。这对企业的长期发展并没有多大的裨益。

长久以来，"中国制造"一直被认为是价廉物美的代表，"世界工厂"的称号也反映了贴牌加工在国内生产企业中的普遍性。那些知名品牌之所以敢于将"中国制造"卖出高价,一个重要原因在于它们对产品的附加值有底气:更高的设计水平、技术含量、文化价值,等等。也正因为此,在谈及发展时,国家一直鼓励国内企业要"提高产品的附加值",通过创新技术、完善服务、树立品牌等方式,实现产品的最终增值。

企业谋求利润之道在于苦练"内功",提高其产品的附加值,走一条可持续发展的道路,才能保证企业的长期发展。创造附加值对国家和企业来说都是一场生死之战,是21世纪中国经济强盛的关键。中国众多企业一直存在的经营问题是产品质量和附加值不高,单纯靠广告和营销的方式来获取利润增长,这样的经营方式是前景堪忧的。市场经济体制在不断完善的情况下,一边追求利润的同时,也需要提高产品的附加值,这对于企业长足的发展将会有至关重要的意义。

砍掉成本,剩下的都是利润

到图书市场买书,书的价格存在的差异很大:在正规书店里,一本刚出版的新书基本不会打折出售;到普通的书店买书,如果是会员,新书一般有八折到九折的优惠空间;在网上买书,书价在五折到九折不等的折扣区间里。新书折扣一般在八五折左右,网上书店的旧书一般存在较大的折扣幅度,而且遇到促销活动的话,一本书的售价甚至可以达到标价的50%以下。因此,很多消费者心生疑问:一本书的利润到底是多少?

利润是市场经济中第四种已挣得收入，但它和工资、租金和利息收入有着很大的不同。利润可以是正值，也可以是负值，负的利润称为亏损。与其他三种已挣得收入相比，工资、租金和利息在名义上都不可能是负数（只要人们能履行合同），但利润可能是负数。

利润一般被定义为"总收益减去总成本"。它是剩余物，是收益和成本的差额。把所有相关成本从收益当中扣除，剩下的就是利润（有时候称为净收益）。

一方面，厂商通过销售成品而获得收益，收益可以简单地通过用销售产品的数量乘以产品的售价来加以计算；另一方面，厂商花费成本，或者说是把商品提供给市场的总费用，利润被定义为收益与成本之间的差额。这一关系以等式表示为：

$$利润 = 收益 - 成本$$

利润总是和成本存在莫大的关系，因为利润很大程度上是由所获得的收益，以及在交易过程中付出的成本所决定的。利润与成本存在反比，在收益一定时，成本支出越大，获得的利润就越少；反之，在收益一定时，成本支出越小，那么可获得的利润就越高。图书的出版成本应占书价的40%左右。以印数1万册为例，按一般的行情，图书的直接印制成本应该占书价的25%左右。这包括纸张、排版、照排、装订、印刷等费用，这方面支出受纸张市场价格的波动影响较大。

就现在来说，一般图书平均每个印张的印制成本为2角5

分左右，每个印张是32页。封底、封面的印制成本较高，虽然只有两页，但是要按一个印张计算，插页同理。当然，有的图书选用的纸张档次很高，每个印张的印制成本就会达到3角钱，甚至更多。稿费支出占书价的5%左右，名家的稿费可以达到10%。出版社包括管理费用在内的毛利润约占书价的15%。

需要说明的是，印数越大，书价中图书成本所占的比例就会越低。图书在印到5万册至10万册之间时，比例降低得最为明显，印数每增加1万册，成本就会降低不少。当印数达到10万册时，平均每本书的成本比例就能降低5到8个百分点。除去图书在纸张、排版、照排、装订、印刷方面的固定成本后，图书销售者还要支付图书在运送、宣传上的费用，而传统书店在销售图书时还要有店面装修、运营的费用，这些费用作为一种隐性成本，也要扣除在图书销售利润之外。不同图书销售存在不同的价格，主要还是由图书销售中的隐性成本决定。销售图书的商家为了保持固定的利润收入，在图书成本差异较大的情况下，就会提高售价。

一家公司的价值最终由它的长期利润潜力所决定。当厂商在解决生产什么、生产多少以及如何生产的问题时，会始终抱有利润动机。所以，我们也可以把厂商的利润最大化动机说成是厂商追求其自身价值的最大化。很自然，有时厂商会为了长期所得而牺牲近几年的收益。事实上，每当厂商做出可以带来长期收益的投资决策时，例如投资于研究和开发项目、购置一套设备或者执行一项培训计划时，它都是在试图用现在可以分配给其股东的红利来换取更大的长期利润。这些利润将使得厂商能够在将来向它的股东分配更多的货币。

正如消费者并不只是受到自身利益的驱使,也并不总是按理性行事一样,厂商可能也并非只受到利润的驱使,并且不一定能够成功地做出使利润最大化的决策。但是,现实中的一个千真万确的事实是:长期不能赚得利润的企业将不复存在,它将没有足够的钱来支付它的账单。如果企业要继续经营下去,那么它们就会处在必须赚钱的压力之下。尽可能多地赚钱的动机为我们讨论厂商在完全竞争市场上的行为提供了一个有用的起点。

厂商成本包括劳动、材料（原材料和中间产品）以及资本货物（机器和厂房）。这些被称为厂商的投入或生产要素。劳动成本是指公司必须支付给它所雇用的工人以及监督工人的经理们的费用。原料包括该厂商从其他厂商那里购买的任何供给品——对于一个农场而言,这些供给品可以包括种子、化肥和汽油;对于一个钢铁公司而言,这类供给品包括铁矿石、煤、焦炭、石灰石、电力以及生产钢所需的其他燃料。

所有的厂商都试图在不改变其产品质量的条件下使得它们的成本尽可能地低。在一定的限度内,它们可以变动劳动、原料和资本货物的组合以及所使用的生产过程。它们会一直这样做,直到找到成本最低的方法。

olution
第四章

资源配置：人尽其才，物尽其用

PART 01 比较优势——
尺有所短，寸有所长

中国的大蒜和葡萄牙的酒

假设生产1码纺织品，英国需要用10个单位的生产要素，葡萄牙需要用9个单位的生产要素；生产1瓶葡萄酒，英国需要用120个单位的生产要素，葡萄牙只需要80个单位的生产要素。这里所说的生产要素指的是投入生产的劳动力和资本等要素。

如上数字可见，无论生产纺织品，还是生产葡萄酒，葡萄牙都具有绝对优势。然而从劳动成本的比例来看，英国生产1码纺织品的成本只能生产出0.08瓶左右的葡萄酒，而葡萄牙生产1码纺织品的成本可以生产出0.1125瓶葡萄酒，这样可以导出，在纺织品的成本上，英国比葡萄牙要低；反过来也可以导出，在葡萄酒的成本上，葡萄牙比英国要低。所以英国人开始专门种小麦往葡萄牙出口，而葡萄牙人也开始一心一意种葡萄。

英国没有固执于将生产成本相当昂贵的葡萄酒放在国内生产，而是出口生产费用低廉的纺织品与葡萄牙的葡萄酒进行交换，用以增加国民的福利。这跟韩国将手机出口到中国，用手机与中国交换大蒜的道理是完全一样的。

为什么会出现上面的情况呢？答案就在李嘉图创造的"比较优势"学说里。大卫·李嘉图1772年出生于伦敦，其父曾经从事批发贸易，后从事证券交易，并成为伦敦的12位犹太经纪人之一。李嘉图14岁以前像其他普通人一样只接受了普通教育，14岁进其父事务所工作以便混口饭吃。21岁时，李嘉图执意要与贵格会的教徒普里西拉结婚，因此与父亲关系决裂而被赶出家门，由此走上了白手起家的道路。从那时开始，李嘉图发挥出了天才的理财能力，短短几年后，他就成了拥有80万英镑的腰缠万贯的金融家。

李嘉图的聪明才智在他成为百万富翁之后才显现出来。1799年，李嘉图在某温泉胜地养病期间，偶尔翻阅了亚当·斯密的《国富论》，由此引发了他对经济学的兴趣，从此一面经商，一面研究经济问题。1817年，他出版了古典经济学书籍《政治经济学及赋税原理》，成为近代国际贸易理论的奠基人。李嘉图正是借用"葡萄牙的葡萄酒换英国毛尼"来验证他的"比较优势学说"的。假设英国不生产葡萄酒，而转为专门生产纺织品，那么它就能节约120个单位的生产要素，用这120个单位的生产要素，英国可以生产出12码的纺织品。英国生产1码的纺织品，就能买进0.1125瓶葡萄牙的葡萄酒。这样的话，如果英国用自己的纺织品来换葡萄牙的葡萄酒，这对英国来说实惠得多。

这时，我们再站在葡萄牙的立场上想一下。从英国进口的纺织品多了，葡萄牙干脆就不生产纺织品了，专一生产葡萄酒。

由于生产葡萄酒比英国相对成本要低,花上同样的时间,当然是生产葡萄酒要划得来。因此,英国的纺织品和葡萄牙的葡萄酒互相交换,这对双方来说是互惠互利的一件事。

李嘉图由此提出国际分工理论,认为英国可专门生产纺织品,而葡萄牙专门生产葡萄酒。这样一来,两国全部都节约了生产成本,都为国民带来了福利。

英国重视纺织品甚于重视葡萄酒,而葡萄牙正相反,重视葡萄酒甚于重视纺织品。当然,绝对从生产费用上来说,英国生产两个品种的商品时都处于不利地位;但是相对来说,考虑到生产成本的问题,能通过交换获得利润。这就是比较生产及比较优势论的核心,是用来说明自由贸易为何处于有利地位的古典理论。

历史有时是这样惊人地相似。韩国为了保护本国的大蒜种植业，阻止进口中国的大蒜，将关税提升了10倍以上，中国则以禁止售卖韩国手机的方式来"以牙还牙"。如果韩国进口大蒜，让中国赚了1500万美元的话，韩国就不会受到高达5亿美元的出口的损失。

如果韩国不从中国进口价格较为低廉的大蒜，转而由韩国国内农民来生产的话，韩国农产品的生产成本高，自然售价昂贵，农民倒是受益了，可是消费者的损失由谁来弥补呢？

在经济学里没有免费的午餐。要么消费者以高价购买食物，要么农产品降价，降价部分由政府用税收来对农民进行补偿。非但如此，还会由此导致原本具有高竞争力的移动电话输出之路也受到阻碍，受到极大的损失。

从中国进口大蒜来换得韩国移动电话的出口，是符合李嘉图的比较优势学说的。那么，从中国进口大蒜，中国价格低廉的大蒜对韩国大蒜造成冲击的情况下，韩国的大蒜又该何去何从呢？结论就是两者选一，要么降低生产成本，使大蒜具有较强的竞争优势，要不就换成生产其他农作物。

粮食是固国之根本，所以即使在进口的同时，也有必要在国内同时生产。但是，也要找出长期降低生产成本的方法。以进口大蒜为代价来获得移动电话的出口，由于移动电话出口获得的利润更大一些，足以弥补进口大蒜受到的损失。为减少农民的损失，韩国政府在2005年年初启动了一项10年计划，支持农村发展，增强农业竞争力。

无论谁都拥有比较优势

比较优势原理大多用于解释为什么自由贸易使不同国家的人能提高产量，并达到更高的生活水平。类似于国家拿自己具有优势的产品进行国际贸易，如果一个人足够专注，集中精力去做他们最擅长的事情，那么他们也可以达到更高的收入水平。无论你擅长什么工作，找到职业上或商业上你具有比较优势的地方，然后专注发展，这将帮助你赚得更多的钱。

想得极端一些，假设你在任何一个生产活动上都比其他人更好，那是不是意味着你要将时间分配到各个活动上去？或者，考虑另一个极端，一个人可能在任何生产活动上都比其他人差，那这个人是否因为他或她不能在任何事情上竞争成功而就不能够通过专注于相对最擅长的事而获利呢？

其实，两个问题的答案都是否定的。不管你多么有天赋，你都有相对其他领域来说更占优势的领域。同样，不管你做事情的能力多差，你总有相对来说有优势的方面，你可以在这个事情上竞争成功，并且通过专注于你的比较优势获得利益。比较优势的概念的核心是"无论谁都一定拥有某种比较优势，无论谁在工作上都能发挥自己的作用"。

一些人可能觉得当他们与赚得比自己多很多的人交易时自己处于劣势。其实不然，交易使双方受益。一般来说，因为相对于那些不那么多才多艺、不那么有钱的人来说，你和越多才多艺、越有钱的人交易，你的情况就会更好，因为你的服务对他们更有价值。我们愿意当泰格·伍兹而不是其他职业高尔夫球员的球童，因为我们从他那能获得更多，这是由于他比其他高尔夫球员赢得更多联赛，而我们从他那里获得更多的价值就体现在当他的球童获得更高的回报上。

假设员工甲在1小时之内可以预约4家客户，或者可以制作20页资料；而员工乙在1小时之内可以预约1家客户，或者可以制作10页资料。接下来，比较一下甲、乙两人进行各项工作时的机会成本。如果用牺牲的资料页数来表示预约1家客户的成本：员工甲付出了5页的代价，员工乙付出了10页的代价。相反，用牺牲的预约件数来表示制作1页资料的成本：员工甲付出了五分之一件的代价，员工乙付出了十分之一件的代价。通过比较后可以得到，员工甲进行预约客户时牺牲的资料页数比员工乙少，而员工乙在进行制作资料时牺牲的预约件数又要比员工甲少。因此，我们可以说，"员工甲在工作上的比较优势是预约客户（销售），而员工乙在工作上的比较优势是制作资料"。

另外，经济学中比较优势的概念还告诉我们，"专心致力于拥有比较优势的工作，可以提高整体的经济效益"。让我们再进一步分析一下，按照上述的条件，员工甲在1小时之内可以预约4家客户，对于员工乙来说，这是需要花费4个小时的工作。如果员工乙用相同的时间进行资料制作的话，可以制作40页的资料。假设员工乙用其中的30页资料和员工甲的4件预约进行交换，那么会出现什么样的结果呢？员工甲在1个小时之内的工作成果变成了30页资料，而员工乙在4个小时之内的工作成果就变成了4件预约加上10页资料。从资料的页数上来看，双方都要比自己单独工作时多出10页。员工甲在和能力比自己差的员工乙进行分工后，双方都获得了比单独工作时更多的利益。

每个人都会有自己的比较优势，即使对方水平有限，能力超群的员工甲也应该在工作时尽量选择和他人分工作业。在现实中还有许多类似的例子，比如说某职业运动员在学生时代取得了一级会计证书，而自己的妻子只有二级会计证书，他也应该把经纪人的工作委托给妻子，自己去专心训练。这样更有利于两人充分发挥各自的比较优势，从而使两人发挥出自己的能力。

杨振宁曾在芝加哥大学做实验物理的研究，然而他的研究工作并不太顺利。虽然师长们对他的见识非常欣赏，但缺乏动手能力却成了杨振宁的死穴。他自幼便是左撇子，好不容易才被母亲纠正过来。他小时候曾用泥捏了一只鸡，拿给父母看，父亲为了鼓励他，夸奖说："这支藕做得真不错哦！"在芝加哥大学里盛传"哪里有爆炸，哪里就有杨振宁"的笑话。后来，杨振宁在被称为美国氢弹之父的导师特勒的建议下，转攻对动手能力要求不强的理论物理学。1957年，因和李政道合作提出了宇称不守恒理论，杨振宁最终获得诺贝尔物理奖，也获得了成功。实验物理并不是杨振宁的强项，继而他转攻理论物理，才最大限度地发挥了他的比较优势。

一些人起初跟别人相比处于劣势，因此不能通过自己的努力和积极主动去获得更多利益。但是，就像我们看到的，如果能努力并合理地运用自己的能力，那么那些没有优势的人也可以在金钱方面有很出色的表现。你需要掌控自己的职业发展，想清楚你将如何最好地施展你的天赋，并且通过市场与合作去达到你的目标。没有谁会比你自己更在意你个人的成功，也没有谁比你更清楚自己的兴趣、技能和目标。不只包括去了解那些你能做得最好的事情，也包括发现那些符合你兴趣、给你最大满足感的事情，进而你可以发现你具有比较优势的职业机会。

我们在工作时，即使没有绝对优势，即使不能成为职场之星也没有关系，只要能在自己身上找到具有比较优势的本领，就可以在工作中创造出辉煌的成绩。这一点也正是比较优势给我们的最大启示。然而为了找到自己的比较优势以及适合自己的工作，我们需要在实际中进行各种尝试，它并非一个简单的过程。

而且，我们在工作中的比较优势也不是一成不变的。刚才提到的技术进步、贸易模式以及消费者需求的变化，都会对判定什么是比较优势产生影响。因此，为了提高自己的工作价值，需要根据外界环境的变化灵活转换工作方法。有时，还要求我们敢于拿出更换工作和行业的勇气。另外，根据比较优势进行分工时，通过和同事交流来协调彼此的工作这一点也十分重要。因此，许多公司在招聘时，特别注重应聘者的交流能力，其中对能否在交流中进行逻辑思维这一项尤为看重。

乔丹应该自己剪草坪吗

在经济学上，比较优势的意思是说生产一种物品时机会成本较少的生产者在生产这种物品中有比较优势，比较优势主要是用来衡量两个生产者的机会成本。除非两个人有相同的机会成本，否则一个人就会在一种物品上有比较优势，而另一个人将在另一种物品上有比较优势。

乔丹是一位出色的篮球运动天才，在他的篮球生涯中留下了光辉的一页。我们可以设想，他很有可能在其他的某项活动中也出类拔萃，例如乔丹修剪自己家的草坪大概比其他任何人都快。但是，仅仅由于他能迅速地修剪草坪，就意味着他应该自己修剪草坪吗？

为了回答这个问题，我们可以用机会成本和比较优势的概念。假设乔丹能用2个小时修剪完草坪，在这同样的2个小时中，他能拍一部运动鞋的电视商业广告，并赚到1万美元。与他相比，住在乔丹隔壁的小姑娘玛丽能用4个小时修剪完乔丹家的草坪，在这同样的4个小时中，她可以在快餐店工作并赚30美元。

在这个例子中，乔丹修剪草坪的机会成本是1万美元，而玛丽的机会成本是30美元。乔丹在修剪草坪上有绝对优势，因为他可以用更少的时间做完这项工作；但玛丽在修剪草坪上有比较优势，因为她的机会成本低。

从绝对优势上来说，乔丹比玛丽更适合修剪草坪。但是从比较优势上来说，玛丽更应该修剪草坪，因为她修剪草坪的机会成本要比乔丹低得多。因此，乔丹去拍商业广告，玛丽修剪草坪是符合经济学的劳动分工。由此，经济学家提出了"比较优势"的概念，即生产一种物品机会成本较少的生产者具有比较优势。除非两人有相同的机会成本，否则任何一个人都会在某一种物品上拥有自己的比较优势。

比较优势原则让人们意识到只要善于并勇于发挥出自己的优势，即使在别的方面有些不尽如人意，同样也能到达成功的彼岸。或许你没有经验，但你擅长学习；你不知职场规矩，但你特别真诚；你不懂人情世故，但你会细细揣摩。只要你发挥自己的特长，并能有效加以利用，就会收获理想的果实。

显然，如果一个人真的擅长某件别人认为很有价值的事，他们的情况通常会很不错。这就是为什么像乔丹一样的人赚很多钱的原因。

比较优势是由个人的相对能力决定的，而不是绝对权力。比如泰格·伍兹不是只有能力成为世界上最棒的高尔夫球员，也有能力成为最棒的球童。有关挥杆技巧、你适合哪个俱乐部、怎样击球更好之类的问题,谁能比泰格·伍兹给出的建议更好?但是,泰格·伍兹在打高尔夫方面有比较优势,而不是当球童。他当球童所放弃的价值远比打高尔夫所放弃的价值大,也就是说,他当球童的机会成本比打高尔夫的机会成本大。类似的,用激光测距仪的球童都没有泰格·伍兹在这方面的潜力,但是因为他们作为球童的技巧比他们打高尔夫的技巧好得多,他们当球童的时候牺牲的价值比较小,所以那就是他们的比较优势所在。对他们而言,当球童的机会成本比打高尔夫的机会成本小。

有的医学生在学校理论学得很好,但手比较笨,所以在临床上就不适合做外科医生;有的理论学得不是很精专,但手很灵巧,就可以成为外科的"一把刀"。这就是每个人有不同的比较优势。

一般来讲,一个人刚刚大学毕业,走上工作岗位的时候,容易产生这种思想:我一定要做一项很有意义的工作,或者我很有兴趣的工作。其实根本不用着急,可以先做一些看上去"大材小用"或者完全事务性的工作。如果你能在这件工作上做得比别人好一点点,不需要很多,你就有下一次机会去做更大的事。但如果你什么都不做,停在那儿抱怨"我在其他方面还比他们强",那根本没用,这个世界没有人想听这样的话,大家只关注你做事的结果。所以你只要在某一方面,比别人好一点点,你就有成长的机会。

找到了自己的长处,就要懂得发挥长处。2200多年前,物理学家阿基米德对国王说:"给我一个支点,我就能撬动地球。"对于人生而言,支点是什么?就是找到自己最重要的才能,充分发挥自己的长处,然后将自己的成功"撬"起来。

能力是获得天价收入的真实原因

这世上,人们总是为了挣钱而煞费苦心。虽然都知道购买彩票中大奖的概率比母鸡下个金蛋还要低几分,可是君不见,在彩票售卖站计算中奖号码的人的表情多么虔诚。看到别人东奔西跑赚得腰包鼓鼓,就不管三七二十一勇敢地跟去,结果碰得头破血流的人不知有多少!

这世上到底有多少人为钱笑?又有多少人为钱哭?钱少了,可能会"百事哀"起来;钱多了,也容易陷入各种各样的诱惑当中。总之,这世上没有任何一件东西像钱那样会如此令人欢喜令人忧。

众所周知,在娱乐行业即使职位相同的情况下,超级明星们能赚到天文数字的钱,而不知名的艺人的收入却不如普通人。超级明星们天文数字的收入用经济学该如何说明呢?

一部分人认为这是媒体在利益的驱使之下制造出来的不健康的商业现象。但是,仅凭这一点能解释清楚所有的事吗?这也是某种经济现象,所以理应有一种妥当的说明。一个人收入多少,跟一个人的能力、资质、努力、市场条件等有关,所以个人之间存在着收入差异,这是理所当然的事情。我们首先应该承认超级明星有着较佳的资质和较强的能力。

人的一生能否成就一份大事业,说得俗点是能否有高收入,取决于他对社会的贡献大小。市场经济是按贡献分配的，贡献的大小取决于能力、努力程度和机遇。人的能力有先天和后天之分。先天的来自遗传，这是在人出生前就决定了，无法改变。爱因斯坦说过"成功是1%的天才加99%的勤奋"，不过引用这句话的人往往有意无意地忽略了后面的一句话："成功的关键还是那1%的天才。"应该承认，人的先天才能对人的高收入的获得有至关重要的影响。

只有能力强的人才能进入世界一流大学。以美国为例，进入耶鲁、斯瓦茨莫尔（一所有名的私立学院）、宾州这类名牌大学的毕业生年均收入为9.2万美元；进入宾州州立、丹尼逊、图伦这类一般大学的毕业生年均收入为2.2万美元。收入差距在4倍以上，不可谓不大。能力与收入之间的强烈正相关关系似乎是理所当然的。

但是，只用"能力强"这一点就足以说明超级明星天文数字收入的理由吗？那么，在无数的运动员中，超级明星与普通选手收入相差数千倍乃至数万倍的理由到底是什么呢？光凭能力，收入是不可能有如此大的差距的。1994年前，职业体育给运动员带来远胜于体工队的那一点点死工资的丰厚收入。1994年时，一个足球运动员每个月仅150元工资，就是他从体工队能够获得的收入，也代表了同时期其他项目运动员基本的收入水平。随后几年里，随着市场的开发，社会关注度的逐渐提高，球员工资上发生了翻天覆地的变化，相信绝大多数的人都记忆犹新。在球员收入的最高峰时期，球队一般主力都能达到7位数的年薪，而所谓"大牌"则再高出一倍不止。球员收入如此快速的增长，几乎超出了人们心理可以承受的范围，球员的高收入成为职业足球中最为社会所诟病的问题，也成为"攻击"职业足球的人眼中永远不会偏离的靶子。

即使是同属球员这一职业，一般球员和明星球员之间也存在某种程度上的收入差异。比如，有能力、经验丰富的技师比普通技师要挣得多，手腕高明一点的销售员比资历平平的销售员相对来说也挣得多。此外，教授、医生、企业家或电脑软件的从业人员因能力的不同及市场条件的不同，收入自然也有所不同。但是，像体育界或演艺界那样，从业个体的收入如此悬殊的情况是极其少有的。

这是因为在超级明星活动的世界里，有着其他市场不能比拟的优势。

第一，在该市场里，所有"最高"的服务能同时提供给所有的消费者。

第二，这种"最高"的服务能廉价地提供给消费者。文化界和体育界同时具备这两种市场特性。电视、录像、互联网、报纸等多种媒介将超级明星们的信息随时、随地、廉价地同时提供给各个消费者，同时满足这些消费者的意愿。与此不同的是，不管木匠或技师的手艺如何之好，也不可能同时向所有人提供服务，更不能用低廉的复制品服务。由此，在类似于木匠的世界里，无论有多么伟大的"明星"，但因为能服务的范围受限，所以不能诞生出"超级明星"来。即便所有人都希望获得他的服务，他也没能力同时提供。

找准比较优势，才能找到适合的工作

随着社会的进步、生活节奏的加快，个人所面临的职业更替的速度会更快——或者你被炒鱿鱼，或者你炒老板的鱿鱼。每个人在一生中少不了要面临几次找工作的过程。但有一个更基本的问题就是你擅长做什么，这是一个比找工作更重要的事情。

每年从学校走出来的社会新鲜人除了"新鲜"之外，最让人欣赏之处是，他们有滔滔不绝要讲的梦想、有最想做的事情。"最擅长做什么"这个问题至少与梦想一样重要，因为它是实现梦想的介质。但悖论就在于，有些人从来不问这个问题，他们经常想尽各种办法弥补自己不擅长的部分，却不曾想到，在拼命弥补自己的不足的时候，已经在竞争中处于不利地位。

亚当·斯密在《国富论》当中说，"两利相权取其重，两害相较取其轻"，这里的优、劣、轻、重是与机会成本紧密联系在一起的。因此，我们在运用比较优势理论指导工作职位的选择时，应同时结合运用机会成本理论。只有在自己擅长的地方稳扎稳打，才能找到适合自己的工作。

作为一个招聘单位，首先想要知道的是你干过些什么，有什么经验，有哪些成就。教学科研单位或生物医药公司的研发部门，往往要看应聘者发表过多少论文，发表在什么杂志上，具有什么技能，有多少年的经验，干过什么相关的工作。接下来要推敲这个人是否具有能力，首先是对专业知识的掌握及对专业有多少深刻的认识，然后要看这个人有多少技能。

针对不同岗位的不同需求特色，在找工作时你需要首先把自己的特色优势有针对性地展示出来。只有当公司看到你比别人在某项工作或者岗位中更有优势，能为企业带来更大的人力资本价值时，才会对你青睐有加。对于即将走出校园的学生来说，要解决自己的就业难题，需要从自己的专业优势和兴趣爱好两方面综合考虑，有针对性地寻找工作职位。

校园招聘中，宣讲会打着各种各样的名号开始进入校园。复旦大学世界经贸专业的某学生说："太忙了，每天都有一

场或两场宣讲会要听，就业压力大，谁也不愿意放弃任何机会。"可听多了，也发现问题了：自己什么都想干，又似乎什么都能干，究竟干什么比较好呢？

社会"新鲜人"在求职时，最大的问题就是弄不清自己的兴趣和人生目标，而学校里也没有教会学生如何选择适合自己的工作，结果让学生学非所用，产生很大的挫折感。由此造成理想与现实间巨大的落差，造成了"新鲜人"工作的不稳定，以致很多"新鲜人"的第一份工作通常在半年到一年时间内离职。更有极端的例子，有个求职者大学里读的是平面设计，工作不足3个月就跳槽去做食品销售，因为业绩不好又连着跳了好几家公司，如今又想去学营养师，他觉得营养师会有较好的前途，他说他已经不知道自己应该如何是好了。

毕业生应该知道，"就业难"并非针对所有专业学生，不同专业、不同学校、不同性别、不同成绩的学生，在市场上的"响应度"是完全不同的。于是，了解本专业的市场供需状况，然后及时调整自己的就业观念，才是上策。

比如外地籍毕业生大多愿意低起步，按照"先就业、后择业、再创业"的思路找工作，正是这种符合就业大趋势的择业观和价值取向，使他们能够更容易抢到"饭碗"。

对于文科毕业生来说，在争取外资、国企、政府机关类工作的同时，不妨结合自己的兴趣和特长，给自己确定一个职业目标，如市场、营销、人力资源管理或是文字工作者、翻译等。这样不至于盲目投简历，增加求职成本。同时，文科学生也应该调整好心理价位，首份工作薪酬高低并不代表什么，长远发展才是硬道理。

对于理学、工学类毕业生来说，不要把筹码全部加在外资、合资企业上，也不要完全追求高薪名企，也许民营企业也能提供一个不错的职业平台。技术类工作本来就是越老越吃香，要学会厚积而薄发。

人与人虽然没有优劣之分，但却有很大不同。有位教授说了一个观点：一个人不需要每件事都做得好。其实只要一件事做得好，你就有下一次机会。把不擅长的发展成为擅长的，就是你的比较优势。

推动专业化生产，打造自己的比较优势

有这样两个相邻的国家，一个大国，一个小国。大国是平原地区，适合于谷物生长；小国是山区，适合种桑和生产丝绸，不太适合种谷物。长期以来，两国之间倒也相安无事，每当要发生争端的时候，小国严密的防备让大国难以下手！

有一天，大国的大王忽然要求本国的百姓们不得种桑，只能种粮。一时间丝绸大涨，粮价下跌。于是小国的人多种桑树，减少种粮，多生产丝绸，以满足大国消费的需要。

很多年过去了，小国越来越富，生产的丝绸质量越来越好，技术也越来越高，年轻人都从事各类丝绸类技术开发与生产，至少也做做丝绸换粮食的国际贸易。时间一长，小国的人都不种粮食了。而大国不种桑以后，粮食种得也不错，尽管粮食价格下跌，但产量也提高了，粮食多得装不下，多余的部分也能

卖到小国去，日子过得虽不如小国富有，但也还不错。

　　古代的国际经济一体化就这样在不知不觉中完成了。日子一天天过去了，大家都生活在相互依存的世界中，小国和大国因为经济上的联系加强，军事上的争端减少了，日子富裕了。直到有一年，老天突然大旱，粮食减产，大国的大王宣布禁运粮食到小国。不到半年，小国的国王带着多年来积累的所有财富，带领举国的臣民，投降了！

　　这个寓言故事告诉我们：在国际经济一体化的今天，国家经济分工很重要，没有分工就没有效率；但在注重发挥自己比较优势的同时，还必须重视经济结构的安全。

　　事实上，参与国际分工并没有错。国际分工指世界上各国之间的劳动分工，是各国生产者通过世界市场形成的劳动联系，是国际贸易和各国（地区）经济联系的基础。它是社会生产力发展到一定阶段的产物，是社会分工从一国国内向国际延伸的结果，是生产社会化向国际化发展的趋势。任何国家都具有自己的比较优势，只有出口具有自己比较优势的产品，积极参与国际分工，才能更好地促进经济的发展。

　　自亚当·斯密以来，市场经济已经有了巨大的发展。发达资本主义国家的经济，如美国、西欧和日本，均具有三个显著的特征：贸易分工、货币和资本。

　　发达经济以贸易网络的细密为特征。在个人和国家之间，都存在着复杂的贸易网，这个网又取决于大量的专业化和细致的劳动分工。当今的经济都大量使用货币，即支付手段。货币流通是我们经济制度的生命线。货币提供了衡量物品经济价值的标准,并且能为贸易提供融资手段。现代工业技术依赖于大量资本运用——精密的机器、大规模的工厂和库存。资本品使人的劳动能力成为更加有效率的生产要素,并且促使生产率的增长速度高出前些年的许多倍。

与18世纪的经济相比,今天的经济所依靠的主要是个人和企业的专业化分工,并通过广泛的贸易网进行协作。随着专业化程度的不断加深,同样岗位劳工的生产率获得提高,利用这种产出能交换到更多的其他产品,导致西方经济获得了迅速的增长。

专业化是指个人和国家集中精力完成一系列特定的任务,这就使得每个人和每个国家能够发挥其特殊技能和资源优势。经济生活的事实之一是,并不是让每个人以中等水平去做每一件事,更有效的办法是进行劳动分工,将生产划分成许多细小的专业化步骤或任务。劳动分工让高个子去打篮球,让有头脑的人去当老师,而让有善辩之才的人去推销商品。在我们的经济体系当中,有时需要花费许多年才能完成特定职业的培训——要成为一名合格的神经外科医生需要14年时间。

资本和土地也可以高度专业化。土地可以被专门用作葡萄园,像在加利福尼亚州和法国所做的那样,大约需要几十年时间。有关书本写作的计算机程序花了十年多时间才开发出来,但它在管理炼油厂或面对大量数据问题时却束手无策。专业化中给人印象最深刻的一个例子是用来管理汽车并提高其效率的计算机芯片。

专业化的巨大效率产生了人与人之间和国家之间的复杂的

贸易网，正如我们今天所看到的那样。我们中很少有人生产一件产品，全程跟踪，自始至终。我们仅仅制作了我们消费品中极小的一个部分。我们或许讲授了大学课程中的一小部分，或许只是专门取出停车计时表中的硬币，或许只是分离出果蝇的遗传基因，等等。作为这些专业化劳动的报酬，我们将获得足以购买世界各地物品的收入。

贸易生财的思想是经济学的核心见解之一。不同的人或国家专门从事于某些领域的生产，然后自愿地用他们所生产的物品去交换他们所需要的物品。日本通过专业化制造汽车和家用电器等物品大大提高了生产率，它出口大部分工业制成品，以支付原材料的进口。相反，那些执行自给自足战略、试图生产绝大部分消费品的国家发现自己走上了停滞之路。贸易能够使所有国家富裕起来，并提高每个人的生活水平。

发达国家重视专业化和劳动分工，因而提高了其资源的生产率。个人和国家用自己专业化生产的物品自愿地交换其他人的产品，极大地增加了消费品的范围和数量，并提高了每个人的生活水平。

但是，不能说这些国家只是通过专业化就富起来了，事情并没有这么简单。如果专业化真的是解决贫困问题的方法，你肯定会问：让每个国家都采用劳动分工的办法，这样不就都能富起来了吗？答案是，那些"国家"实际上不能"采用"像商业社会这么复杂的体制。个体也做不到。

PART 02　自由贸易——全球化已经不是寓言而是现实

全球化已经不是寓言而是现实

近年来,"全球化"一词频繁出现在大众媒体中,成为流行话语。当人们使用着各种品牌的"Intel inside"的计算机,看着"Windows"画面,打着全球通手机,喝着可口可乐,欣赏着施瓦辛格的肌肉时,常常会不由自主地冒出一个词"全球化"。但是仔细想一想,全世界各地的人们都使用同一家或几家公司产品,因使用这些产品而产生共同语言和感受,这的确是全球化了,但这不也是跨国公司化吗?这是大众传媒的成功,也是英特尔、微软、可口可乐公司的成功。20世纪80年代,经济学家查尔斯周游世界,在巴厘岛一个相对偏僻的地方,他惊奇地发现了肯德基,于是他为此写了一篇文章说:"科诺内尔·桑德斯已经成功地将快餐店开设到世界上最偏僻的地方。虽然它现在在这里显得格格不入,但是它仍然发出了一种显而易见的信号。"

如今这个信号已经清晰地体现在统计数字中：在经济上，世界变得越来越相互依赖。2018年，我国货物进出口总额占全球份额为11.8%，占全球出口、进口的份额分别是12.8%、10.8%，进口来源地的数量持续增加，已涵盖全球230多个国家和地区。首届进口博览会举办为跨境进口电商释放了更多政策红利，跨境进口电商的交易规模达到19000亿元，占全国进口总额的比重达13.49%。中国从美国的进口规模从1992年的89.01亿美元上升到2018年的1550.96亿美元，2018年的进口规模是1992年的18倍左右；中国从欧盟的进口总额自2001年的357.1亿美元增加到2018年的2735.3亿美元，年均增长12.72%，2018年是2001年的近8倍。

经济一体化是指两个或两个以上的国家在现有生产力发展水平和国际分工的基础上，由政府间通过协商缔结条约，建立多国的经济联盟。在这个多国经济联盟的区域内，商品、资本和劳务能够自由流动，不存在任何贸易壁垒，并拥有一个统一的机构，来监督条约的执行和实施共同的政策及措施。

经济全球化是指世界经济活动超越国界，通过对外贸易、资本流动、技术转移、提供服务相互依存、相互联系而形成的全球范围的有机经济整体。经济全球化是当代世界经济的重要特征之一，也是世界经济发展的重要趋势。

世界各国、各地区经济，包括生产、流通和消费等领域相互联系、相互依赖、相互渗透，以前那些由于民族、国家、地域等因素所造成的阻碍日益减少，世界经济越来越成为一个不可分割的有机整体。举例而言，美国波音公司生产的波音客机，所需的450万个零部件，来自6个国家的1500家大企业和5万家中小企业。波音公司所完成的不过是科学的设计、关键零部件的生产和产品的最终组装而已。据统计，目前全世界有40%的产品是由跨国公司生产的。

世界经济成为一个有机整体主要体现在贸易全球化。世界市场的形成使各国市场逐渐融为一体，并极大地促进了全球贸易的发展。国际贸易的范围不断扩展，世界市场容量越来越大，各国对世界市场的依赖程度也日益增大。

金融全球化。各国金融命脉更加紧密地与国际市场联系在一起。迅速扩展的跨国银行，遍布全球的电脑网络，使全世界巨额资本和庞大的金融衍生品在全球范围内流动。

投资全球化。资本流向从单向发展为双向，过去只有发达国家输出资本，现在发展中国家也对外输出资本，包括向发达国家输出。

区域性经济合作日益加强。区域经济组织遍及全世界，如欧洲联盟、北美自由贸易区等。许多区域集团内部，都实现了商品、资本、人员和劳务的自由流通，使得区域内能够合理配置资源，优化资源组合，提高经济效益。

人类从非洲的东非大裂谷出发，散布到全球各地（姑且取这种人类起源说），这是第一次全球化浪潮；从各地的原始部落的交往和冲突中产生出部落联盟，这是第二次全球化浪潮；从部落联盟到大大小小国家的形成，这是第三次全球化浪潮；从许多小国家中产生出罗马帝国和中华帝国等覆盖广大地域的政权，这是第四次全球化浪潮；从哥伦布登上新大陆到波澜起伏的20世纪，这是第五次全球化浪潮。这是从最宽广的历史尺度来说的，具体到每一次浪潮，中间更有无数阶段和曲折动人的故事，有各自不同的特点。从总趋势上说，人类互动程度越来越高，联系越来越密切，直至形成主导全球的力量，这是可以肯定的。

全球化是一个不可逆转的趋势，对中国公司来说，不是我们要不要走向世界的问题，而是世界要走向我们。现在面对全球化的竞争，最需要的是转变观念尽快地迎上去，无论是大企业还是小企业。"先难后易"，先到发达国家，再到发展中国家，发达国家的市场竞争非常激烈，竞争对手非常强大，到那儿去，可以锻炼我们，提高我们的素质，然后，提高我们自己的竞争力，再在世界各地展开竞争。

汇率送上的**免费啤酒**

国际贸易不总是物和物之间的直接交换，而是需要把钱换成国际通用货币，如世界范围内的美元和欧洲的欧元，再进行商品买卖。国家和国家之间，不同地区间使用的钱币并不一样，外观不同，币值不同。在贸易当中，需要提到一个关键词汇，就是"汇率"。

故事发生在美国和墨西哥边界的小镇上。一个游客在墨西哥一边的小镇上，用10分买了一杯啤酒，他付了1比索，找回90分。之后，他到美国一边的小镇上，发现美元和比索的汇率是1∶0.9。他把剩下的90分换了1美元，用10美分买了一杯啤酒，找回90美分。又回到墨西哥的小镇上，他发现比索和美元的汇率是1∶0.9，于是他把90美分换为1比索，又买啤酒喝。就这样在两个小镇上喝来喝去，总还是有1美元或1比索。他总是能喝到免费啤酒。

这位游客能在两国不断地喝到免费啤酒，在于这两国的汇率是不同的。在美国，美元与比索的汇率是1∶0.9，但在墨西哥，美元和比索的汇率约为1∶1.1；在墨西哥，比索与美元的汇率是1∶0.9，但在美国，比索与美元的汇率约为1∶1.1。这位游客正是靠这两国汇率的差异，进行套利活动，喝到了免费啤酒。免费啤酒是指喝酒的人没花钱，但酒店还是得到钱的。谁付了钱呢？如果美国的汇率正确，墨西哥低估了比索的价值，那啤酒钱是由墨西哥出的；如果墨西哥的汇率正确，美国低估了美元的价值，那啤酒钱就是由美国出的；如果两国的汇

率都不正确，则钱由双方共同支付。

汇率是一国货币兑换另一国货币的比率。由于世界各国货币的名称不同、币值不一，所以一国货币对其他国家的货币要规定一个兑换率，即汇率。

各国货币之所以可以进行对比，能够形成相互之间的比价关系，原因在于它们都代表着一定的价值量，这是汇率的决定基础。在金本位制度下，黄金为本位货币。两个实行金本位制度的国家的货币单位可以根据它们各自的含金量多少来确定它们之间的比价，即汇率。如在实行金币本位制度时，比如英国规定1英镑的重量为123.27447格令，成色为22开金，即含金量113.0016格令纯金；美国规定1美元的重量为25.8格令，成色为千分之九百，即含金量23.22格令纯金。根据两种货币的含金量对比，1英镑=4.8665美元，汇率就以此为基础而上下波动。

在纸币制度下,各国发行纸币作为金属货币的代表,并且参照过去的做法,以法令规定纸币的含金量,称为"金平价","金平价"的对比是两国汇率的决定基础。但是纸币不能兑换成黄金,因此纸币的法定含金量往往形同虚设。所以在实行官方汇率的国家,由国家货币当局规定汇率,一切外汇交易都必须按照这一汇率进行。在实行市场汇率的国家,汇率随外汇市场上货币的供求关系变化而变化。

汇率对贸易经济的影响当然不止这一点。在开放经济中,各国之间物品和资本的流动把各国经济紧紧联系在一起,汇率的变动对一国宏观经济运行有重要影响。一国汇率的贬值,可以降低本国出口产品在国际市场上的相对价格,从而增强竞争力,增加出口。出口是一国总需求的重要组成部分,出口增加可以增加总需求,刺激经济。

随着经济全球化的发展,世界各国之间的贸易往来越来越紧密,而汇率作为各国之间联系的重要桥梁,发挥着重要作用。

2010年6月19日,中国人民银行宣布在2005年汇改的基础上进一步推进人民币汇率形成机制改革,增强人民币汇率弹性。

尽管如此,2010年7月,美国最大的工会组织"美国产业组织劳工联盟"仍然提出,中国政府操纵人民币汇率并使其低估40%,因此敦促国会通过立法,要求打击中国汇率政策。9月29日,美国众议院以34,879的投票结果通过《汇率改革促进公平贸易法案》,旨在对"低估本币汇率"的国家征收特别关税。

中美汇率之争,一直是两国经济政策交锋的重点领域。汇率问题可能是一个货币金融问题，也可能是一个贸易问题。从金融危机之后的经济形势来看，美元汇率正处于一个进退两难的境地：如果美元汇率选择长期贬值，则有可能改善贸易失衡问题，但同时更有可能削弱美元的地位，导致货币金融上的问题；反之，如果美元汇率选择长期升值，则可以强化美元地位，但其贸易失衡问题将更为恶化。

如果汇率影响到了贸易，那么应该从多方面的角度来衡量。现在，中国和美国之间的贸易只占中国对外整个贸易的百分之十几，如果谈到汇率问题，那要考虑很多其他国家的利益。就中美贸易来讲，美国现在一些经济学家指责中国主要是因为中国对美国贸易存在着巨大的顺差，其实这不是真相。

美国表面上是依靠自己的资本和经营管理手段在国际市场中赚取利润，但是构成它们利润的绝大部分，实际上主要是依靠不平等的国际贸易机制来实现的。

在香榭丽舍大道扫货的中国人

中国人正成为继日本人、韩国人之后新崛起的海外市场豪客，这种现象的产生基于中国人收入水平的上升、出境旅游更加便利、人民币升值，还有进口商品在中国大陆高于海外 20% 到 50% 的价格，甚至也有人探讨了亚洲人追逐名牌的特殊心理。在巴黎最著名的香榭丽舍大街上，精品店林立，经年累月，顾客川流不息，一些国内价格高昂的欧洲著名品牌往往成为扫货者们的首选目标，如路易·威登（LV）。LV 店的门口排着长队，顾客要分批入内。排队的人，一望而知，大部分是亚洲游客。

据统计，巴黎老佛爷百货公司55%的营业额来自游客，特别是亚洲游客的消费，巴黎春天百货公司的营业额40%来自游客，游客中超过三分之一来自中国。为什么中国的有钱人都愿意到外国扫货？同样是花钱，在国内花不是更加方便吗？对于去海外扫货的中国人来说，价格差是最大的吸引力。说到巴黎，很多人会用一个字形容——贵。似乎这个时尚之都遍地黄金，处处都离不开高消费，尤其是这里的服装。其实巴黎的服装并没有想象中的那样贵。外国的名牌产品在国内销售要加上关税，价格自然要贵得多。

一样的商品，不一样的价格，小到鞋帽、服装、烟酒化妆品，大到科技产品、奢侈品。出国旅游得买点儿，留学回国得带点儿，受亲戚朋友所托得捎点儿，不是因为物质匮乏，不是因为奇货可居，而是因为那诱人的价格。

不少"追奢族"表示,如果售价相近,他们肯定会选择在家门口购物。对于普遍高出境外 40%～50% 的国内定价,"能不能降税"的呼声颇为盛行。奢侈品集团旗下的产品在整个欧洲的"裸价"都是差不多的,而境内的"裸价"和中国香港的也差不多,内地之所以卖得贵,就是因为汇率差和各种税费太高。面对一个春节竟将 72 亿美元奢侈品消费"肥水外流"、中国人在境外消费是境内市场的 4 倍之多等现状,许多评论也将消费严重外移现象的始作俑者指责为境内奢侈品税费过高。比如说,在国外的商场买了一件"哥伦比亚"牌子的羽绒服,上面明确标着"Made in China(中国制造)",当时卖的价格是 69 美金,相当于人民币 400 多块钱。但如果你去北京的王府井商场买,恐怕要卖 1000 多块钱,是外国售价的两倍还要多。

巴宝莉牛角扣大衣在美国纽约的伍德伯里购物中心的价格是 795 美元,加上税,折合人民币也就 5700 多元,而国内则要近 1 万块。又如 North face 羽绒服,在国内要几千元人民币,但在这里 100 多美元就拿下。North face 在中国属于高端户外品牌,很少打折,即使打,折扣也小,但在美国则属于平价大众品牌。刚才的衣服是一个例子,另外就是 IT 产品,假如一款同样的 Thinkpad 笔记本电脑,在中国要卖一万块钱的话,在美国最多 6000 元或者 7000 元就可以买下来。

目前的商品国内外价差已在事实上形成了一种价格双轨制。只要高额差价存在,出境购物狂潮就一天不会消退,国人出境游就永远异化为购物游。

增加美国大片进口，切走了谁的蛋糕

2012年2月18日，中美双方就解决WTO电影相关问题的谅解备忘录达成协议。

协议具体内容主要包括：其一，在20部分账大片的基础上增加50%的配额，有媒体更详细指出是14部，主要是IMAX、3D这样的"加强型"大片。2011年，中国电影总票房为131.15亿元人民币，20余部美国分账大片就达到49.1亿元，占37%。星美传媒集团负责人覃宏、国内制片人关雅荻认为，短时间内美国大片增加将挤压国产片票房，国产电影制作将受冲击。其二，美国大片在华票房分账比例将从13%提高到25%，比如《变形金刚3》在中国取得10亿元人民币票房，按照新的分账比例美方的收益将从1.3亿提高到2.5亿元。好莱坞公司驻华机构的人

士称，此举将刺激美国片商加大在中国的宣传力度，从而让美国大片得到更多票房。增加美国进口大片，最高兴的莫过于国内观众，以前想看因有进口数额限制而看不到那么多，只好花高价钱看"没滋没味"的国产片。现在好了，可以不受烂片的折磨，花差不多的价钱看精彩纷呈、富有视觉冲击力的美国大片。

同时，国内影院也能获得可观的票房收入。我国从2009年一直面临着WTO协议的重大压力，WTO称我国一直限制对外国电影的进口量已经违反了国际贸易协定。这次，中美双方达成的《中美电影协议》，对美国电影产业也具有里程碑意义。可见，增加美国进口大片，是一举多赢的，值得期待。

当然，也有人不高兴了，那就是国产片及一些国内影视公司。增加美国大片进口，显然切走了它们很大一块蛋糕。过去，它们靠限制进口片的保护，过着衣食无忧的好日子。美国进口大

片增加对它们的生存无疑是一个冲击。本次将美方的分账比例从13%提高到25%，这意味着利润摊薄，使得国内院线的发行商在单部影片上的利润减少。国产片制作业疾呼："狼"来了！

中国电影市场对外开放，毁掉的是那些靠侥幸、靠明星阵容、靠吃老本、靠黑手操作市场取得某种成功的电影制作者，对提高中国电影的整体制作水准、对遵守电影规律的制作者都是一件好事。好莱坞大片之所以受欢迎，是因为它是贴近大众娱乐消费需要的精神消费品，同时又遵从了艺术创作的规律。这恰恰是国产片制作所严重欠缺的，值得反思。增加美国进口大片，使国产片制作有更多借鉴学习的机会。长期以来，国产片制作粗制滥造，以至于不少人宁可在家看电视剧也不涉足影院，看电影在一些人的记忆里是十几年前的事。

经过二三十年的商业化实践，中国电影产业实现了飞速发展，其中进口大片的作用不可忽视。与此同时，中国影片自身的活力不断增加，一些国产小成本影片的表现也令人欣喜。靠限制进口影片的保护，国产片永远长不大，永远不会有出息。实践证明，进口片的刺激对我国电影的长远发展有利。从前，我们用"狼和羊"比喻进口大片和中国电影市场的关系；如今，我国的国产电影已经具备了一定的实力，增加配额以进一步刺激市场是水到渠成。

进口配额限制，客观上给国产电影以休养生息的机会，给它重整旗鼓的时间。此次中美达成的协议，仅仅是允许一年多进口14部美国大片，以后如果互联网更加发达，或者美国电影为占领中国市场，通过互联网免费允许我们观看，那么纵使我们的海关大门守护得再严，美国大片的抢滩依然具有很强的攻势。果真出现那一天，敢问我们的国产电影还能在政策保护的怀抱里待得下去吗？

明知被动的防守永远只能处于被动的态势，不如狠下心来背水一战，用自己的智慧和汗水打造经典影片。有人说，中国的电影审查制度造成了国产电影今天的劣势。审查制度的流弊谁也不能否认，但怨天尤人也于事无补。再说，说到爱情影片，审查部门难道也会逼着编剧和导演必须用什么方式和语言来叙事？我们的言情片，其艺术水准是否有所提高？如果没有，单纯抱怨体制的弊端，未免过于简单了。

从长远来讲竞争不可怕，以前国产片是"温室里的花朵"，受到很多年的保护，现在花朵要放到狂风中，这要促使大家在竞争中成长。电影贸易的争端从来不是"零和游戏"，对美国有好处不一定对中国是坏处，以后中国观众能看到更多好的电影，电影院的收益也能增加。

调整配额后，市场上高水平的电影有所增加，观众受益最大。对国内观众来说，票价的高低更多取决于影片放映幕数的多少，因此是否变化还有待观察，但存在一定下浮的空间。目前中国电影产业的整体规模仍然很小，处于缺少行业规范的无序竞争和"急功近利"阶段，引入新的竞争者将对挤出市场泡沫、加速行业整合起到积极作用。

开阔视野，从民族企业上升到全球公司

如今在全球一体化的经济背景下，跨国生产经营已经成为一种新的经营战略和资源配置模式。生产经营的跨国化是生产领域中最显著的国际现象，也是国际经济关系向紧密方向发展得更深刻的表现。跨国公司在全球范围组织生产过程，使民族、国家的市场障碍不断被跨国公司的全球战略所冲破。

2010年3月28日晚9点，吉利正式与美国福特汽车公司达成协议，以18亿美元收购福特旗下的沃尔沃轿车，获得沃尔沃轿车公司100%的股权以及相关资产（包括知识产权）。专家指出，正处于往高端汽车转型时期的吉利抓住金融危机的机遇，

成功收购沃尔沃,这是中国民营汽车企业走向国际化道路上取得成功的标志性事件,而浙江吉利控股集团董事长李书福成了人们眼中"最幸福的中国人"。

吉利收购沃尔沃是国内汽车企业首次实现完全收购一家具有近百年历史的全球性著名汽车品牌,也首次实现了一家中国企业对一家外国企业的全股权收购、全品牌收购和全体系收购。吉利汽车此次被业界人士称为"蛇吞象"的收购行动并非一蹴而就,在其背后体现的就是中国的民族企业上升到全球公司的艰难。早在2002年,李书福就动了收购沃尔沃的念头,对其研究已有8年多,首次正式跟福特进行沟通也距收购将近3年。在李书福看来,吉利对沃尔沃及汽车行业的理解,以及对福特的理解等,都是福特选择吉利作为沃尔沃新东家非常重要的元素。

国内整车制造企业去收购境外整车制造企业,吉利虽然不是第一例,但影响却很大。毫无疑问,中国巨大的市场份额也是吸引沃尔沃的主要因素之一。这起并购案对中国制造业振兴会起到示范带动作用。中国的民族企业已经具有开展跨国经营的视野和能力,我们不能忽视民营企业在"走出去"当中的地位和作用。

事实上,成为全球化企业是企业自身无法抗拒的选择,而且成为全球性企业和振兴民族经济之间并不存在因果联系,相反,随着企业逐渐成长为全球性企业,它和母国的联系倒是会逐渐淡化。它们的生产基地会转移到海外,研发中心会转移到海外,总部会转移到海外,税收会转移到海外,所提供的就业岗位也会逐渐转移到海外。

跨国公司和民族经济之间,始终存在着这种相互抵触、难分难解的复杂关系。随着经济全球化的进一步深化,外部的冲击会影响到本国的社会经济稳定,在这种情况下,国家本来要增加税收以补偿那些在对外开放中受损的社会成员,但是一个主要的税收来源——即跨国公司的利润却被悄然转移走了。

中国的企业面对的是一个扩张速度极快、地区差异巨大、配套条件较差的市场环境,在这种环境下更加能够磨砺出企业的生存技能。这时候,是否具备系统设计和整合能力成为制胜的关键,只有具备系统整合能力的企业才能不仅仅专注于单一的核心产品,而是可以进行系统业务多元化,从而更加具备综合竞争实力。

跨国公司在华经营的成功案例给正在走向国际化的中国企业提供了丰富的经验和教训。中国企业到海外经营,必须熟悉了解当地的人文环境、风土人情、政府法规和市场规则,做好可行性调研报告。中国企业到国外必须与政府做好协调,因为经济合作扩张永远离不了政治。中国企业到国外一定要能提供国外市场奇缺商品,为当地消费者生产物美价廉的品牌产品。中国企业在海外经营时还要特别注意与当地经理、员工建立良好关系,发展一套符合当地法律法规和员工心理追求的企业文化和人力资源政策。

PART 03　要素整合——
天衣无缝的搭档

无花果树没结果，砍了吧

一个人在葡萄园里种了一棵无花果树。到了果子成熟的季节，他来到树前摘果子，却找不着一个果子，就对管理果园的人说："我这儿3年，从未尝到这无花果树的一个果子，把它砍了吧。何必白占土地呢？"管理果园的人说："主人啊，今年且留着，等我把它周围掘开土，加上肥料，明年若结果子便留下，不然再把它砍了也不迟。"

管理企业与管理葡萄园在本质上并无两样。企业要是没有赢利的话，就会成为社会的负担，面临被整合的风险，甚至不幸成为"被砍掉"的对象。

结构不合理是长期困扰我国经济发展的难题，也是制约企业可持续发展的主要症结。面对国际金融危机带来的外需急剧萎缩、大宗商品价格跌宕起伏，以及国有企业普遍存在的投资项目多、涉及领域广、布局分散、产业结构趋同、大而不强以及资源配置不尽合理的弊端恰恰又被进一步放大,结构不合理的难题进一步凸显,调整的任务更加紧迫。

为了在激烈市场竞争中求生存,减少或增加一部分组织都应是顺其自然的事,扩大、缩减生产规模或投资也属结构调整的范畴。为了应对以后可能到来的经济停滞,企业有必要将结构调整日常化;在经济全球化日益明显的今天,所有的外部因素都会影响到国民经济,所以市场的不确定性更加突出。

要素资源整合能力是投资控股公司核心竞争力的直接体现。一个企业能够从多大的范围、多高的层次、多强的密度去组织资源,直接决定了企业的价值创造能力和发展边界。

要素资源整合是企业通过组织和协调,把内部彼此相关但却彼此分离的职能和企业外部既参与共同的经济活动又拥有独立经济利益的关联方,整合成一个完整的价值系统。资源整合的目的是实现企业资源的优化配置,取得"1+1>2"的效果。整合企业内外部资源可以创造新的市场竞争力和企业能力,这一能力是企业参与竞争、实现可持续发展最重要的能力。在经济危机时期,资源整合更是在"狂风暴雨"中为企业"保驾护航"的坚实利器。2011年,全球光伏市场陷入寒冬,中小光伏企业纷纷关门大吉,就连在海外上市的行业龙头也难逃巨亏命运。一周之内,有10家在美国上市的中国光伏概念股纷纷发布财报,数据显示其中8家企业季度净利亏损,其中以尚德亏损最高,季度净亏损1164亿美元。

2011年第三季度以来,国内已经有50家光伏企业倒闭,13家企业陷入限产、停产的状态中,主要大厂在11月份开始裁员计划。尚德董事长兼首席执行官施正荣就曾经表示过,产能过剩将会导致企业竞争和行业整合加剧,而未来的日子将更为难熬。

企业亏损,让银行担负着越来越大的风险。不过,如果对来年还抱有希望的话,最好还是不要砍掉。虽然现在账上没多少钱,但如果有人能够拉一把,也许就能起死回生。对于这样的企业,还是应该给予支援。如果没有任何救援制度,就可能将将来能结果的树砍掉。

为了在风云变幻的市场环境中获得竞争力,企业有必要对生产、雇用、投资等各项企业战略进行再调整,结构调整的目标就是提升企业竞争力。企业结构调整是在科学的发展战略引导下的调整。调结构就是布局,为下一轮增长布好局、占到位,就是不断提高增长的质量和效益。

企业是构成国家经济的细胞,宏观层面产业结构调整的最终落脚点是要依靠微观层面企业的结构调整来实现的。在国家调结构政策主线下,企业顺应趋势,把握新兴产业的投资机会,优化资源配置,实现自身良性循环和跨越发展已迫在眉睫。战略性结构调整对中国经济来说是一场"蜕变",对企业而言同样如此,谁能努力坚持迈过这道坎,谁就能在转型中破茧成蝶。

生存的压力让中小企业必须转型,但面临的困难又令它们难以实现转型的愿望。在资金、人才、规模、行业等方面的选择上存在问题,制约着中小企业的转型之路,把这种"可望而不可即"的转型变为下一步解决企业生存发展的实践,既需要提升转型升级的环境,又需要加强转型升级的引导。想要整合成功，说起来容易做起来难。

不过，求援也并不是都能成功，也可能只是"胎死腹中"。因为企业的结构就如同成功与失败共存的马戏表演，企业自己不断的努力固然重要，但还需要有人在外部给企业"掘开土，施上肥"才行。在适合的市场条件和企业自身的努力、政府的政策支援等各种复合要素的共同作用之下，企业的结构调整才有可能成功。因此，企业的结构调整就如同由众多乐师齐心协力演奏的交响乐，无论企业如何努力，如果市场不给予协助，单凭企业自身的"蛮力"，是不会成功的。

一看无花果树没结果，就立马将无花果树处以极刑，这种悲剧但愿不要发生在经济世界里，再等等看，也许会有好结果。

大鱼吃小鱼，市场兼并无处不在

企业要变得强大就需要通过一系列的公司兼并收购计划，使自己更加壮大。企业的生产要素并不是一成不变的，在兼并过程中，无论是对兼并企业还是被兼并的目标企业来说，兼并都是使生产要素内容更加多元，在资本市场创造更大价值的有效途径。

企业的组织要素可以大致分为管理能力、技术水平和投入资金资本。企业价值创造来源于生产要素进行有效整合后的生产、销售等过程的实现。而资金资本并没有专属性，作为一般等价物，可以进入任何行业，这使得不相关混合兼并成为可能。但在兼并中，管理能力与技术水平则在相当大的程度上具有一定的行业专属性，兼并公司除了资金外，还向目标公司投入其他生产要素。

管理能力和技术水平的行业专属性来源于企业发展过程中的日积月累，与企业发展形成的各项资产（包括无形资产）形成了紧密的联系，也是企业特殊的团队组合和企业精神共同作用的结果。这种专属的能力与水平在企业发展过程中起到了巨大的作用，但如果脱离了其由于历史原因造就的特定的企业环境，其价值就难以凸现出来。这种专属性的局限限制了拥有这些能力与技术的人才向外的发展空间，因为他们只有在原有的或类似的工作氛围下其自身的价值才能得以最大的体现。

而当一个企业成为行业的龙头企业时，长期的积累使得管理能力与技术水平过剩，这就决定了这些企业有向外扩张的动因与可向外转移的生产要素的基础条件,而专属能力与技术的转移的局限性要求企业首先考虑的是兼并。2004年12月8日,联想集团正式宣布收购IBM全球PC事业部,收购范围为IBM全球的台式电脑和笔记本电脑的全部业务。联想获得IBM在个人电脑领域的全部知识产权,遍布全球160多个国家的销售网络、一万名员工以及在为期五年内使用"IBM"和"Think"品牌的权利。新联想总部设在美国纽约,在北京和罗利(位于美国北卡罗来纳州)设立主要运营中心。交易后,新联想以中国为主要生产基地。

联想收购IBM全球PC事业部的支出总计为17.5亿美元。兼并重组以后,新联想的股东构成中,联想控股占有46.22%的股份,IBM占有18.91%的股份,公众股占有34.87%的股份。兼并重组交易完成后,新联想的年销售额超过120亿美元,成为继DELL和HP之后全球第三大PC厂商,成为进入世界500强的高科技和制造企业。联想此举在国际化的道路上迈出了非常关键的一步。这一被称为"蛇吞象"的行为举措,实现了两家公司的要素互补融合,给联想带来了新的发展。

那些成为兼并目标的公司在一定程度上拥有一定的生产要素,但可能由于资源的配置不合理或者还缺乏某些"内核"的东西,如企业文化、有效的企业管理等因素,导致效益欠佳。企业通过接受其他企业的兼并,通过学习借鉴管理能力,获得更多的技术、资金支持等,以弥补自己在资源配置上的缺失。

一般来说,兼并公司总是在积累了一定的核心优势后才可能进行企业兼并行为的。不管公司的管理层如何考虑,公司所

有者更关注的应该是投资回报率的高低。一旦兼并公司发出兼并的信息，目标公司也确实会予以充分的考虑。如果可以有效地将兼并公司的专属能力与技术转移到目标公司，达到企业整体效益的提高，这与投资者追求高收益的偏好是一致的，这时目标公司也会做出积极响应。

以联想兼并 IBM 全球 PC 事业部为例，IBM 必定是存在一定的要素优势，才值得联想掏腰包花钱。而事实也确实如此。我们看到，IBM 业务是在全世界范围内的，而联想以前的业务主要集中在国内；IBM 最好的产品是高端笔记本，而联想是台式机；IBM 服务的多为高端客户，而联想拥有广大的中端和低端客户；IBM 在技术研发方面具有雄厚的实力，在 PC 上积累了大量相关知识产权、技术支持和良好的商誉，而联想具有大规模生产、制造管理能力，其成本控制管理比较好；联想在国内是以渠道见长，在国内市场上拥有客户和完善的市场销售体系，而 IBM

在国际市场上享有极高的 PC 销售网络。

兼并保证了这些专属能力与技术的转移是在相关的领域中进行的,通过合理配置生产要素,专属能力和技术的价值得以更好地实现的可能性就高得多。由于经营规模的扩大,兼并的效应还可能会因为财务协同效应和进一步的分工促进生产效率的提高,引起公司的生产要素的边际收益率上升。根据麦肯锡公司对进行并购的一些公司的新增价值的来源分析发现,在新增价值中,有 60% 是因为运营的改善,另外的收益增加主要有财务杠杆占 5%,市场外产业收益占 11%,来自市场的正常收益为 24%。通过生产要素的重新组合产生的收益增加构成了新增收益的主要来源。核心竞争力是兼并的基础,兼并本身并不带来效益,但能够在兼并中增强自身核心竞争力,进而为兼并企业创造价值。兼并活动价值的创造来源于生产要素的边际效率的提高。作为兼并公司,当其各种市场要素出现剩余,只有将这些生产要素有效地转移到目标公司,最终促使这些生产要素的边际收益率提高,才能产生价值的增长。

虽然这些生产要素在兼并公司属于过剩资源,但对目标公司却是稀缺资源,在目标公司可以发挥更大的作用。但仅仅这些还不够,因为这不能解释目标公司自身引进这些紧缺的生产要素后依然效率低下的原因。合理的解释是兼并行为在向目标公司投入生产要素的同时,还引入了一些"内在"的东西,如市场网络、企业文化等,而这些都是基于兼并公司已经建立的核心竞争力。近年来,我国企业界的兼并活动越来越多,如中国海运集装箱集团公司就曾通过兼并取得了较好的成效。

国际要素整合，要效率也要公平

在 18 世纪，经济学家托马斯·马尔萨斯很悲观地预测了人类的未来，他认为，随着整个社会变得更加富裕以及人口的增长——有更多孩子出生，会使食物供给不断被消耗，这些额外的嘴巴会狼吞虎咽般地吃尽剩余食品。按照他的观点，人类注定要生活在维持生计的边缘。在经济发展期，人们不计后果地生儿育女，然后在困难时期挨饿。曾经获得 1999 年诺贝尔经济学奖的罗伯特·福格尔在美国经济学会所做的主席演讲中指出，美国最穷的公民所获得的舒适程度甚至是 100 年前的皇室贵族所无缘享受的（如超过 90% 的公寓居民有彩电）。嫉妒可能是"七宗罪"之一，但它并没有引起经济学家多大的注意，"一个人的效用应该决定于他自己喜欢自己汽车的程度，而不是他的邻居是否开美洲虎汽车"。

随着工业革命的来临，人类才开始变得越来越富有。当父母的收入上升时，他们为孩子们花了更多的钱。但是，他们生的孩子更少了，在每个孩子身上花的钱更多了。正如人力资本理论所预测的，工业革命带来的经济转型，即生产率的大幅提高，使父母的时间变得更昂贵。随着拥有更多孩子的优势下降，现代人开始将他们不断上升的收入投资于他们孩子的成长质量，而不仅仅是数量。1979—1997 年，最富的人的平均收入与最穷的人的平均收入相比，其差距从 9 倍蹿升到了 15 倍。当美国史上最长的经济繁荣期结束时，富人更富，而穷人则原地踏步，甚至更穷。最穷的美国人，其平均收入（经通货膨胀调整）实际上已经下降了3%，尽管在20世纪90年代末急剧上升。

在美国，技术工人总是比非技术工人赚得的工资更多，这种差距已经开始以惊人的速度扩大。总之，人力资本变得越来越重要，回报率也比以前更高。人力资本重要性的一个简单体现是高中毕业生和大学毕业生的工资差距。在20世纪80年代初，大学毕业生的工资比高中毕业生的工资平均高出40%；如今这个差距已经变成了80%。有研究生学历的人则比这些人赚得更多。看看积累财富，而不仅仅是年收入，它甚至呈现出一幅更加不对称的画面——画面显示，美国贫富差距正在增大。从国际范围来看，在全球化的市场上，商品的技术等级越高，价格也随之更高。由于价格水平决定着成本水平，高价格不仅能使国家承担起获得一流技术人才的高成本，也因此增强了国家的国际竞争力，而且使国家形成高价格和高收入的良性循环式的增长。因此，只要具备技术条件，每个国家都会尽可能选择高端商品去生产，放弃或部分放弃低端商品的生产，同时通过进口来满足对低端商品的需求，这对任何国家都是一个好的选择。

每个国家能够选择的产业和贸易等级是由它的技术实力强制决定的，不存在人为超越的可能性。一些在技术水平和经济实力上并不具备条件，却试图通过政府的产业和贸易政策人为提升产业等级的发展中国家，实际上只是在生产一些与发达国家主导产业商品类似的低端商品（在性能、质量方面）。

技术水平越高，从而可生产的商品的范围越宽的国家，资源配置改善的状况越为明显；反之，技术水平越低、选择范围越窄的国家，资源配置改善的可能性越小。由于发展中国家主要是通过进口技术设备进行模仿来实现本国的技术进步,同时贸易可以使发展中国家获得自己不能够生产的较高端的消费品,因此发展中国家在国际贸易中获得了一小块蛋糕。

但是从国际贸易的收入分配来看,发达国家向发展中国家出口的高技术等级商品中,使用的要素主要是资本和高技术等级的劳动力,而从发展中国家进口的商品中使用的要素主要是低技术等级的劳动力。因此,贸易的结果是提高了发达国家资本所有者和高技术劳动者的收入,但却降低了发展中国家低技术工人的收入。低技术等级商品的进入门槛很低,在全世界有广泛的供给来源,国际贸易又将全球的低技能工人置于更激烈的竞争之中。这无形当中就形成了发达国家与发展中国家在贸易中的不对等地位。

许多经济学家认为,只要每个人都生活得更好,我们就无

须担心贫富差距。我们应该关心穷人所得到的蛋糕有多大，而不管他相对于比尔·盖茨得到了多少蛋糕。

关于收入不平等日益扩大的话题，还有一个更实际的考虑。收入不平等会不再激励我们更加努力地工作，从而变得没有生产效率吗？当各种情况交织在一起的时候，这种情况就极有可能会发生。届时，穷人可能会抵制重要的政治经济制度，比如产权和法律法规。不平衡的收入分配可能导致富人将资源挥霍于越来越华而不实的奢侈品上，倘若将这钱花在其他投资上——为穷人的人力资本投资——将会产生更高的回报。有些研究发现，收入不均与经济增长之间存在负相关，而另一些研究结果则相反。随着时间的推移，数字会说明这种关系。如果蛋糕在增大，我们应该给予每块蛋糕的大小多少关注呢？

企业合并比明星婚姻的失败率更高

企业并购自从19世纪在美国出现以来，经历了五次并购浪潮，从"合并同类项"到"多项式相加"，再到"杠杆效应"，发展可谓是突飞猛进。近年来，伴随着全球经济一体化和信息化的趋势，企业并购浪潮更是风起云涌，呈现出范围大、数量大、力度强、巨额化、跨国化等新特点。

企业合并是指将两个或者两个以上单独的企业合并形成一个报告主体的交易或事项。企业合并分为同一控制下的企业合并和非同一控制下的企业合并。一个在并购过程中常被忽视的问题是整合时的整体规划，整合问题是最难解决的问题，尤其在资金、技术环境、市场变化非常剧烈的时代，整合就更加不容易了。

比如在2009年，美国时代华纳公司正式宣布分拆美国在线（AOL），两者不再是"一家人"了。这真是悲惨的结局。2000年合并的时候，AOL的市值还高达1640亿美元，分拆时只剩下了20多亿，整整缩水了98%！这桩当年被称为"世纪交易""史上最伟大的创举"的企业合并案，竟然是如此下场！

从叱咤风云的"巨无霸"，蜕变为无足轻重的"小虾米"，AOL只用了9年时间。我们看惯了互联网的造富神话，但是何尝想到，互联网消灭财富的速度竟也堪称光速。在这个网络高速发展的年代，"网络巨人"AOL为何会沦落至此？

但是，没有人料到，从宣布合并的那一刻起，AOL就开始走下坡路了，市场的领跑者变成了落伍者，因为它犯了一个不可原谅的愚蠢错误——忽视了宽带业务！AOL起家的法宝是拨号上网，最高网速一般不超过每秒10KB，这意味着打开一个100KB大小的普通网页，用户需要等待10秒以上，而下载一个5MB的文件耗时超过10分钟，所以这种上网又称"窄带上网"。AOL本身是新技术的受益者，却对用户渴望高速上网的需求视而不见，对新兴的宽带技术无动于衷，顽固地坚守拨号上网的阵地。这真是不可思议的事情，它最终遭到市场的惩罚。

企业的规模趋于较大能够增强企业抵御市场风险的能力，企业合并以后，可充分整合并利用两个企业现有的共同资源，以达到更具势力和扩张力。然而，是否真能实现大幅度的竞争力提升和销售额的增长，最终得由市场来衡量和监督，同时还要看企业高层对此次收购的重视是不是长期的。除了对当时的成功收购仪式的举行的重视，还要将这一合并的资源有效运用，企业文化统一更新，企业管理结构优化调整，从而实现"硬件与软件"优化的结果，达到真正竞争力的提升和销售额的增长。

企业合并过程可以分为合并选择、合并执行与合并后整合三个阶段。任何一个环节出现问题，都会给整个并购战略带来灾难性后果。

首先，要确立自己的企业合并战略。在合并过程中有一个明确可实行的目标，是合并战略实施成功的关键。此时，管理者要注意不要掉入自己织造的并购陷阱中。一些管理者天真地认为，花钱买回的资产一定可以创造更大利润，且买得越多，回报越大，但事实远非如此。

其次，要防止整合过程中出现管理系统的崩溃。这类系统性问题，是实施并购管理者的梦魇。每一个人都期望并购后出现累加或合成效应，但如果没有正确的认识和积极的准备，并购后整合通常都会成为并购成功的最大障碍。

对公司合并整合而言，通常要考虑财务、战略、文化、运营与管理等几方面要素。首先是财务整合，在专业机构的参与下，对并购资产进行清查，对并购前的预设标准进行修正，并回馈给管理层与投资方真实信息，以便做出进一步的决策；其次是战略与文化的整合，这是统一新老公司发展方向与各层级思想的工作，也是后续整合工作的基础。

2009年，眼看道琼斯指数从14,000点跌到8000点，仅从财务角度看，国外资产的价格的确比过去便宜很多，"很多欧洲企业也快到了撑不住的地步"。同时在政策上,海外对中国企业并购不像过去那么排斥,"利润下滑和金融危机令越来越多陷入困境的公司和国家转向现金充沛的中国,以图拯救"。在这种背景下,无怪乎当时众多中国企业对海外抄底跃跃欲试。

然而,事情并非如此美好。通过分析中国企业海外并购存在的人力成本"盲区",如通用、福特的员工退休福利赤字远远超过其市值,在合并过程中我们很容易陷入企业合并的最大陷阱——人力和文化的整合。正如英国金融刊物《经济学家》中一个尖刻的比喻所言,"企业合并要比好莱坞明星结合的失败率更高"。

中国企业不得不面对的一个基本事实是全球60%～70%的合并案例是失败的。虽然大多数中国企业并购事件才刚刚发生,或者整合期间低调潜行,一时半会儿还无法算出中国企业海外并购的成败概率,但相对于经验丰富的欧美日企业,长期在相对封闭的环境下成长、运作的中国企业在并购方面可能要有一个很痛苦的失败过程,才能真正学到很有用的知识。早年,TCL收购法国汤姆逊以及明基收购西门子手机,这在当时战略层面都曾被认为是可行的收购,最终都败在了"人"之上。有没有能力整合好,这是每个准备出手收购的中国企业必须考虑的问题。

第五章

博弈策略：如何在博弈中占据上风

PART 01

博弈模型——
针锋相对勇者胜

肯德基和麦当劳永远是邻居

经常光顾麦当劳或肯德基的快乐一族们不难发现这样一种现象：麦当劳与肯德基这两家店一般在同一条街上选址，或在相隔不到100米的对面或同街相邻而立。大多超市的布局也同样存在这样的现象，如在北京的北三环不到15公里的道路两侧，已经驻扎了国美、苏宁、大中三大连锁家电的多家门店。从一般角度考虑，集结在一起就存在着竞争，而许多商家偏偏喜欢聚合经营，在一个商圈中争夺市场。

这样选址会不会造成资源的巨大浪费？会不会造成各超市或商家利润的下降？

对此，我们可以用"纳什均衡"予以解释。

诺贝尔经济学奖获得者萨缪尔森有句名言："你可以将一只鹦鹉训练成经济学家，因为它所需要学习的只有两个词——供给与需求。"博弈论专家坎多瑞引申说："要成为现代经济学家，这只鹦鹉必须再多学一个词，这个词就是'纳什均衡'。"

纳什均衡是博弈分析中的重要概念。1950年，还是一名研究生的纳什写了一篇论文，名为《N人博弈中的均衡点》。该论文篇幅只有短短一页纸，可就这短短一页纸彻底改变了人们对竞争和市场的看法。他证明了非合作博弈及其均衡解，并证明了均衡解的存在性，这成了博弈论的经典文献。纳什的这个方法被称为"纳什均衡"。

在纳什均衡中，每一个理性的参与者都不会有单独改变策略的冲动。通俗地说，纳什均衡的含义就是：在给定你的策略的情况下，我的策略是最好的策略；同样，在给定我的策略的情况下，你的策略是最好的策略。双方在对方给定的策略下不愿意调整自己的策略。由此可见，纳什均衡是一种稳定的博弈结果。

我们还可以从"纳什均衡"中悟出一条真理：合作是有利的"利己策略"，但它必须符合以下黄金定律：按照你愿意别人对你的方式来对别人，但只有他们也按同样方式行事才行。这也就是我们所说的"己所不欲，勿施于人"，但前提是"人所不欲，勿施于我"。

纳什均衡是一种非合作博弈均衡，在现实中，非合作的情况要比合作情况普遍。假定市场上有甲、乙两个超市，它们向消费者提供的是相同的商品和服务，两者具有优势互补关系；假定甲、乙两个超市的行为目标都是为了在理性的基础上谋求各自的利益最大化；假定甲、乙两个超市的经营成本是一致的，并且没有发生"共谋"。假如甲、乙都选择分散经营，它们各自

经营所获得的利润各为 3 个单位；如果甲选择与其他超市聚合经营，乙选择分散经营，它们各自经营所获得的利润分别为 5 个单位和 1 个单位；同理，若甲选择分散经营，乙选择聚合经营，它们各自经营所获得的利润分别为 1 个单位和 5 个单位，总效用还是 6 个单位；而甲乙两家超市都选择聚合经营时，由于两家企业具有优势互补，所以两者的利润都会增加为 8 个单位。

由此可见，选择聚合经营是甲、乙的占优策略，它可以在两者之间形成一个稳定的博弈结果，即纳什均衡。这是因为聚合经营能够聚集"人气"，形成"马太效应"，从而能够吸引更多的消费者前来购买，进而使企业获得更多的利益。分散经营使企业无法获得与其他企业的资源共享优势，从而使市场风险明显增大，获利能力下降。聚合选址不可避免地存在着竞争，竞争的结果是企业要生存和发展就必须提升自己的竞争力。连锁企业有个性，才有竞争力。在超市经营上要有特色，方显个性，这就要明确市场定位、深入研究消费者的需求，从产品、服务、促销等多方面进行改善，树立起区别于其他门店类型和品牌的形象。如果聚合的每一个连锁超市都能够做到这一点，就可以发挥互补优势，形成"磁铁"效果，这样不仅能够维持现有的消费群，而且能够吸引新的消费者。

另外，商业的聚集会产生"规模效应"。一方面，体现所谓的"一站式"消费，丰富的商品种类满足了消费者降低购物成本的需求，而且同业大量聚集实现了区域最小差异化，为聚集地消费者实现比较购物建立了良好基础；另一方面，经营商为适应激烈的市场竞争环境，谋求相对竞争优势，会不断进行自身调整，在通过竞争提升自己的同时让普通消费者受益。

正是由于上面的几个原因，像麦当劳－肯德基式的聚合选址能使商家充分发挥自己的优势，从而将自己的利益最大化，选择聚合经营也就是商家当之无愧的占优策略。在这种博弈中，每一方在选择策略时都没有"共谋"，它们只是选择对自己最有利的策略，而不考虑其他人的利益，也正是这种追求自身利益最大化的本能促成双方最终的纳什均衡。

在纳什均衡里，我们要保持占优策略均衡是不容易的，这需要耐心地分析，既要关注博弈的另一方，也要关注周围的大环境。

言战并非冲动，妥协也非理性

某一天，在斗鸡场上有两只好战的公鸡发生遭遇战。这时，每只公鸡都有两个行动选择：一是退下来；一是进攻。

如果一方退下来，而对方没有退下来，对方获得胜利，那退下来的公鸡会很丢面子；如果对方也退下来，双方则打个平手；如果自己没退下来，而对方退下来，自己则胜利，对方则失败；如果两只公鸡都前进，则两败俱伤。因此，对每只公鸡来说，最好的结果是，对方退下来，而自己不退，但是此时面临着两败俱伤的结果。

不妨假设两只公鸡均选择"前进"，结果两败俱伤，两者的收益是-2个单位，也就是损失为2个单位；如果一方"前进"，另外一方"后退"，前进的公鸡获得1个单位的收益，赢得了面子，而后退的公鸡获得-1的收益或损失1个单位，输掉了面子，但没有两者均"前进"受到的损失大；如果两者均"后退"，两者均输掉了面子，都获得-1的收益或1个单位的损失。当然这些数字只是相对的值。

如果博弈只有唯一的纳什均衡点，那么这个博弈是可预测的，即这个纳什均衡点就是——事先知道的唯一的博弈结果。但如果博弈有两个或两个以上的纳什均衡点，则无法预测出一个结果来。斗鸡博弈有两个纳什均衡——一方进、另一方退，因此我们无法预测斗鸡博弈的结果，即不能知道谁进谁退、谁输谁赢。

由此看来，斗鸡博弈描述的是两个强者在对抗冲突的时候，如何能让自己占据优势，力争得到最大收益，确保损失最小。斗鸡博弈在日常生活中非常普遍，比如警察与游行者相遇，最好有一方退下来。

如果用斗鸡博弈来说明当今世界格局，可以得出以下推论：

第一，一有对抗就宣传战争亡国论、战争恐怖论来主张妥协、退让是没有依据的，大国间在一般问题的对抗上不会导致最后的生死冲突，最后总会有一方做出妥协，一味地只是宣传战争亡国论、恐怖论，实际上就等于是在逼自己人妥协。

第二，主张"实力决定一切"的观点也是不恰当的，即使一方的实力比较小，但只要全面冲突就能给另一方造成无法估量的损失。也就是说，如果一国具备一定的实力，那么在合适的策略下，对抗国力强于自己的对手也是可以占到便宜的。

总之，双方谁妥协都是这个均衡的解，但要说双方一起妥协就能共赢了，这是在自欺欺人。

斗鸡博弈中，如果双方实力相当，一只公鸡英勇地选择"前进"，另一只也丝毫不懂避让，最后即使有一方胜利了，也只是一种"驴子式的胜利"。所谓"驴子式的胜利"，是指驴夫赶着驴子上路，刚走一会儿，驴子就离开了平坦的大道，沿着陡峭的山路走去。当驴子贴近悬崖时，驴夫一把抓住它的尾巴，想要把它拉过来。可驴子拼命挣扎，驴夫抓不住，驴子就一下子滑了下去。驴夫无可奈何地说道："你胜利了！但那是个悲惨的胜利。"

如果凡事一定要争个输赢胜负，那么必然会给自己造成不必要的损失。这在政坛也随处可见。在这方面，西方政坛上"费厄泼赖"式的宽容，也就是网开一面予人活路的政治斗争，相形之下显得更为可取。这不仅是一种感性和直观的认识，而且有着博弈论的依据。

言战并非就是冲动，言退、言妥协也并非是理性和冷静。这个道理，过去适用，现在适用，将来也同样适用。

互惠互利是出于策略考虑

有一个人跟着一个魔法师来到了一间二层楼的屋子里。在进第一层楼的时候,他发现一张长长的大桌子,并且桌子旁都坐着人,而桌子上摆满了丰盛的佳肴。虽然他们不停地试着让自己的嘴巴能够吃到食物,但每次都失败了,没有一个人能吃得到,因为大家的手臂都受到魔法师的诅咒,全都变成直的,手肘不能弯曲,而桌上的美食夹不到口中,所以个个愁苦满面。

但是,他听到楼上却充满了愉快的笑声,他好奇地上了楼,想看个究竟。结果让他大吃一惊,同样也有一群人,手肘也是不能弯曲,但是大家却吃得兴高采烈。原来,他们每个人的手臂虽然不能伸直,但是因为与对面的人彼此协助,互相帮助夹菜喂食,结果每个人都吃得很尽兴。

从上面博弈的结果来看,面对同样状况的一群人,结果却存在着天壤之别。在这场博弈中,他们都有如下的选择:其一,双方之间互相合作,达到各自利益;其二,互相不合作,各顾各的,自己努力来获得利益。我们可以看出,在这场博弈中,也只有那些互相合作、相互帮助的人,才能够真正达到双赢,走向"正和博弈"。这种互利互惠其实是出于"零和博弈"策略的考虑。

如果用一种最简单的日常现象来比喻"零和博弈",那就是赌博:赌桌上赢家赢得的钱就是输家输掉的。在社会生活的各个方面都能发现"零和博弈"的局面,胜利者的光荣后面往往隐藏着失败者的辛酸和苦涩。从个人到国家，从政治到经济，到处都有"零和博弈"的影子。

在北京的一个老四合院里住着四五家人，虽然大家住得如此近，但由于平时太忙，邻里之间就如同陌生人一样，各家都关着门过着平静的生活。但不久前，这种平静被打破了，原因是有一家的大人为家里的女儿买了一把小提琴。由于小女孩没有学过小提琴，却又喜欢，因此每天练习拉琴，而且拉得难听极了，更要命的是小女孩还总挑人们午休的时候拉，弄得整个四合院的人都有意见，于是矛盾便产生了。

有些性格直率的邻居实在看不下去，就直接找上门去提意见，结果闹了个不欢而散，小女孩依然我行我素。大家私下里议论纷纷，商量着用什么方法才能让小女孩不再拉琴。有年轻人发了狠说，干脆一家买一个铜锣，到午休的时候一齐敲，看谁厉害。几家人一合计，还真那样做了，结果是终于使那个小女孩不再拉小提琴了。但在很长一段时间内，小女孩见了邻居如同见了仇敌一样。小女孩一直认为，是这些人使她不能再拉小提琴的。邻里关系更是糟糕极了。

可以说，这种典型的

一方"吃掉"另一方的"零和博弈"是完全可以避免的。在这件事情上，其实双方都有好几种选择。对于小女孩一家来说，其一，他们可以让女儿去培训班参加培训，而不是任其在家里自己胡乱摸索；其二，在被邻居告知后，他们完全可以改变女儿拉小提琴的时间，譬如在上午或下午邻居上班的时候拉；其三，也就是在被邻居告知后，不去理会。而其邻居也有如下选择：其一，建议这家的家长让小女孩学习一些有关音乐方面的知识；其二，建议他们让小女孩不要在午间休息时拉琴；其三，以其人之道，还治其人之身。

但其结果，双方的选择都很令人遗憾，因为他们选择了最糟糕的方案。事实证明，在很多时候，参与者在人际博弈的过程中，往往都是在不知不觉中做出最不理智的选择，而这些选择都是由于人们的为己之利所得出的结果，要么是零和博弈，要么是负和博弈，都是非合作性的对抗博弈。

可以说，在这个世界上，没有一个人可以不依靠别人而独立生活。这本来就是一个需要互相扶持的社会，先主动伸出友谊的手，你会发现原来四周有这么多的朋友。在生命的道路上，我们更需要和其他的个体互相扶持、共同成长。

因此，在发生矛盾和冲突时，如果能从对方的利益出发，能从良好的愿望出发，便能使博弈呈现互利互惠的"正和博弈"状态。就是说，在博弈中，要达到效益最大化，就不能以自己的意志作为和别人交往的准则，而应该在取长补短、相互谅解中达成统一，达到双赢的效果。曾有一对夫妻，妻子是个瘫子，丈夫是聋哑人，在外人看来他们应该很不幸，但他们却生活得很幸福。

譬如他们要去镇上买一些日用品，由于丈夫不会说话，当然不好交际，所以在去镇上卖东西的时候，这个聋哑丈夫一定会骑着三轮车，让妻子坐上，到了要买东西的地方，妻子便坐在三轮车上谈价钱购货物。更可贵的是，他们从来没有因为某件事情而发生过争吵，为什么？这倒不是因为他们有多大本领，而是因为他们能互相补充彼此之间的缺陷：妻子走路不方便，丈夫却有强健的身体；丈夫不会说话，妻子却有很好的口才。由于能取长补短，所以他们在一起仍生活得十分美满。

所以，为了短期胜利，建立共同利益，为了长远成功，建立良好关系。也就是要拥有博弈中的双赢思维，拥有平等、互惠的思想，采取合作的态度，这样才能使博弈呈现"正和"状态，并向着健康的方向发展，从而收到良好的效果。

盲从无异于踩上一颗地雷

"酒吧博弈"理论是美国经济学家阿瑟于1994年提出的，其理论模型是这样的：

假设一个小镇上总共有100人很喜欢泡酒吧，每个周末均要去酒吧活动或是待在家里。这个小镇上只有一间酒吧，能容纳60人。并不是说超过60人就禁止入内，而是因为设计接待人数为60人，只有60人时酒吧的服务最好，气氛最融洽，最能让人感到舒适。

第一次，100人中的大多数去了这间酒吧，导致酒吧爆满，他们没有享受到应有的乐趣，多数人抱怨还不如不去；于是第二次，人们根据上一次的经验，认为人多得受不了，决定还是不去了。结果呢？因为多数人决定不去，所以这次去的人很少，他们享受了一次高质量的服务。没去的人知道后又后悔了：这次应该去呀。

问题是，小镇上的人应该如何做出"去还是不去"的选择？小镇上的人做选择有如下前提条件的限制：每一个参与者面临的信息只是以前去酒吧的人数，因此只能根据以前的历史数据归纳出此次行动的策略，没有其他的信息可以参考，他们之间也没有信息交流。

在这个博弈的过程中，每个参与者都面临着一个同样的困惑，也即如果多数人预测去酒吧的人数超过60人，而决定不去，那么酒吧的人数反而会很少，这时做出的预测就错了；反过来，如果多数人预测去的人数少于60人，因而都去了酒吧，那么去的人会很多，超过了60人，此时他们的预测也错了。也就是说，一个人要做出正确的预测，必须知道其他人如何做出预测。但是在这个问题中，每个人的预测所根据的信息来源是一样的，即过去的历史，而并不知道别人当下如何做出预测。

这就是著名的"酒吧博弈"。酒吧博弈的核心思想在于，如果我们在博弈中能知晓他人的选择，然后做出与其他大多数人相反的选择，我们就能在博弈中取胜。生活中有很多例子与这个模型的道理是相通的，"股票买卖""交通拥挤"以及"足球博彩"等问题都是这个模型的延伸。

孙叔敖是春秋时的名臣，他为楚国的兴盛立下了汗马功劳，但是在个人生活方面，他虽然身为令尹，生活却非常俭朴。楚庄王几次封地给他，他坚持不受。定王十二年春三月，孙叔敖率军打败晋国回来得了重病，他自知时日无多，便嘱咐儿子孙安说："我死后，你就回到乡下种田，千万别做官。万一大王非得赏赐你东西，楚越之间有一个地方叫寝丘，地方偏僻贫瘠，地名又不好，楚人视之为鬼蜮，越人以为不祥。你就要那块没有人要的寝丘。"孙安当时没有明白其中的含义，寝丘在今河南省固始县境内，"寝"字在古代有丑恶的意思，不仅名字很不吉利，而且是一片十分贫瘠的薄沙地，很久以来都没有人要。虽然孙安对父亲的安排有些疑虑，但他相信父亲如此安排肯定有他的道理，于是点头应允。

其后不久，孙叔敖便过世了，楚庄王悲痛万分，便打算封孙安为大夫，但孙安却百般推辞，楚庄王只好让他回老家去。孙安回去后，日子过得很清苦，甚至无以为继，只好靠打柴度日。后来楚庄王听从了优孟的劝说，派人把孙安请来准备封赏。孙安起初万般推辞，但楚庄王主意已定，一定要孙安领封，孙安无奈，只得遵从父亲的遗命，只肯要寝丘那块没有人要的薄沙地，楚庄王只得封赠了寝丘给他。

孙叔敖在其他功臣为争取好封地而争得不可开交的时候，却要一块薄地，这里所用的就是"酒吧博弈"策略。这种策略是一种"以患为利"的智慧，把这些不利因素看作利，这正是他的过人之处。按楚国规定，封地延续两代，如果有其他功臣想要，就改封其他功臣。因为寝丘是贫瘠的薄地，一直没人要，因而一直到汉代，孙叔敖子孙十几代都拥有这块地，得以安身立命。因为资源都是有限的，如果没有"酒吧博弈"策略，所有人争夺的焦点都在有限的几种物事上，那么每个人面临的处境都是十分艰难的。唯有另辟蹊径，找到多数人没有注意到的那个"冷门"，才有可能绝处逢生，甚至获得比那挤上独木桥的千军万马更高的收益。所以说，"冷门"其实不冷。

生活中，很多人不论是找工作，还是创业，或是投资股市，都奉行见机行事，不打破既有的现实和规律，认为反其道而行只会一败涂地。而拥有酒吧博弈智慧的人却有他们独特的深谋远虑，当其他人都争先恐后地涌上所谓的"热门行业"时，他们却反其道而行之，在冷门处寻找成功。

例如在股票市场上，如果多数股民处于卖股票的位置，而你处于买的位置，股票价格低，你就是赢家；而当你处于少数的卖股票的位置，多数人想买股票，那么你持有的股票价格将上涨，你就获利。在实际生活中，股民完全可以将以往的数据记录下来，汇成图线或抛弃这种原始的制作方法，采用市场上流行的股市图形分析软件，分析历史上的买卖情况，总结出其中的规律，做出与其他股民相反的选择，从而投资获利，所以很多深谙酒吧博弈的股民都把酒吧博弈策略作为炒股"圣经"。

学会倒推，把眼光放长远一点

大家都知道围棋，它是对弈双方一人一步的相继行动的博弈，每个参与者都必须向前展望或预期，预估对手的意图，从而倒后推理，决定自己这一步应该怎么走。这是一条线性的推理链：假如我这么做，他就会那么做。若是那样，我会这么反击……这种方法在博弈论中有一个名字——倒推法。

这种倒推法在博弈论中有一个专门的对应模型——海盗分赃。海盗们之间一切事情都由投票解决，船长的唯一特权就是拥有自己的一套餐具。可是在他不用时，其他海盗是可以借来用的。海盗船上的唯一惩罚，就是被丢到海里去喂鱼。

现在船上有若干个海盗，要分抢来的若干枚金币。自然，这样的问题他们是由投票来解决的。投票的规则如下：先由最凶残的海盗来提出分配方案，然后大家一人一票表决。如果有50%或以上的海盗同意这个方案，那么就以此方案分配；如果少于50%的海盗同意，那么这个提出方案的海盗就将被丢到海里去喂鱼，然后由剩下的海盗中最凶残的那个海盗提出方案，依此类推。我们先要对海盗们做一些假设：

（1）每个海盗的凶残性都不同，而且所有海盗都知道别人的凶残性，也就是说，每个海盗都知道自己和别人在这个方案中的位置。另外，每个海盗都是很聪明的人，都能非常理智地判断得失，从而做出选择。最后，海盗间私底下的交易是不存在的，因为海盗除了自己谁都不相信。

（2）一枚金币是不能被分割的，不可以你半枚我半枚。

（3）每个海盗当然不愿意自己被丢到海里去喂鱼，这是最重要的。

（4）每个海盗当然希望自己能得到尽可能多的金币。

（5）每个海盗都是功利主义者，如果在一个方案中他能得到一枚金币，而下一个方案中，他有两种可能，一种得到许多金币，一种得不到金币，他就会同意目前这个方案，而不会有侥幸心理。总而言之，他们相信"二鸟在林，不如一鸟在手"。

（6）最后，每个海盗都很喜欢其他海盗被丢到海里去喂鱼。在不损害自己利益的前提下，他会尽可能投票让自己的同伴喂鱼。

现在，如果有5个海盗要分100枚金币，结果将会怎样呢？

从后向前推，如果1至3号海盗都喂了鲨鱼，只剩4号和5号的话，5号一定投反对票让4号喂鲨鱼，以独吞全部金币。所以，4号唯有支持3号才能保命；3号知道这一点，就会提出（100，0，0）的分配方案，对4号、5号一毛不拔而将全部金币归为己有，因为他知道4号虽一无所获但还是会投赞成票，再加上自己一票，他的方案即可通过；不过，2号推知3号的方案，就会提出（98，0，1，1）的方案，即放弃3号，而给予4号和5号各一枚金币，由于该方案对于4号和5号来说比在3号分配时更为有利，他们将支持他而不希望他出局而由3号来分配，这样2号将拿走98枚金币；同样，2号的方案也会被1号所洞悉，1号并将提出（97，0，1，2，0）或（97，0，1，0，2）的方案，即放弃2号，而给3号一枚金币，同时给4号（或5号）2枚金币。由于1号的这一方案对于3号和4号（或5号）来说，相比2号分配时更优，他们将投1号的赞成票，再加上1号自己的票，1号的方案

可获通过，97枚金币可轻松落入囊中。这无疑是1号能够获取最大收益的方案了！答案是：1号强盗分给3号1枚金币，分给4号或5号强盗2枚，自己独得97枚。分配方案可写成（97，0，1，2，0）或（97，0，1，0，2）。

要解决"海盗分赃"问题，我们总是从最后的情形向前推，这样我们就知道在最后这一步中什么是好的和坏的策略。然后运用最后一步的结果，得到倒数第二步应该做的策略选择，依此类推。要是直接从第一步入手解决问题，我们就很容易因这样的问题而陷入思维僵局："要是我做这样的决定，下面一个海盗会怎么做？"

海盗分赃的博弈模型中，存在着这么一条线性思维链：假如我这么做，其他海盗可以那么做，反过来我应该这样对付。假如他们不能够预测到对手相对更远的策略，他们就不可能在博弈中取胜。这也就告诉我们，在海盗分赃的博弈中，一定要拥有比较长远的眼光才行。

红顶商人胡雪岩本是浙江杭州的小商人,他不但善于经营,也懂为人处世,常给周围的人一些小恩惠。胡雪岩创业的第一步是设立阜康钱庄。尽管钱庄有王有龄的背后支持及各同行的友情"堆庄",然而如何才能在广大储户中打开局面?胡雪岩想出了一个"明处吃亏,暗中得福"的妙计。他把总管刘庆生找来,令他马上替自己立16个存折,每个折子存银20两,一共320两,挂在自己的账上。刘庆生虽不明白胡雪岩为什么急着让开这么多存折,但因是东家吩咐的,就去办理了。待刘庆生把16个存折的手续办好,送过来之后,胡雪岩才细说出其中的奥妙。原来那些按他吩咐立的存折,都是给抚台和藩台的眷属们立的户头,并替他们垫付了底金,再把折子送过去,当然就好往来了。刘庆生把那些存折送出去没几天,果然就有几个大户头前来开户。钱庄的同行对阜康钱庄能在短短的几日内就把他们多年结识的大客户拉走颇为惊讶,不知所以然。

胡雪岩不愧是晚清最知名的红顶商人,他在那个时候就懂得运用倒推法为自己的事业添砖加瓦。当然,他能够使用这个策略,也是因为他有长远的眼光。运用长远眼光进行倒推的一个重要特征就是进行跳跃式联想,能根据实际情况,在一些从表面上看毫无联系的事物之间进行联想,寻根溯源,做出正确的选择。

PART 02 囚徒困境——寻求最佳合作

怎样**度过周末**

"囚徒困境"是博弈中具有代表性的例子,反映个人最佳选择并非团体最佳选择。虽然困境本身只属模型性质,但在现实中的价格竞争、环境保护等方面,也会频繁出现类似情况。

囚徒困境假定每个参与者都是利己的,即都寻求自身利益最大化,而不关心另一参与者的利益最大化。参与者某一策略所得利益,如果在任何情况下都比其他策略要低的话,此策略称为"严格劣势",理性的参与者绝不会选择。另外,没有任何其他力量干预个人决策,参与者可完全按照自己意愿选择策略。在囚徒困境中,有一个经典的夫妻游戏的例子给我们讲明了夫妻间一旦出现价值取向的矛盾该怎么办。

袁朗与凌霄是一对夫妻,今天是难得的周末,怎么度过好呢?晚上有一场球赛,袁朗是个铁杆球迷,凡有比赛每场必看;而正巧,晚上在音乐剧院有一场音乐剧,是凌霄的最爱。那么,袁朗在家看球赛，凌霄去剧院看音乐剧，不就得了吗？问题在于，他们是感情非常好的伴侣，如胶似漆，分开才是他们最不乐意的事情。这样一来，他们就面临一场博弈了。假设最后听音乐，妻子的效用是2，丈夫的效用是1；如果看足球，丈夫的效用是2，妻子的效用是1。

我们不妨看一下双方的支付矩阵：

听音乐（2，1）（0，0）
看足球（0，0）（1，2）

在这两个均衡中，最后到底选择哪个是无法预知的，这取决于双方哪一人的"权力"更大一些。而胜利的一方无疑是一种"温柔的独裁"，因为效用为1的那一人，虽然没看到自己想看的节目，但还是达到了"共同度过这一夜晚"的预期。

在理论上是这样的，但在实际生活中有时候人的行为和理论是有偏差的。博弈的基本假设是"理性人"假设，人们在作决策的时候会尽量使利益最大化。由于在现实中人不一定理性，就会出现很多问题，比如这个夫妻博弈。由于夫妻是相爱的，所以自然会更多地考虑对方的感受，不仅是要"共度夜晚"，还要"愉快地共度夜晚"。因此，丈夫会想：若勉强她和我一起看足球，她心里肯定不愉快，所以还是听音乐吧；同时妻子会想：若勉强他和我听音乐，他一定会不舒服，还是看足球吧——结果是陷入了尴尬的两难，最后很可能是既不看足球也不听音乐，两人的效用同时降低，同时没有得到满足。

换一个角度说，人们在做出行为之前，会对结果有一个预期，在做出行为之后，将结果与预期相比较，吻合的程度是满足感的一个重要来源。如果既不听音乐也不看足球的话，双方都不会满足。

吵架不是最好的问题解决方式。在"囚徒困境"中，我们已经知道了这样一个道理：从个体的眼光看，目标是在与对手的一系列对局中尽可能地最大化自己的利益。这使得博弈参与者会受到背叛利益的短期诱惑，总是想赢对方，结果可能得不偿失。因为对方也会全力反击，招致双方都难以全身而退，造成"两败俱伤"的局面。此时，若双方都没有继续对抗下去的意愿，但"开弓没有回头箭"，也只能咬紧牙关，硬着头皮撑下去。但是通过与对方建立双方合作的模式，却可以使双方都得到更多的长期好处。

生活中人人都有压力，人人都有脾气，发脾气吵架也是一种发泄生活压力的方式，作为伴侣应该理解这一点，适度容忍对方偶尔的无理取闹。作为对方也应该明白，之所以无视你的不合作，并不是因为他无力报复，而是因为他对你有感情，不希望陷入那种互抽耳光的尴尬局面。

我们很多时候看到一些夫妻，某一方看似很强势，另一方很弱势。强势的一方要明白，对方之所以弱势并不是惧怕你或者无力反击你，你如果把占便宜看作是常理，突破了对方的底线，那么"爆发全面战争"大家不得利不说，你还要承担道义上的谴责。

上面案例中的这对夫妻虽然不是理性的，但却是充满爱的，因为为对方着想，使得最后的结果并不理想。如果人是理性的，

> 如果他说我陪你听音乐剧，我就跟他去看球赛……

> 如果她说我陪你看球赛，我就跟她去听音乐剧……

就会选择两个节目中的一种，让其中一个人效用最大化，这虽然会带来一种"独裁"，但它是温柔的。

那么人到底是理性好，还是感性好呢？生活总是充满了奇怪的问题，囚徒困境在生活中往往让我们陷入两难的境地。如果两个人不相爱，非要让对方满足自己，夫妻之间就可能要吵架了。而夫妻之间的吵架也是一场博弈，也可以用囚徒困境策略来解释。

"一报还一报"由于与其他多种多样的策略相处得很好而赢得了竞赛。平均来说，它比竞赛中的其他任何策略都做得更好。但是"一报还一报"从来没有一次在游戏中比对方得更多的分！事实上，它不可能比对方多得分。它总是让对方先背叛，并且它的背叛次数绝不比对方背叛的多。因此"一报还一报"不是得到和对方一样多的分，就是比对方略少。"一报还一报"赢得竞赛不是打击对方，而是从对方引出使双方有好处的行为。"一报还一报"如此坚持引出双方有利的结果，使它获得比其他任何策略更高的总分。

如果夫妻之间要吵架的话，夫妻双方都有两种策略——强硬或软弱。博弈的可能结果有四种组合：夫强硬妻强硬、夫强硬妻软弱、夫软弱妻强硬、夫软弱妻软弱。至于哪一种是夫妻之间的最后选择，必须列出其支付矩阵才可以确定。支付矩阵不一定非要用量化确定的数字表示，也可以用支付函数表示。

结果往往是选择夫妻共同让步的比较多，因为无论采取其他哪种策略，都不可能达到共赢的局面。只有双方都选择软弱策略的时候，共赢才可能出现。

企业合作共赢策略

"囚徒困境"现象，意即博弈双方均采取相对于自身的优势策略和相对于对方的最佳策略（由此诞生了"纳什均衡"），但并不一定会出现最佳结果。这种现象在我们平常的企业经营中也随处可见。我们经常见到的恶性价格竞争，便是囚徒困境的非合作均衡的现实写照。

20世纪90年代的彩电价格大战，在某种程度上就是大家为了"争霸"而起。当年的长虹举起价格屠刀，大杀四方，随后创维、TCL、康佳等企业也不甘示弱，纷纷跟进，一时间烽烟四起，最后大家都无钱可赚，彩电行业成为夕阳行业。

其实无论是两个书店的老板，还是上文提到的电器产业，无不陷入了博弈中的囚徒困境。它给人们的启示是：价格大战不是企业制胜的法宝，而是伤害了竞争各方的利剑。

在纯粹的困境模型中，博弈者有很多限制条件，比如无法实现合作、只是单纯的一次性博弈等，但在现实中，则不存在这样的限制条件，人们可以充分发挥自身的主观能动性。所以，面对价格大战，企业完全有可能采取有效措施，冲出价格战的困局，而其中最巧妙的一种措施莫过于通过一个保证加以惩罚的承诺推行价格联盟，而且是以竞争的名义进行。关于这个措施，我们可以通过"国宁电器"和"大华电器"两家家电连锁店的价格联盟来予以解释。

在同一街道上，并存着"国宁电器"和"大华电器"两大电器连锁店。"国宁电器"已经打出了自己的口号：我们不能积压产品；我们从不积压产品；我们的价格是最低的，绝对最低。而"大华电器"虽然没有打出如此信誓旦旦的口号，但是你每次购物都会得到这个商场的"最低保证"。按照这一承诺，假如你在别的地方看到更低的价格，商场会按差价的双倍赔偿给你。这样一来，两家连锁店不约而同地选择了与对方结成价格联盟。虽然两家并没有就此专门讨论商议过，但是出于对各自利益的考虑，他们不约而同做出了此种选择，而这也是两者的最佳选择。为什么呢？

我们可以这样假设，一台DVD播放机的批发价是300元，现在两家都卖600元，如果国宁偷偷作弊，减价为550元。假如大华没有那个最低价的承诺，国宁完全有可能把顾客吸引过去，但是问题是大华有那么一个承诺，所以国宁的减价完全是个错误。因为依据这个最低价承诺，大华的实际卖价应该是500

元,这样一来,比国宁减得还厉害。不过,当然了,大华也一定不愿意就这么少赚 100 元,所以当听到国宁减价的消息,它的措施肯定是降价至 550 元。但是,不论是哪种情况,国宁和大华的结果都不如原来,既然如此,又何必做那么多事呢?还是把价格统一维持在 600 元好了。

虽然联合哄抬物价是非法的,但是国宁和大华还是心照不宣地结成了这么一个价格联盟。聪明的读者也许可以看到,这个价格联盟的运行机制是:觉察作弊,并且惩罚作弊者。

温州是中国经济发展速度最快的地区之一,这与温州中小企业如水一般共生共荣的"合作均衡"是分不开的,经济学者将温州企业的合作共赢状态称为"温州企业生态模式"。温州一些生产打火机的厂家打败了美国和欧洲打火机制造商就是一个极好的例子,它是几百家企业联合起来做打火机,每个企业都不大,我做个弹簧,你做个外壳,我们加起来做成一个打火机。之所以能够击败全世界的打火机制造商,就是因为他们联起手来做。他们共同遵守约定的商业规则,互相之间是买卖关系,通过市场交易进行组装。

这些温州企业之所以能够聚合集体的力量,享受到满意的商业生态环境带来的益处,很大程度上有赖于他们处在"合作"的"均衡解"上。假设做弹簧的企业或者做外壳的企业,看到联手制造出的打火机已然创造了丰厚利润,进而打破合作局面,提高自己所生产部件的价格,那么联合制造出的打火机必然会价格上升,从而断送掉竞争优势。或者,假设某一企业的规模已经足够大了,认为完全由自己生产打火机配件再进行组装的

利润空间更大，那么这样做的结果一方面可能会影响到打火机的质量，另一方面必然会触发整个联合企业链的争夺，打火机的价格会不断下降，最后大家都没有利润，进而可能会断送掉大家辛辛苦苦挣得的优势地位。

所以，避免陷入"囚徒困境"，保持"合作均衡"的状态，遵守合作规则，能够为大家带来更为长久的利益。

化解囚徒困境，赢得天长地久

水利生万物，滋润森林草木，森林绿地也输送点滴雨水反哺河水，双方形成一种互利互惠、共生共荣的格局，从功利角度而言，产生了双赢的合作均衡。观照水造就的这种合作均衡，会令我们汗颜，因为我们热衷于博弈，常常陷入非合作均衡的处境，囚徒困境就是其中之一。

当然，经济学家更关心的是其中蕴藏的博弈论原理。一般的经济学理论认为，市场中的每一个个体都希望自己的利益最大化。不过，做生意的人都不是傻子，你希望利益最大化，我也肯定如此。假设有 n 个局中人参与博弈，给定其他人策略的条件下，每个局中人选择自己的纳什均衡最优策略（个人最优策略可能依赖于也可能不依赖于他人的战略），从而使自己利益最大化。所有局中人策略构成一个策略组合。纳什均衡指的是这样一种战略组合，这种策略组合由所有参与人的最优策略组成，即在给定别人策略的情况下，没有人有足够理由打破这种均衡。纳什均衡从实质上说，是一种非合作博弈状态。

纳什均衡达成时，并不意味着博弈双方都处于不动的状态，在顺序博弈中，这个均衡是在博弈者连续的动作与反应中达成的。纳什均衡也不意味着博弈双方达到了一个整体的最优状态。纳什均衡由所有参与人的最优策略组成，并且在给定其他人策略的情况下，没有人有足够的理由来打破这种均衡。需要指出的是，将囚徒困境作为重要课题之一的博弈论几乎彻底改变了人们对市场和竞争的看法。

被誉为经济学圣人的亚当·斯密在《国富论》中有句名言："一个人通过追求自身利益，常常会比他实际上想做的那样能更

有效地促进社会利益。"以旁观者的角度看，囚徒困境显然不是一个最佳的结果，然而它竟然是符合西方经济学理论的。这究竟意味着什么呢？

在市场经济中，每一个人都从利己的目的出发，而最终全社会将达到利他的效果。通俗点说，就是"人人都为自己好，社会就会变更好"。囚徒困境却对亚当·斯密提出了有力挑战：对两个嫌疑犯来说，在亚当·斯密精神的指导下完全为了自己好，结果却是大家都不好。

我们已经知道，在囚徒困境中，如果两个嫌疑犯相互串供（经济学上要文雅一些，称之为"合作"），就能达成最好的结果；或者换个角度，当他们都首先替对方着想时，也能共同获得最短时间的监禁。这时，问题就变得深刻了：每个人的利己行为，导致的最终结局却是对所有人都不利，只有合作，才能使得大家获得最多的利益，形成所谓的"双赢局面"。话说回来，这个结论又何尝不直指人性的本质呢？

如果将囚徒困境和纳什均衡运用到真实的生活中来，我们会看到在社会、经济、政治、管理和日常生活的各个方面，都存在着司空见惯的博弈现象。

其实，人们在生活中处处都有囚徒困境：幼儿园小朋友互相分享玩具（给他玩，不给他玩）；情窦初开的男女互相表白爱情（表白，不表白）；公共卫生的维持（不扔垃圾，扔垃圾）；老板与下属的关系（信任，不信任）；商场上，生意伙伴的非正式合同或君子协定（不违约，违约）；竞争对手打价格战（不降价，降价）；国家间的对抗（和平，战争），等等。

虽然括号内的前者都是大家想要达到的目标，但自私（理性选择）的结果却是大家不得不接受后者。小朋友仍在自己玩自己的玩具，虽然慢慢有点厌烦；韶华已逝的男女偶然发现当年对方暗恋的是自己，徒呼奈何；你扔垃圾、我也扔垃圾的结果是公共场合难以找到下足之地；怕下属营私而事必躬亲的老板丧失了业务机会；怕对方违约的商人自己也没有做成买卖；怕竞争对手降价后独占市场的商家们竞相杀价，把一个又一个行业做烂；怕吃亏的国家之间也是永远战火绵连。这可谓"你我谁不是囚徒，天下何处无困境"！

囚徒困境还适用于我国的环境污染问题。应该说，有些企业很清楚环境污染的危害，也不愿意这么做，但在很多情况下却被迫放弃污染治理。这是为什么呢？我们做个假设，即政府没有严格的管制，那么企业为了追求利润最大化，就必然会以牺牲环境为代价。如果其中一个企业家良心发现，自愿投资治理污染，那么他的生产成本必然增加，从而不得不提高产品价格，最后在市场上失去竞争力，导致破产。由此，所有的企业最终都会进入纳什均衡状态。

实际上，一直到20世纪90年代中期，我国乡镇企业因为盲目发展而造成严重的环境污染，就属于这种情况。大家都知道，从长远看，这种"纳什均衡"是极为有害的，它必将导致个人、企业乃至整个国家成为"陷入困境的囚徒"。而在政府加强了污染管制后，企业都投入了成本以有效降低污染，即在治污上采取了合作的姿态，结果是获得了与高污染时期同样的利润，但是环境却得以大大改善。

摆脱企业**管理中的困局**

企业管理也存在一个类似这样的"囚徒困境",就是企业对员工管理中的约束制度和激励制度所造成双方"背叛和合作"的问题。有两个部门的员工都想增加工资,管理者就推出了一项"政策":工资制度奖勤罚懒,如果只有一个部门认为自己贡献大应当加薪,企业就可以考虑;如果两个部门都认为自己贡献大应当加薪,就说明大家的贡献是一样的,工资不仅不能增加,反而要减少。

这时,两个部门的员工就像陷入了一种被分别"关押"起来的"囚徒困境",部门利益要求他们都不愿意放弃要求加薪的机会,两者都要求加薪恰好给了管理者不予加薪的理由。这种管理方式堪称"科学",似乎也符合奖勤罚懒的大原则,但是不可能为企业的发展带来健康的生机,因为这样反而淡化了企业的凝聚力。员工总是希望约束越少越好——个人的自由就可以大大提高,激励越多越好——这意味着个人收入增加,因为这样他的利益就会最大化。

从企业角度来看则恰恰相反,希望约束多一些——避免员工把事情做坏做差,激励少一些——避免额外的成本支出。比如制造型企业对流水线工人的管理,往往约束制度是大于激励的,因为在一个分工合作的过程中,需要通过约束制度让员工更规范地工作,减少出小差,从而避免出错。当然,不是说所有类型的企业都认为约束越多越好、激励越少越好,比如服务型企业,其更多的是需要激发员工的服务热情,但同时也不可避免地需要约束制度，就像不允许员工做私单（即背叛）、必须统一规范服务形象、必须遵守服务流程等。

那么，是不是企业只采用激励制度，而不约束的管理模式就能让员工安心合作，而不背叛呢？答案显然也是否定的。除了激励过度会产生"激励疲劳"的现象外（即如果激励对于每个人都能得到，激励的意义就失去了），还因为人性是复杂的，员工的自觉性具有"因变大"的因素，如果约束少，他背叛企业的机会反而更多，如员工自利的心理、员工时间的无效管理等，都将对企业的规范化运作带来负面的影响，所以99%的企业都规定了作息制度、请假制度等。

我们做一个假设：如果企业为了促进合作，而只采取约束手段来管理员工，那么结果会达到企业的要求吗？现实情况看起来恰恰又相反：员工越被约束就越逆反，工作积极性就越低，工作效果也不见得好。估计任何一个正常的企业都不希望看到这样的局面发生，所以99%的企业除了具有相应的约束制度外，都会为员工设立相应的激励制度，比如业务提成、奖金制度等。

从以上分析来看，企业管理的"囚徒困境"就不可避免地产生了，因为单纯的约束和单纯的激励都不能得到一个最佳结果。那么，如何取得企业和员工博弈的最佳结果呢？

解决这个问题的方法还是有的，仅仅从"约束和激励"两个角度来分析中小企业的管理者和领导者如何从中找出一条有效的管理道路是不够的。要解决企业中的管理囚徒困境的最好策略，就是双方坚持三项原则：

第一，要相互信任，不要轻易怀疑对方。比如：员工要相信企业制定的约束制度不是针对某个人，而是有利于整个企业的规范化管理，对大家都是有好处的；而企业要相信员工本身具有一定的自律能力，而不是来防范。

第二，要秉持善良，不要率先背叛。如果企业该奖励的不给予员工奖励，那么必然引起员工的报复行为，如消极工作，故意把事情做砸或者利用企业资源谋私利；而如果员工"故意消极怠工，或者做私单"，那么必然引起企业的"报复"行为，如不给予加薪，不给予重用，甚至开除和追究责任等。

第三，要照顾共同利益，不要随意耍小聪明。就是企业和员工任何一方都不要有"占对方便宜"的想法，比如员工利用企业的管理漏洞做私单，久了总是会被公司发现的，而一旦发现，公司将会采取"一报还一报"的策略，比如扣罚员工奖金，

向其他公司传播员工的不诚信行为，不利于员工就职或创业等；而如果企业利用制度的制定权，没有在制度当中考虑员工的利益，则会造成员工不愿意全心全意地为企业工作，也留不住优秀员工。

如果要从根本上解决企业管理的"囚徒困境"，就需要企业领导者具有"机制设计"的思想，建立一个以人性为基础的制度体系，建立一个能平衡企业和员工双方利益点，使双方都愿意在这个游戏规则下共同努力（因为这对双方的利益最有保障）的机制，只有这样，企业才能走向一条发展的康庄大道。

当然，员工和企业关系并不仅仅是以上描述的这种此消彼长的利害博弈关系，现实中，员工和企业更多的还是一种双向互赢的合作关系，如通过努力工作来满足第三者（客户）的需求，并在制度的框架下各自获得应得的利益。如果双方都抱着"双向互赢"的善良原则来共事，那么管理当中的"囚徒困境"也就不复存在了。

PART 03 路径依赖——
成功的经验也非不二法门

火箭助推器，由两匹马屁股的宽度决定

一个有关历史的细节，或许可以让我们看清路径依赖的威力。这个细节就是"马屁股决定铁轨的宽度"。美国铁路两条铁轨之间的标准距离是4.85英尺，这个奇怪的标准究竟是从何而来的？原来，这是英国的铁路标准，而美国的铁路原来是由英国人建的。

为什么英国人用这个标准呢？原来英国铁路是由建电车轨道的人所设计的，而这个正是电车所用的标准。

电车的轨道标准又是从哪里来的呢？原来最先造电车的人以前是造马车的，而他们是沿用马车的轮宽标准。

马车为什么要用这个轮距标准呢？因为如果那时候的马车用任何其他轮距的话，马车的轮子很快就会在英国老路凹陷的路辙上撞坏，因为这些路上的辙迹的宽度是4.85英尺。

这些辙迹又是从何而来的呢？古罗马人所定的。因为在欧

洲，包括英国的长途老路都是由罗马人为他们的军队所铺的。4.85英尺正是罗马战车的宽度，如果用不同轮宽车轮在这些路上行车的话，轮子的寿命都不会长。

那么古罗马人为什么以4.85英尺作为战车的轮距宽度呢？原因很简单，这是战车的两匹马屁股的宽度。

故事到此并没有完结，美国航天飞机燃料箱的两旁有两个火箭推进器，因为在这些推进器造好之后用火车从工厂运送到发射点的路上要通过一些隧道，而这些隧道的宽度只是比火车轨宽了一点。所以，最后的结论是火箭助推器的宽度，竟在两千年前便由两匹马的屁股宽度决定了！

"路径依赖"这个名词，是由1993年诺贝尔经济学奖的获得者诺思提出的，它的特定含义是：经济生活中也有一种惯性，类似于物理学中的惯性，一旦选择进入某一路径（无论是"好"的还是"坏"的），就可能对这种路径产生依赖。

某一路径的既定方向会在以后的发展中得到自我强化，它类似于物理学中的"惯性"。现实生活中，人们过去做出的选择决定了他们现在及未来可能的选择。好的路径会起到正反馈的作用，通过惯性和冲力，产生飞轮效应而进入良性循环；不好

的路径会起到负反馈的作用,就如厄运循环,可能会被锁定在某种低层次状态下。

关于路径依赖,还有一个有趣的例子。有人将5只猴子放在一只笼子里,并在笼子中间放上一串香蕉,只要有猴子伸手去拿香蕉,就用高压水教训所有的猴子,直到没有一只猴子再敢动手。

然后用一只新猴子替换出笼子里的一只猴子,新来的猴子不知这里的"规矩",竟又伸出上肢去拿香蕉,结果触怒了原来笼子里的4只猴子,于是它们代替人执行惩罚任务,把新来的猴子暴打一顿,直到它服从这里的"规矩"为止。

试验人员如此不断地将最初经历过高压水惩戒的猴子换出来,最后笼子里的猴子全是新的,但没有一只猴子再敢去碰香蕉。

起初,猴子怕受到"株连",不允许其他猴子去碰香蕉,这是合理的。猴子们从一开始奋不顾身纷纷伸手去拿香蕉,到后来把新来的猴子暴打一顿,再到后来根本不敢靠近香蕉,反映的就是路径依赖。不好的路径使猴子受到限制,因而被锁定在一种小心翼翼、不敢在欲望怂恿下进行尝试的状态。但后来人和高压水都不再介入,而新来的猴子却固守着"不许拿香蕉"的制度不变,这就是路径依赖的自我强化效应。

如果开始人们做出了选择,就会在以后为这个选择付出加倍的努力,惯性的力量会使这一选择不断自我强化,并让你轻易走不出去,这就是路径依赖。看起来有几许悖谬与幽默,但却是事实。

对于组织来说,一种制度形成后,他们对现存路径有着强烈的要求，力求巩固现有制度，阻碍选择新的路径，哪怕新的体制更有效率。路径依赖的负面效应就是永远踩着不变的步伐，我们不容易去规避它，只有在有负面效应的苗头时，暂缓踏出一步。

路径依赖被总结出来之后，人们把它广泛应用在各个方面。在现实生活中，由于存在着报酬递增和自我强化的机制，这种机制使人们一旦选择走上某一路径，要么是进入良性循环的轨道加速优化，要么是顺着原来错误路径往下滑，甚至被"锁定"在某种无效率的状态下而导致停滞，想要完全摆脱变得十分困难。

需要说明的是，路径依赖本身只是表述了一种现象，它可以是天使，也可以是魔鬼，关键在于你的初始选择正确与否。历史是一笔财富，规则是一种秩序，但它们同时又可能是一种沉重而严酷的束缚。要想拥有财富、主宰命运，就必须大胆地挣脱束缚，勇敢地挑战规则。一旦我们选择了"马屁股"，我们的人生轨道可能就只有4.85英尺。虽然我们并不满意这个宽度，但是却已经很难在惯性中抽身而出。

如何才能**选对池塘钓大鱼**

人总是有惰性的，即使你不喜欢某一工作，做了一两个月之后也许就会习惯，就会被这种天生的惰性套牢，不想再换了。日复一日，年复一年，不知不觉三年五载过去了，即使动了转行的念头，也会变得步履艰难，年纪太大、家庭负担沉重等都会成为我们逃避现实的借口。久而久之，就开始呈现出一种懒惰的状态——做一天和尚撞一天钟。

路径依赖让职场人在想要重新择业时，往往要面对诸多的困难：已经习惯了某种工作状态和职业环境，并且产生了某种依赖性；重新做出选择，会丧失许多既得利益，甚至大伤元气，从此一蹶不振。第一份工作的选择会长期影响一个人将来的职业发展，所以正确选择第一份工作就变得非常重要。

人们的求职过程中，尤其是大学生群体，更应当理性避开"路径依赖"的求职陷阱，以使自己的职业生涯发展得到最大限度的良性发展。在进入职场之初，该如何规避自己误入路径依赖的迷途呢？

有过钓鱼经验的人们都知道，钓鱼最重要的就是选择一个鱼多的池塘，否则就算你再有耐心、装备再先进，还是可能钓不到鱼。所以进入社会"大池塘"的你，首先需要选择一个有鱼的地方，那就是一家好公司。

选择公司与选择职业有许多共同之处。也许判断一份好职业更抽象些，而判断一个好的公司更具体些。但是我们要注意到在选择公司中依然有许多幻象和诱惑影响我们，使我们陷入一些误区。一般情况，人们判断公司的优劣往往有几种：

（1）公司规模大。譬如在许多年轻人看来，跨国公司就比私人公司要好一些。

（2）公司福利待遇好。大公司常常能够提供更高的福利待遇，那些在股票市场挂牌上市的公司还提供股票和分红计划。

（3）公司在行业的地位。该公司的产品和技术在行业处于前几名，那些排名靠前的公司对于求职者来说更具吸引力。

这是人们通常所认为的优秀公司,然而大多数人并不懂得,真正的好公司是具有很强的针对性的,你根据自己的职业规划和人生追求的不同阶段而应有所区别。譬如,我们看一个池塘好坏与否,并非看其形状、地势以及所在的位置,而是看是否有我们需要钓的鱼。尽管池塘周围的风景也能给我们带来赏心悦目的享受,但是在钓鱼和欣赏风景之间,我们还是会优先考虑前者。

譬如,如果我们的职业选择是成为一名高级职业经理,那么跨国公司的工作经历就有利于提升自己的职场地位,大公司复杂的组织运作能帮助你了解种种职场游戏规则。但是,如果你希望成为一个独立创业者,那么跨国公司的经验则可能成为一种障碍,在一种成熟的企业文化下容易养成一种按部就班的行事风格,过分职业化有时也会逐渐消磨个人的创造性,过分官僚化和组织结构的多层化会让人沉湎于公司内部政治中而不能自拔。

对于大学生来说,如果能够较早地认识到自己真正的兴趣和能力所在,并明确了适合自己的职业路径之后,再进行一系列有效的求职,这是较为理智和值得提倡的做法。如果在求职中能够顺利得到自己喜爱的工作,这是最好不过的结果,但如果暂时没办法一步到位,那么不妨立足于当下的职业机会,可以优先考虑生存的问题,但心中必须始终清楚你的选择是什么,寻找工作契机,积累知识和能量,为今后的顺利就业铺路垫石。

选择的池塘越来越小,但是钓到的鱼却越来越大。因此,选对池塘并不意味着一定是大池塘,而应该关注:这个池塘是否有自己想钓的鱼以及这个池塘的鱼我们是否能够钓起来。

当然，虽然小公司的利润和福利（如医疗保健）可能比不上大公司，但它们更易于接近，你更容易看到老板，而没有保安或人力资源部将你拒之门外，更为重要的是，那里有更多的工作机会。

不妨走访一下任何一个令你感兴趣的小公司，但是如果你没有足够的时间和精力，那么就专门找那些生意兴隆、发展势头好的和正在扩大业务的小公司。苹果计算机公司是从一家杂货店开始起家的，许多大公司也都经历了从小到大的发展历程。总而言之，你要多关注招聘信息，尽可能多地与人交谈，以便找出那些发展势头好、正在扩展业务的小公司。

现在，让我们来分析一下去不同公司的好处：你可以直接学习大公司的思维方式、办事风格和管理理念，大公司的视野、经验是小公司远远不能比的；而在小公司里，你可以快速地从管理者的角色上来制定规则，由你自己来左右公司的一部分的发展，这种机会在大公司是没有的。

选择就意味着从两个或两个以上的答案中选出一个。一旦做好了自己认为合适的选择，就坚决地执行下去。当不能确定自己的选择是否正确时，不妨听听身边朋友的意见，或是找专业的职业规划咨询机构寻求帮助。犹豫不前只会耽误时间。为了避免遭遇"路径依赖"的困扰，一定要平衡好短期和中长期的职业发展规划，沿着既定的职业路径发展。

何时能够停止英语的学习

正确的路径依赖可以帮助人们养成良好的习惯，并且不断维持下去。但是如果遇到错误的路径依赖则可能对人们的生活产生不良影响，而这种影响几乎很难被人们所察觉，在不知不觉中，人们在错误的轨道上会越走越远。在国际 IT 行业中，戴尔电脑是一个财富的神话。戴尔计算机公司从 1984 年成立时的 1000 美元，发展到 2018 年营业收入达到 786.6 亿美元，这是一段颇富传奇色彩的经历。戴尔公司有两大法宝：直接销售模式和市场细分模式。而据戴尔的创始人迈克尔·戴尔透露，他早在少年时就已经奠定了这两大法宝的基础。

戴尔 12 岁那年，进行了人生的第一次生意冒险——为了省钱，酷爱集邮的他不想再从拍卖会上卖邮票，而是通过说服自己一个同样喜欢集邮的邻居把邮票委托给他，然后在专业刊物上刊登卖邮票的广告。出乎意料，他赚到了 2000 美元。

上初中时，戴尔就已经开始做电脑生意了。他自己买来零部件，组装后再卖掉。在生意中戴尔产生了灵感：抛弃中间商，自己改装电脑，不但有价格上的优势，还有品质和服务上的优势，能够根据顾客的直接要求提供不同功能的电脑。

这样,后来风靡世界的"直接销售"和"市场细分"模式就诞生了。其内核就是:真正按照顾客的要求来设计制造产品,并把它在尽可能短的时间内直接送到顾客手上。此后,戴尔便凭借着他发现的这种模式,一路做下去。从1984年戴尔退学开设自己的公司,到2002年排名《财富》杂志全球500强中的第131位,不到20年时间,戴尔公司成了全世界最著名的公司之一。正是初次做生意时的正确路径选择,奠定了后来戴尔事业成功的基础。

人们关于习惯的一切理论都可以用"路径依赖"来解释。它告诉我们,要想路径依赖的负面效应不发生,那么在最开始的时候就要找准一个正确的方向。

每个人都有自己的基本思维模式,这种模式在很大程度上会决定你以后的人生道路。而这种模式的基础,其实是早在童年时期就奠定了的。做好了你的第一次选择,你就设定了自己的人生。

但是有时你会发现,自己在一开始确立的人生道路方向或者某种选择根本就是错误的。就拿现在我们对于英语的学习来说。在中国,外语学习基本上等于英语学习。因为学英语的热潮波及神州大地,英语辅导班、英语教材、英语读物在全国各地随处可见。全民学英语确实培养了一些外语人才,但对许多人而言,英语已成为生活中的不能承受之重。不但学生从小学、初中,直到大学、研究生的学习生涯中必考英语,而且人们在出国、就业、评职称等社会生活中也会处处遇到英语的考验。我们在现实中看到，中国的全民学英语，让英语考试异化成"敲门砖"，并起到一票否决的作用，而非在实践中运用，也并非展示一个人的实际才华和能力。对一个学生来说，中考、高考英语是一道高门槛；甚至公务员考试也重视英语，而忽略了中文。

网上一调查显示，认为在语数外中，英语费时最多的达48.3%；认为英语学习的动力是应付升学考试的达70.5%，真正因爱好英语为留学做准备的不到15%；认为走上社会后英语用处不大的占49%，认为很有用的仅12.8%。新东方创始人俞敏洪表示，中国教育把英语看得过重了。他呼吁，让英语考试的分数和难度下降，把150分变成100分甚至80分。英语考试成为敲门砖后，很多家长为了不让孩子输在起跑线上，从小就让孩子上各种英语补习班，甚至伤害了孩子学英语的乐趣和欲望。在错误的路径依赖中，不断和英语较劲——虽然知道自己不出国，但是为了上大学、为了考公务员，就得不停地学，雅思不行就托福，大把的钱被丢在英语辅导班的课堂上。

从小开始学英语可以，但要看什么环境，看是不是能让孩子自然快乐地获取。在全民学英语的热潮中，我们并未见到如胡适、钱锺书、林语堂等学贯中西的大师级人物出现，而且同声传译等顶尖人才依然匮乏。

但是人们的这种错误依赖能够轻而易举地终止吗？

答案必然是否定的。人们学习外语的目的就在于应付考试、评定职称。如果让他们放弃英语学习，就是意味着要放弃铁饭碗和未来的好生活，很多人打死也不会这么干。解决这个问题的关键，还是在于要摆脱考试制度中的路径依赖。

事实上，中国学习英语的过程伴随着中国改革开放的扩大、科学技术的进步、国际地位的提高。随着中国对外交流成为常态，自觉学习和精通英语的人越来越多，随意同老外对话的中国人也司空见惯。不用硬性设门槛，考试型英语和实用型英语也会比翼齐飞。

过去的生活决定现在的环境

路径依赖对于我们个人的一个重要启迪在于，尽量把起点选择在成功机会比较多的地方。

博弈论中有一个由路径依赖引申出来的词，叫"ESS策略"，即进化上的稳定策略，是指凡是种群的大部分成员采用某种策略，而且这种策略的好处为其他策略所比不上的，这种策略就是进化上的稳定策略或ESS。假定有个种群中共有两种类型（实际决不会只有两种）的个体：一种是鹰型；一种是鸽子型。鹰搏斗起来总是全力以赴、孤注一掷，除非身受重伤，否则绝不肯退却；而鸽子却只是以风度高雅的方式进行威胁恫吓，不会造成任何伤亡。

如果鹰与鸽子相遇，鸽子立即逃之夭夭，因此鸽子是不会受伤的。但是如果鹰同鹰进行搏斗，它们会一直斗到其中的一只身受重伤或者死亡方才罢休。鸽子与鸽子相遇，只不过是长时间摆开架子对峙，直到其中一方疲劳或厌烦，不愿持续下去，谁也不会受伤。在这两种反应型的群体中，毫无疑问，鹰永远

是胜利者。事实上，对于个体来说，即使最佳选择是随大流，在群体中也会有不止一种ESS策略。就以上述的鹰策略和鸽子策略为例，按照社会生物学的计算分析，无论哪一种策略，本身都不可能在进化上保持稳定性，也就是说它们各自独立不能成为ESS策略。

某个环境下的博弈双方在一开始会处于对抗或者其他某种状态，而随着不断地博弈，他们会形成一种稳定的状态。通常来说这种生存状态是一种均衡：双方策略的最佳结果。在人类身上最典型的就是把两个互不相识的人扔到一个陌生的环境，很可能一开始他们采取互相之间紧张对抗的策略，随着时间推移，博弈深入，而趋向某种稳定，可能一个人做老大、一个人做小弟，特长互补，共同生存。

换句话讲，个体最好的策略取决于种群的大多数成员在做什么。由于种群的其余部分也是由个体组成，而它们都力图最大限度地扩大其各自的成就，因而能够持续存在的必将是这样一种策略：它一旦形成，任何举止异常的个体的策略都不可能与之比拟。

在环境的一次大变动之后，种群内可能出现一个短暂的进化上的不稳定阶段，甚至可能出现波动。但是一种ESS一旦确立下来，偏离ESS的行为将要受到自然选择的惩罚。舜出生于一个父兄凶顽的家庭却成为大圣人是值得推敲的。把舜的家庭看成一个种群，如果一个所谓的圣人在那样的环境中，而他的行为准则和其他人相左，那他的策略就是非ESS策略，他在种群中将不占优势。这样的历史如果是真的，那么在它之前，必然发生过促使ESS策略发生变化的事件。

一个年轻人怀揣着在北京挣来的十几万元钱回到家乡，想用这笔钱在家乡寻找一个合适的地方开一家饭店。

一个朋友帮这位年轻人选择了一个地方：有条街，做生意的门店很多，有做服装的，有卖五金配件的，就是没一家饭店。恰巧有一家门店要转让，朋友认为很适合开饭店。因为在这里开饭店，有充足的客源，竞争的压力也相对小一些。可是年轻人在整个市区调查一番后，反而选择了一条中心街，那里的饭店一家挨一家。

年轻人这样选择有他的理由。他曾在北京中关村打过工，中关村尽管寸土寸金，但生产计算机或生产计算机配件产品的厂家或经销商地区总部的首选几乎都是那里。因为已经形成区位优势，汇聚了众多计算机企业，中关村几乎成了计算机的代名词，对消费者自然有着强大的磁力。而开饭店也是这样，越是饭店集中的地方，客流量也会越多，生意相对越好做，只要有真材实料，必然能被顾客认可，饭店也就越容易做好。后来的发展果然如年轻人所料，他开的饭店生意蒸蒸日上。同时，他引进了先进的管理模式，每天早上让服务员整齐划一地集合在饭店门口训练，成了这条街上的一道风景。而被他的朋友相中的那一家门面，被另一个商家相中后挂上"好再来"的招牌，但谁知开业不到一个月便贴出了转让的告示。

ESS 策略在日常生活中的运用范围很广，具体在我们挑选成功的起点之上，就是应该在竞争最大的地方、成功最多的地方寻找成功。

路径依赖理论已经告诉我们，它既可以是天使，也可以是魔鬼，关键在于我们的初始选择。而如何选择成功的起点呢？有人如同故事中那个年轻人的朋友一样，错误地以为竞争越少的地方越容易成功，其实，真正懂得 ESS 博弈策略的人都明白：守在成功最多的地方更易成功。

僵化的思维无法创造辉煌的人生

眼下的世界，有时候太过复杂，有时候太过简单，技术日新月异，思想光怪陆离。但无论简单还是复杂，无论新瓶装旧酒还是旧瓶装新酒，都要求我们不偷懒，能够不断突破思维的禁锢，不心存侥幸，不给自己的懦弱和无能找借口。

依据路径依赖理论，人们一旦做了某种选择，就会在头脑中形成一个根深蒂固的惯性思维。久而久之，在这种惯性思维的支配下，你终将沦为经验的奴隶。

一次，一艘远洋海轮不幸触礁，沉没在汪洋大海里，幸存下来的九位船员拼死登上一座孤岛，才得以幸存下来。但接下来的情形更加糟糕，因为岛上除了石头还是石头，没有任何可以用来充饥的东西。更要命的是，在烈日的曝晒下，每个人口渴得冒烟，水成为最珍贵的东西。尽管四周都是海水，可谁都知道，海水又苦又涩又咸，根本不能用来解渴。现在九个人唯一的生存希望是老天爷下雨或别的过往船只发现他们。

九个人在煎熬中开始了漫长的等待，然而老天没有任何下雨的迹象，天际除了海水还是一望无边的海水，没有任何船只经过这个死一般寂静的岛。渐渐地，他们支撑不下去了。八个船员相继渴死，当最后一位船员快要渴死的时候，他实在忍受不住地扑进海水里，"咕嘟咕嘟"地喝了一肚子海水。船员喝完海水，一点儿也尝不出海水的苦涩味，反而觉得这海水非常甘甜、非常解渴。他想也许这是自己渴死前的幻觉吧，便静静地躺在岛上，等着死神的降临。然而，他一觉醒来发现自己还活着，奇怪之余，他依然每天靠喝这岛边的海水度日，终于等来了救援的船只。后来人们发现，由于这里有地下泉水的不断翻涌，那个人所喝的海水实际上是可口的泉水。

通常我们都知道，海水是不能饮用的，对此我们已经形成了惯性思维，也就是路径依赖。在路径依赖的影响下，故事中的船员根本没有做任何尝试就认定那里的海水是不能喝的，可是他们临死都不知道那海水其实是清甜可口的泉水。

类似"马屁股决定铁轨"的路径依赖充斥着我们的生

活，经验成了我们判断事物的唯一标准，存在的当然变成了合理的。随着知识的积累、经验的丰富，我们变得越来越循规蹈矩，路径依赖已经成为人类同自己的内心进行博弈时的一大障碍。

思维定式是一种人人皆有的思维状态，当它支配我们的常态生活时，似乎有某种"习惯成自然"的便利。但是用僵化和固定的观点认识外界的事物，对我们是有百害而无一利的。

《围炉夜话》中指出："为人循规矩，而不见精神，则登场之傀儡也；做事守章程，而不知权变，则依样之葫芦也。"在人生博弈中，为了做一个心灵自由的人，我们必须打破惯性思维，不要做经验的奴隶。

积极的思维从来就不会在一个地方停留，也不会将任何一种前人的结论当成金科玉律，这种思维的特征是理性、审慎和怀疑精神。因为理性而拒绝匍匐在最高意志的脚下，执意寻找让世界"脱魔化"的方法和路径，因为审慎而不会轻易地肯定或否定任何事物、思想和假设，因为怀疑而从不自以为绝对真理在握，终极目标近在眼前。人类所取得的一切进步，无一不是仰仗着这种积极的思维，无一不是来自于对过去的再认识。

而人类中的大多数是懒惰的，习惯于"路径依赖"，对既有的一切，不会、不想，也不敢去质疑和创新，因循守旧，故步自封。进一步，从某种意义上来说，或许在自然科学的领域里，只要我们有足够的精神自由和想象力，只要我们有相应的逻辑知识和学术训练，我们就可以走得很远，直至走入前无古人的荒凉地带；而在人文社会科学的领域之中，我们所面临的

远不止是这些，除了意识上的抱残守缺和思维上的简单粗暴，更多的时候，还有既得利益者的百般阻挠，还要面对复杂痛苦的现实政治社会考量。若要废祖宗之法，成一家之言，就更需要良知、眼光、立场和决心。在人文社会科学领域中的许多"路径依赖"，其实有着更深刻的心理原因，是对威权和思想暴力的投诚。

以前，有一个出海打鱼的好手，他听说最近市场上墨鱼的价格最贵，就发誓这次出海只打墨鱼。然而很不幸，这次他遇到的全是螃蟹，渔夫很失望地空手而归。当他上岸后，才知道螃蟹的价格比墨鱼要贵很多。

于是，第二次出海他发誓只打螃蟹，可是他遇到的只有墨鱼，渔夫又一次空手而归。第三次出海前，他再次发誓这次不管是螃蟹还是墨鱼他都要，但是他遇到的只是一些马鲛鱼，渔夫第三次失望地空手而归。可怜的渔夫没有等到第四次出海，就已经饥寒交迫地离开了人世。

在上面的故事中，如果渔夫第一次就打些螃蟹拿回来卖掉，最起码可以保证吃饱穿暖；如果他能在第二次打些墨鱼拿回来卖掉，那以后的一段时间中，可以不用为饿肚子而犯难；如果他第三次出海捕些马鲛鱼拿回来卖掉，也可以填饱肚子。如果他当时能够以变制变，也就不会到最后被饿死。

由此可见，面对瞬息万变的社会，一个人要想在生活中过得顺心，就必须具有灵活应变的能力。在生活中是这样，在商战中亦是这样。市场竞争，风云多变，只有灵活应变、全面兼顾，才能掌握主动权。这是一种经营之道，更是一种博弈之道。

第六章

公共经济：免费蛋糕不是多多益善

PART 01 社会福利——
从摇篮到摇椅的幸福护照

一张彩票可以帮助千万人

2019年11月10日,中国福利彩票发行管理中心向江西省萍乡市莲花县龙潭水库捐赠修缮金100万元。龙潭水库是20世纪70年代初,由甘祖昌将军带领群众所建。由于年久失修,亟须对其进行除险加固。捐赠活动是中国福彩中心积极响应党中央以及民政部"定点对口帮扶"指示精神的具体践行,是中国福彩中心"不忘初心、牢记使命"的落实举措。

湖南省常德市的孙先生说,在2002年10月,湖南中出第一注500万元,很多人就开始购买双色球。他从双色球一开始发行就买,但只是关心是不是中奖。一年后,当他得知双色球销售了36亿多元,筹集福利金近13亿元时,就开始关注双色球公益金。多年以来,双色球筹集的公益金资助了那么多困难群体,他说应该让更多人了解这一点。

长期以来,人们购买彩票的目的主要集中在"碰运气、中大奖"上,尽管中大奖的概率非常低,但是"两块钱赢来500万",这种"以最少的投入换得最大的回报"的期盼心理,使得我国的彩票事业发展得非常迅速,而福利彩票就是一个典型。不过相对而言,却很少有人对福利彩票的发行宗旨——"扶老、助残、救孤、济困"有一个深入的了解。而这,就属于经济学中的福利范畴。

"福利"是经济学中的一个重要概念,但不同的国家对其理解稍有差异。我国传统使用的社会福利主要是指由国家出资兴办的、旨在为社会大众谋取利益的各种福利性事业,包括一般社会福利、职工福利和特殊社会福利等。彩票便属于社会福利范畴。

对于像我国这样一个拥有14亿人口的大国来说,其福利事业是非常艰巨的。我国残疾人口数量有8500多万,老龄化现象也日趋严重,这些人都需要社会的帮助,而要解决这些问题,单一由国家开支是不可取的,必须向社会筹措资金。不过长期以来,我国筹措资金的方法却显得单一,主要通过国家和企业两个渠道,如此一来,国家和企业负担就显得过重,一些应该解决的社会问题又无力解决,因此必须打通个人和社会两个渠道——彩票在这里便发挥了巨大作用。

应该说,社会上确实有许多组织和个人在无偿捐资给国家的福利事业,他们的行动令人肃然起敬。不过从长远看,还没有任何一种捐赠像彩票这样,能够持久、稳定地为福利事业支持大量资金。对于个人的强烈吸引力和对于社会福利的强大帮助,使得彩票成为社会筹资的重要方法。

"彩票"在法律上有着严格的定义。它是国家为支持社会公益事业而特许专门机构垄断发行的一种有价凭证,人们可以自愿选择和购买,并按照事前公布的规则拥有中奖权利。中国福利彩票则是由国务院批准,由隶属于民政部的中国福利彩票发行管理中心承担,按省级行政区域组织实施发行。

其实,就世界范围的社会福利发展看,各个国家的具体做法虽然不同,但都采取了多渠道筹措资金的方式,即国家、个人、企业、社会四项并举。而向社会筹措资金,主要方法就是募捐和发行彩票。

从20世纪90年代以来,世界各国彩票年销售总额已逾千亿美元。无论是发达国家还是发展中国家,都在发行彩票,彩票种类很多,其收入在除去支付奖金、行政运营成本后,主要用于公益事业,效果不错。除此之外,彩票还能缓解政府的财政压力，解决社会上其他一些燃眉之急。由于历史原因，自新中国成立以来，我国一直没有正式发行彩票。改革开放后，在1987年7月27日，中国社会福利有奖募捐券首发式在石家庄举行。同年8月28日，中国彩票史上第一次摇奖仪式仍在石家庄举行。一等奖奖金为2000元，一位中奖者温先生用这笔钱筹办了自己的婚礼。从这以后，中国的彩票就应运而生，结束了长达38年无彩票的历史。

自从1987年中国第一批福利彩票正式发行以来，截至2007年6月30日，全国累计销售福利彩票2423亿元，共为国家筹集公益金809亿元。2017年全国福利彩票年销量连续第四年跨越2000亿元大关，达2169.77亿元，已接近福利彩票发行前20年的总和。

作为国家筹集社会公益金的重要渠道，福利彩票来自于社会，服务于社会。根据国家现行政策，从2005年起，对彩票公益金在中央与地方之间，按照50%和50%的比例分配。中央集中的彩票公益金，在社会保障基金、专项公益金、民政部和国家体育总局之间，按照60%、30%、5%和5%的比例分配。

以2018年的福利彩票收益为例，中国福利彩票销售2245.6亿元，全年筹集彩票公益金643.6亿元，全年民政系统共支出彩票公益金251.7亿元，其中用于社会福利171.5亿元，用于社会救助9.1亿元。

我国坚持全面建成小康社会的战略布局，社会经济发展进入新阶段，综合国力增强，居民可支配收入水平不断提高，保障和改善民生地位凸显，公益慈善理念渐入人心，相关法律法规逐步完善,这些都将为扩大彩票发行提供了广阔的发展空间。

一张价值两元的彩票,借助社会福利这一渠道,可以帮助千千万万的人。通过一张彩票,一个人既可以体会投资和期盼的乐趣,更可以将自身与社会福利事业紧密联系起来,由此,一个公民便可以奉献爱心、弘扬美德和传播慈善。彩票已经成为推动我国社会福利事业不可或缺的重要力量。

只有不到2%的老人由福利机构照顾

《后汉书·礼仪志》曰:"仲秋之月,县、道皆案户比民,年始七十者,授之以玉杖,哺之糜粥。八十、九十,礼有加赐。玉杖长尺,端以鸠饰。鸠者,不噎之鸟也,欲老人不噎。"从这个记载来看,汉代的养老敬老,不仅务实,而且还有良好的健康祝愿。

据1959年在甘肃武威县咀磨子18号汉墓内出土的一根鸠杖,以及1981年在同一地点汉墓中出土的一份西汉王杖诏书令册木简记载,汉朝的养老敬老法规始终一致,没有间断过,而且每隔一段时间皇帝就要诏告天下。西汉诏书中明确写道:"高年赐王杖(即前文中的玉杖),上有鸠,使百姓望见之,比于节。"还写道:"年七十以上杖王杖,比六百石,入官府不趋。"当时的"六百石"官职为卫工令、郡丞、小县县令,相当于现在的处级干部。那也就是说,汉代的70岁老人在"政治"上享受处级待遇,持王杖进入官府不必趋俯,可以与当地的官员平起平坐。

"敬老养老，养儿防老""子女尽孝"，这也正是我国几千年的一个优良传统。古时中国养老制度最完善的时期当数汉代，汉代人口最高峰也不超过6000万，70岁以上的老人更是"古来稀"。面对如今我国"老龄化"的现状，就会意识到，"桃花源"里的养老体制已经显得不够。如果单纯依靠子女，特别是越来越多的独生子女赡养老人恐怕会心有余而力不足。要解决这个问题，就必须大力发展"老年人福利"。

按照世界卫生组织的规定，一个国家或地区60岁以上的老年人口比例如果在10%以上，或者65岁以上老年人口的比例在7%以上，就认为这个国家或地区进入了老龄社会。目前，世界上大多数国家都有老龄化趋势，我国也已经提前进入人口老龄化国家的行列。各个国家都把老年福利作为福利制度的重要内容之一，并推行了许多行之有效的措施。以西方的一些发达国家为例，它们的老年人福利是在全民福利的模式中逐步建立起来的，基本上完全由政府开支。老年人除了可以享受公民的一切福利待遇以外，还可以享受社会提供给老年人的特有福利。

美国、德国、瑞典、英国等都为老年人提供生活指导以及饮食配送。在瑞典，老年人乘坐公交车、上剧院、看电影、参观博物馆等都享受半价优惠。在对老年人尤为重要的医疗保健方面，美国提供住院和疗养性服务，德国、法国提供护理扶助，日本则有临终关怀医院等。

法国由国家创办了多所老年大学，其开支均列入政府预算。瑞典国内所有的大学都对老年人开放。在巴西，大约有150所公立和私立大学招收老年大学生，规定60岁以上老人不必高考就可以直接入校，当然课程安排也相应与常规不同。许多人会有一种模糊认识，就是老年人拿了退休金，即算是享受老年人福利了。实际上，这种看法是相当狭窄的。老年人福利绝不仅仅是养老金这一项内容，它包括了老年人的物质生活和精神文化生活的各个方面。老年人福利是指国家和社会为了安定老年人的生活、维护老年人的健康、充实老年人的精神文化而采取的政策、措施和社会公益服务。在精神文化生活方面，许多国家对老年人的学校教育提供了很大的便利条件。

但是与西方发达国家的老年人福利相比，我国的老年人福利的差距立刻就显现出来了。有一项统计数据显示，在被调查的城市老人中，有98%的老人还在依靠自我养老，只有不到2%的老人由社区福利机构照顾。我国现有的老年人福利设施严重不足，社会福利机构的总床位数还不到老年人总数的1%，无法满足养老需要，而且与发达国家3%～5%的比例相比，差距是相当大的。在经济不发达的农村地区，农村老人生活困难、缺医少药的现象还很普遍。我国的老年人福利制度存在着诸多欠缺，做得还远远不够。以2000年到2007年为例，我国60岁以上的老年人口由1.26亿增长到1.53亿人，占总人口的比例从10.2%提高到11.6%，占全球老年人口的21.4%，相当于欧洲60岁以上老年人口的总和；人口老龄化年均增长率高达3.2%，约为总人口增长速度的5倍。

而到了2015年，我国60岁以上的老年人口超过2亿，约占总人口的14%。预计2020年年底老年人口将达到2.4亿人，占总人口的17.17%；到2050年，老年人口总量将超过4亿，老

龄化水平推进到30%以上。我国还是一个发展中国家，虽然经济实力在不断增加，但人均收入却无法与发达国家相比。面对这么多的老年人口，国家财政明显感到力不从心。一方面是老年人福利建设资金不足，另一方面是全社会老年人的福利需求在迅速增长，这一矛盾显得尤其突出。

从某种程度上说，我们现在的老年福利制度还只是补缺型福利，只是针对一部分老年人和特殊老年群体。目前，全国所有城市贫困老人均已纳入低保救助范围，实现了"应保尽保"，一些地方还对鳏寡老人、贫困老年人给予重点救助，将其享受的低保金在当地规定标准的基础上上浮20%左右。2007年年底，全国2272.1万城市低保对象中，60岁以上老年人口有298.4万人，占13.13%多。2003年，民政部门将农村贫困老年人口列为农村特困户救济的重点，各地在制定特殊困难群体救助政策和办法时，普遍对其给予了照顾；2007年年底，农村低保制度在全国普遍建立，全国3566.3万农村低保对象中，60岁以上老年人口有1017.8万人，约占28.54%。城乡贫困老年人口的基本生活得到有效保障。

面对这种形势，推广老年人福利社会化，广泛动员社会力量，将势在必行，而不能像欧美发达国家那样主要依靠国家财政。

现在要通过各种社区服务的方式为老年人福利提供支持。只有将我国的实际情况与国际的先进经验接轨后，中国的老年人福利才会形成自己的特色，才会建立起真正的"老有所养、老有所医、老有所乐、老有所学、老有所为、老有所助"的和谐社会，才能让老年人真正生活在美好生活之中。

从"养儿防老"到"保险防老"

如果想了解你未来的养老问题，那么有一门必修课——对自己未来的社保所承担的基本养老金水平进行合理的测算，并准确定位其在退休规划中所占的比例，然后才能进行商业养老保险或者其他渠道的养老规划。

随着人口老龄化的到来，老年人口的比例越来越大，人数也越来越多。由于现在一家大多只有一个孩子，如果按照原先中国传统的"养儿防老"的家庭养老模式，由两个独生子女建立的两口之家需要负担四个老人的养老问题,这对年轻人来说具有很大的压力。幸亏有了养老保险,为缓解中国的养老问题提供了一剂良方。

1993年,企业基本养老保险制度进行了重大改革,实行社会统筹与个人账户相结合的原则。1997年,国务院决定,在全国范围内统一和规范企业和个人的缴费比例,统一企业职工基本养老保险制度,企业缴费比例一般不超过工资总额的20%,个人缴费比例要逐步达到本人工资的8%。据统计,截至2008年年底,全国参加城镇基本养老保险人数达到21891万人,全国企业退休人员人均基本养老金达到每月1080元。

2009年1月28日,国家人力资源社会保障部"事业单位养老保险制度改革方案"正式下发,要求山西、上海、浙江、广东、重庆5个试点省市认真做好启动准备工作。改革的重要内容是事业单位养老保险与企业基本一致。养老保险是社会保障制度的重要组成部分,是社会保险五大险种中最重要的险种之一。所谓养老保险(或养老保险制度),是国家和社会根据一定的法律和法规,为解决劳动者在达到国家规定的解除劳动义务的劳动年龄界限,或因年老丧失劳动能力退出劳动岗位后的基本生活而建立的一种社会保险制度。

现阶段,我国的养老保险制度采取城镇和乡村不同的制度模式和管理方式。在城镇,按企业国家机关和事业单位,分别实施不同的养老保险制度,而在农村主要是家庭养老。20世纪80年代中期以来,我国对企业基本养老保险制度进行了一系列改革,进入了由国家、企业和个人共同负担的基金筹集模式。

养老保险为老年人提供了基本生活保障，使老年人老有所养。养老保险保障了老年劳动者的基本生活就等于保障了社会相当部分人口的基本生活。对于在职劳动者而言，参加养老保险，意味着将来年老后的生活有了预期保障，免除了后顾之忧；从社会心态来说，人们多了些稳定、少了些浮躁，这有利于社会的稳定。

但是很多人知道有养老保险这回事儿，却还是缺乏对养老保险的进一步了解。对于养老保险，很多人只知道退休后就可以领取养老金。实际上，退休后领的养老金由两部分构成：一部分是当时社会平均工资的一定比例（约20%），另一部分是个人之前缴纳养老保险形成的个人账户资金。第一部分与国家经济发展相关，而第二部分的钱由之前个人8%、单位20%缴存，相当于把钱存在了银行。而原先由单位缴纳的部分，会直接划入

统筹基金，和个人账户并没有关系，因此有人认为个人没有必要缴存太多的养老保险，在跳槽等工作单位变动之时，也没有重视续缴手续，这可能给退休后的养老金领取带来困难。

当然，我们也不得不承认，社保面临"空账户"运行的尴尬。这也是一些人提出推迟退休年龄、减轻社保给付压力的原因。为了解决社保"空账户"问题，我们听说过几种筹资途径，包括地方政府应从土地出让金中提出一部分给社保、国有企业的股份与利润分成中应有划归社保的部分等。但是，上述举措究竟实现了多少，人们却不得而知。原本养老保险应最大限度地体现公平公正，对其进行任何改革，都应围绕这一主旨。但削减事业单位的养老金，只会增加更多人的忧虑和恐慌，而改革将公务员排除在外，更难以服众。

苦于改革上的问题难以突破，中国开始将眼光转向西方。在当时，欧洲大陆的养老模式、新加坡的中央公积金制度和智利私人管理的养老金制度都获得了不同程度的成功。而国际劳工组织和关于养老金制度改革的构想和世界银行关于养老金制度的建议也同样具有其各自的价值。

农民得病，国家报 80% 医药费

是人都怕病，而普通人最怕的是有了病却没钱医治。这种心态，在我国农民那里尤为强烈。"辛辛苦苦十几年，一病回到改革前"，这句口头禅曾在农村中广为流行，说的是"因病返贫"。在缺乏医疗保障的情况下，这一现象在农村时常可以见到。

正月十六，春节刚过完，富裕县的老周一家却怎么也打不起精神——主梁骨老周得了大病，让这个四口之家背上了数万元债务。对他们而言，这是一个沉重的负担。

如果时间往前推上3年，老周一家在村里算得上数得着的富裕户：车、牛、地、存款，什么都有。然而，天有不测风云，一年多前，老周感觉浑身乏力，到医院一检查——肺癌。为了治病，家中几万元的存款不到半年就空了，该借的借遍了，该卖的卖没了。如今老周只好硬挺，要不是县里扶贫干部春节前送来米、肉，周家这个年都不知道怎么过。

几乎与此同时，在不过百里之遥的依安县，农民汪女士也得了出血热病，但结果恰恰相反，一场大病并没怎么着。她家为看病花了1.6万元，村里按规定给汪女士报销了80%的医疗费。算下来，汪家仅付了3000多元。原来，他们有村级合作医疗保险，这个村每年都从集体积累中拿出20多万元扶持村卫生所。这就是农民最怕的事情：因病返贫，一人得病撂倒一家。

周、刘两相对比，一家没有医疗保障，一家有医疗保障，在大病面前的命运有着天壤之别，令人唏嘘叹息。汪女士享受的医疗是指新型农村合作医疗。村民们小病不出村，得了大病公家管。这正是"得了大病心不慌，合作医疗帮大忙"，如果没有合作医疗，汪女士一家迟早也得面临和老周家一样家徒四壁的状况。

中国的医疗保障制度根据享受对象可以分为城市医疗保障制度和农村合作医疗保障制度。农村合作医疗，起源于20世纪

40年代陕甘宁边区的"医疗合作社"。到1979年，全国90%以上的生产大队办起了合作医疗，其经费来源个人和社区集体共同负担。到了20世纪80年代，农村经济体制发生重大变化，合作医疗由于没有及时地进行改革和完善而跌入低谷。到1991年，覆盖面占农村人口的10%。从2003年起，我国开始试点实行新型农村合作医疗制度。

新型农村合作医疗简称"新农合"，是指由政府组织、引导、支持，农民自愿参加，个人、集体和政府多方筹资，以大病统筹为主的农民医疗互助共济制度，采取个人缴费、集体扶持和政府资助的方式筹集资金。

这项制度是由我国政府在2002年10月推出的，并明确到2010年基本覆盖全国的农村居民。几年下来，在各地区各有关部门的共同努力和广大农民群众的积极参与下，新型农村合作医疗的工作得到了扎实、积极的推进，取得了显著成效。在普及的过程中，新型农村合作医疗制度也在不断完善。

曾几何时，看病贵一直是老百姓的心病，在收入普遍偏低的农民那里，对疾病的恐惧更为严重。据说，农民工外出打工时，最怕的一件事就是生病，因为价格不菲的医药费会将辛苦挣来的工资大把耗掉。由此可见，新型农村合作医疗制度的推广，是一件为中国农民造福的大好事。2008年1月，国家卫生部宣布将改革医保制度，并确定了具体的目标：到2020年，全国实现人人享有基本医疗卫生服务。基本医疗卫生服务既包括疾病预防控制、妇幼保健、职业病防治，也包括急慢性疾病的诊断、治疗和康复等服务。

合作医疗

　　"一个有着8亿农业人口的发展中国家"，这就是我国医保体制改革面临的最大国情。农村，恰恰是中国医疗卫生发展最薄弱的环节，因此要实现医保体制改革的目标，重中之重便是解决农民的医疗卫生。新型农村医疗合作制度的基本思路与这种特殊国情是完全吻合的。政府和农民共同筹资，对农民的医疗费用进行补贴，当这种新型的农村合作医疗制度覆盖所有农村的那一天，当8亿农民切实得到医疗保障的那一天，可以说，那便是我国医保体制改革的成功之日。

社保体系是否应当私有化

　　失业了日子怎么过？年岁渐长如何养老？大病小痛上得起医院吗？没有收入来源，衣食无着怎么办？……这是百姓最关心的问题。

在一个"全民社保"的国家，国家给全体公民撑开一把社会保障的大伞，让每一个公民都能得到基本的生活保障以确保公民的社会福利。

完善的社会保障体系，历来被称为人民生活的"安全网"、社会运行的"稳定器"和收入分配的"调节器"，是维护社会稳定和国家长治久安的重要保障。加快建立覆盖城乡居民的社会保障体系，能推动和谐社会建设和经济社会又好又快发展。

我国主要实行国家管理下的公共社会保障体系，由中央政府和各级地方政府共同负责。这与国外的社会保障体系存在较大的差异。1983年，美国社会保障信托基金的储备下降到最低点，仅有197亿美元，只够支付1.5个月，历史上首次出现了社会保障支付危机。面对如此严峻的形势，里根总统最后选择消减政府在大部分社会保障计划和项目上的开支，并鼓励大力发展私人退休金计划，将私人机构融入社会福利体系，将组织和实施社会福利的权力与职责授予私人机构，从而有效地降低了社会保障的替代率，进而在一定程度上缓解了社会保障的财务危机。

2000年，小布什将社保私有化作为竞选政纲内容之一。2001年，小布什就任美国总统不久，就宣布成立跨党派委员会，研究社保私有化方案。该委员会提交的报告，为美国社会保障私有化改革规划了蓝图。该报告的核心内容就是建立类似于年金系统中的401K计划的个人账户，并由私人将其投入股市，以提高回报率，缓解社保基金未来支付压力。

尽管好几届总统都赞成社会保障体系私有化，但是奥巴马捍卫《社会保障法》，坚决抵制国会共和党领导人将私有化纳入立法议程的行动。他认为："我们唯一不能接受的就是将社会保障私有化——将人民的福利交给反复无常的华尔街商人和起伏不定的股票市场，注定会增加数万亿的预算赤字，这是考虑欠周的主意。"

2002年，拉美已有10个国家从DB（给付确定型）转向DC（缴费确定型）制，完成私有化或部分私有化的改革。转型国家紧跟改革潮流，已有一半多国家建立了个人账户，从现收现付制转向完全积累或部分积累制。近几年来，英国、意大利、德国及甚至被认为福利慷慨度最高的瑞典也建立了"名义账户"，对传统制度进行了结构性的改革。由此看来，尽管存在着不少的风险和阻力，但是社会保险体系私有化已经成为未来的一个很明朗的趋势。

但是，中国的社会保障体系是否需要私有化呢？

美国市场经济发育完全，股市稳健，有着较高的投资回报率，但股市仍是风险领域，经济弱势群体的利益如何保障？社会保障系统不仅涉及数百万人的生活，更关乎美国的经济安全，因此即使是市场经济已相当完善的美国，对待社会保障私有化也要慎之又慎。而针对中国社会保障制度尚待完善，以及中国人口基数十分庞大的现实，我们仍旧需要踏实地一步一个脚印地走好每一步，切勿眼高手低、跟风学艺。

PART 02

公平——多干活反而高兴

绝对主义的乌托邦是否真的存在

乌托邦本意为"没有的地方"或者"好地方"。延伸为还有理想,不可能完成的好事情,其中文翻译也可以理解为——"乌"是没有,"托"是寄托,"邦"是国家,"乌托邦"三个字合起来的意思即为"空想的国家"。空想社会主义的创始人托马斯·莫尔在他的名著《乌托邦》中虚构了一个航海家航行到一个奇乡异国"乌托邦"的旅行见闻。在那里,财产是公有的,人民是平等的,实行着按需分配的原则,大家穿统一的工作服,在公共餐厅就餐,官吏由秘密投票产生。后来人们普遍把乌托邦看作绝对平均主义的代名词。

绝对的平均主义是要求平均分享一切社会财富的思想。平均主义产生的基础是小农经济和个体手工业。平均主义者企图用小型的分散的个体经济的标准来改造世界,幻想把整个社会经济都改造为整齐划一的平均的手工业和小农经济,进而要求消灭一切差别，在各方面实现绝对平均。

　　世界上没有绝对的公平，但每个人心中都有自己衡量公平的标准，并本能地去追求以达到这种公平。不可否认，历史上的诸多变革均是因为一部分人觉得现状对于自己是不公平的，从而想要去改变或推翻。在我国历史上，最著名的是太平天国的农民起义。他们提出了绝对平均主义的社会理念。从1851年1月洪秀全金田发动起义到1853年占领南京建立政权，以及之后的北伐，太平军志在创造一个"无处不均匀，无处不保暖"的理想社会，这符合了当时大多人的愿望，他们所到之处受到农民的大力欢迎和支持。

　　然而太平天国的领导者们在平均与公平中产生了矛盾。公平并不等同于平均，介于每个人不同的衡量标准，没有的人希望自己能与人拥有同等的东西，然而在大家拥有都平均的情况下，人们又希望自己的东西优于他人或多于他人，即所谓的优越感。虽然太平天国颁布了《天朝田亩制》，体现了其强烈要求社会平等的意愿，但其诸多行为政策却又与之自相矛盾。

　　"均贫富""均贫贱""均平""均田"等政策，在太平天国定都天京后都成了一纸空文。太平天国实行森严的封建等级制度：所有受封为王的，不论等级，不分有职无职，一朝受封，立即修王府，选美人，办仪仗，出门坐轿，根据等级设置不同人数轿夫，领导人们穷奢极用，大兴土木，娶妻纳妾，互比排场。还制定了一系列规定，如"女子起眼看主不止罪万千"等。洪秀全想要实现绝对的平均主义的想法是好的，但是仍旧不能改变社会的形式，美丽的农民乌托邦神话也因此落空。起义的时候还只是普通的农民,所以想当然认为同富贵是理想社会,然而他们没有料到人性贪婪的一面,那就是在他们建功立业之后,不甘愿与普通百姓同贵贱,同贫富。

在封建社会制度下,农民要求平分封建阶级的土地财产,建立一个有饭同吃、有地同耕的理想社会,从摧毁和瓦解封建所有制角度来说,平均主义具有一定程度的进步意义。但是,在社会主义条件下,平均主义抹杀劳动报酬上的任何差别,否认多劳多得的按劳分配原则,把社会化大生产倒退到自给自足的自然经济,这是违背社会历史发展要求的。

由此看来,绝对的平均主义只能是思想上想想而已,搁在哪块现实的土地上都不堪一击。平均主义的认识根源是历史唯心主义的平等观念。平等观念是一定经济关系的产物。没有超越一切经济条件或经济关系的绝对平等。平均主义往往把任何差别都看作像阶级差别一样的"贫富不均",一概加以反对,认为毫无差别的平均分配绝对好。这种平等观是一种历史唯心主义的观念。

世上没有绝对的平均。如果真的绝对平均了,反而是另一种不公平。人生来就有很多的差异,出生背景不同、家庭关系不同、受教育的程度不同。

其实,人的一生就是欲望不断产生和满足的过程。世界上的事从来都是一分耕耘一分收获,有所失才有所获。只有对生活、对工作付出,才有可能得到期望的回报。现实生活中,有的人利用自己占有的社会资源,迅速过上了令人羡慕的生活,而一无所有、没有任何资源的人,则要认清生活中存在的不公平,把自己的劣势变成努力奋斗的动力，发挥自己的长处，寻找机会，坚持自己想干的事情，这样才可以扭转你所认为的不公平。

比尔·盖茨说："社会是不公平的，我们要试着接受它。"与其创造不现实的乌托邦，不如在纷扰的社会中寻找一块宁静的土壤。承认生活并不公平这一事实的一个好处便是，它能激励我们去尽己所能，而不再自我感伤。我们知道让每件事情完美并不是"生活的使命"，而是我们自己对生活的挑战。

其实社会没有公平不公平，生活中从来没有绝对公平的理想国。我们许多人所犯的一个错误便是为自己、为他人所受到的不公平感到遗憾，认为生活应该是公平的，或者认为终有一天会是公平的，于是抱怨、叹息、等待……其实生活本来就不是绝对公平的，现在不是，将来也不是，一味地沉浸在探究生活的公平与不公平中，将会虚度时光，陷入困境。只有正视这种现实，努力生活，努力工作，才会找到属于自己的那份公平，把不公平甩在身后。

如何达到公平和效率的理想王国

公平与效率始终是经济学论争的主题，甚至被称作经济学史上的"哥德巴赫猜想"。这是因为社会经济资源的配置效率是人类经济活动追求的目标，而经济主体在社会生产中的起点、机会、过程和结果的公平，也是人类经济活动追求的目标。

假定有这样一个贫富分化的国家，只有富人和穷人，分别集中居住在东部和西部，国家每天分给东部和西部同样多的粥。

东部富人这边人很少，粥相对就多，每天的粥喝不完；西部穷人那边人很多，很多人吃不饱，因此穷人们都认为这样很不公平。于是，政府决定从富人的锅里打一桶粥，送给穷人吃，以减轻不平等程度。政府的愿望很美好，只不过为了把粥送到穷人那里，但政府需要买粥的桶，要雇用挑桶的人，增加了很多开支。更不幸的是，政府用的那个桶破了个洞，成为一个漏桶，这样，等粥到了穷人那里，一路上漏掉了不少。

为了公平而增加了开支，甚至丧失了公平，这就是效率的损失。美国经济学家阿瑟·奥肯由此提出了著名的"漏桶理论"，他曾形象地说："当我们拿起刀来，试图将国民收入这块蛋糕在穷人和富人之间做平均分配时，整个蛋糕却忽然变小了。"

从富人征收来的每100美元税收，实际上只能使穷人的收入增长50美元，其余的都消耗在勤奋程度下降和管理成本上：

（1）政府必须雇用税收人员去征收这些收入，必须雇用社会保险会计去分配这些收入。这显然是缺乏效率的，或是无可奈何之举。

（2）随着征税人咬去的那一口馅饼越来越大，我是否感到积极性受挫从而最终减少工作呢？当税率明显过高时，税收的总收入反而会比在较低税率条件下有所减少。

再分配这个桶上出现了一个大漏洞，那么以"平等"的名义进行的再分配就是以损失经济效益为代价的。

这里所说的蛋糕变小，实际上就是效率的损失，原因主要有两个：一是税收削弱了富人投资的积极性。奥肯在他那本著名的《平等与效率——重大的抉择》一书中，曾这样写道："如果税收对于储蓄和投资具有重大的和有支配的影响,那么在总量数字方面的证据将是引人注目的而且是明显的。"1929年,尽管美国经济处于萧条时期,但由于当时的税率很低,投资还是占了国民收入的16%;在此之后,联邦税的税率上升了好几个百分点,到了1983年,尽管当时的经济处于复苏时期,但投资率仍没有超过14%。

税收影响了劳动的积极性,不仅影响富人,而且影响穷人。比如一个失业工人,由于得到了一份月薪并不算高的工作,而失去了政府所有的补贴,他自然也就对找工作不热心了。这样,由于在收入分配的过程中,可供分配的国民收入总量减少了,结果就必然与政府的"桶"发生了"泄漏"一样,使得富人失去的多,而穷人得到的少。税收收入之桶最重要的潜在"漏泄"是储蓄。有人认为高税率阻碍了储蓄和投资。他们担心普遍的社会计划,特别是社会保障和医疗保健计划,会减少人们为年老健康问题而储蓄的动力,从而导致国民储蓄率急剧下降。这些经济学家援引近20年来美国储蓄率下降的事实作为政府计划对经济影响的证据。在战后大多数时期,平均国民储蓄率保持在国民生产总值8%的水平。今天,甚至不同意政府计划会降低国民储蓄率的经济学家们也在研究政府如何采取措施扭转这种趋势。

第二次世界大战以后,北欧和西欧国家着力于建立福利社会,既实现了社会公平,又激发了人们的劳动积极性,提高了资源配置效率,在20世纪50年代至70年代出现了较长期的繁荣与稳定,从而实现了公平与效率的内在统一。20世纪80年代，特别是90年代以来，随着福利水平逐步提高，个人所得税率越来越高，个人税收负担越来越重，分配均等化倾向日益明显，劳动与闲暇之间的收入差距越来越小，产生了以闲暇代替劳动的现象，在一定程度上牺牲了效率。

"漏桶原理"告诉我们公平与效率的交替关系：为了效率就要牺牲某些公平，而为了公平就要牺牲某些效率。

在采取各种步骤将收入从富人向穷人那里进行再分配的过程中，政府可能损害经济效益，并减少可以用来进行分配的国民收入的数量。但在另一方面，如果平等是一种社会商品的话，那么它是值得购买的。

2001年，当小布什签署旨在逐步削减并最终废除遗产税的法案时，作为最大"受益者"的富豪们却提出了最强烈的反抗，比尔·盖茨、巴菲特等人甚至打出了"请向我们收税"的口号。但是今天，几乎所有经济学家都达成了共识，如果对富人重税，或者支持那些有能力的穷人，那么这种税制可能会产生不利的影响。因为随着政府将更多的钱分配给穷人，它不得不提高富人及中等收入者的税收，就如同老师拿出好学生的成绩"奖励"给差学生一样，这样必然会削弱富人们工作的积极性。经济学家必须对这种取舍的幅度做出准确的估计。

这就如同用刀来划分馅饼的矛盾，公平代表了如何分馅饼，而效率则表示馅饼的大小，人们必须在公平和效率之间做出选择，因为效率关注的是能不能尽量把蛋糕做大，而公平关注的则是能不能公平地分蛋糕。

自私并不妨碍公平的实现

我们都喜欢公平与自由，公平来源于自私，没有自私就没有公平，是自私产生了公平，公平是在自私的基础上建立起来。世界上没有绝对的公平，公平是在强者与弱者之间的妥协中产生出来的，公平是用来限制强者的自私，对弱者是有利的。有强者，就有弱者，强者少，而弱者多，公平是两者在长期实践中而逐渐固定下来的意识。

人并非纯粹的理性动物，有些时候是自私的。但是自私并不是绝对不好，它也因此带动了效率的出现。经济学以资源配置为研究对象，效率是个中心问题，可以说，搞清了什么是效率，也就大体上搞清了微观经济学的基本内容。

18世纪的英国哲学家杰里米·边沁对效率提出了一个简单的原则："为最多数的人谋求最大的好处。"为实现这个原则，他主张社会应该使其成员的总效用最大化。

经济学家对效率的定义——如果没有人能在不使其他人状况变坏的情况下使状况变得更好，那么经济就是有效率的。在均衡状态下，完全竞争市场通常是有效率的。也就是说，在多数情况下，这样的市场提高了生产效率。除非市场失灵，否则只要市场发挥作用，就不存在能提高由交易带来的收益的其他途径。让我们想一想博尔特的百米赛跑，显然博尔特最后没有全力冲刺的原因是因为领先第二名很多，因此如果想让所有的选手同时撞线，你就必须改变规则，让速度快的选手慢下来，然后大家一起冲刺，这当然是才能的浪费。

还有一种方案,将某些起跑器向前搬,再把有的起跑器向后搬,以使所有的选手都尽快跑。比方说,将博尔特的起跑器向后搬5米,这样他就必须全力冲刺才能争取这枚金牌,因此在遵守通用规则的条件下,速度最快的选手必须跑更多的路,才能和最慢的选手同时到达终点。在著名的"领跑理论"中,诺贝尔经济学奖获得者肯尼思·阿罗证明,在努力平衡竞争性市场中,这种方法能够奏效,它本身并不干预市场,而是通过一次性付款或一次性征税来调整起跑点。事实上,这种方法很像遗产税,改变财富分配的起点,并以此给大家重新公平竞争的机会,同时又保留了社会的延续性。

当然,百米赛跑的解决方案是相对简单的,只要调整起跑器的位置就可以了。然而在真正的经济市场中,当数十亿不同的商品、动机、人才准备起跑时,谁来搬动起跑器?这似乎是个不可能完成的任务,"领跑理论"只是一种大胆的主张。

肯尼思·阿罗实际上向我们传达了这样一个信息:可以让

竞争性的经济体利用各种本领和原材料，利用每一次贸易、合作、教育、投入的机会，通过转移起跑点，让完美的市场完成其他的工作。这就是要在市场竞争中讲究效率。

竞争性市场经济在生产人们想要消费的商品和服务时解决的是效率问题，但政府要考虑到人们对消费品的分配是不是公平的。设想有一种经济体系，其中一个独裁者控制一切，把在经济中生产的所有产品都据为己有，并且分给其子民仅够维持生存的极少量产品，这种经济是有效率的吗？

是的，它是有效率的。如果没有办法使其中一个受苦的子民状况变好而不使独裁者的状况变坏，那么经济就是有效率的。但是这不意味着我们一定赞同这种经济体系，这种情况显然是不公平的：独裁者的富有与其子民的贫穷之间形成相对不公平。当1989年柏林墙倒塌的时候，西方观察家第一次仔细考察了民主德国的中央计划经济，他们看到的是一个效率低得令人吃惊的体制。投资被浪费在如能源生产这样受政策倾斜的产业中，消费品和服务的生产者却又急需资金，而且生产出的消费品常常是消费者不想购买的。

对民主德国效率低下的揭示说明了这种计划经济与像联邦德国那样的市场经济比起来，运行得有多么差。

但即使在柏林墙倒塌后，新统一的德意志联邦共和国政府也不愿让自由市场按常规发展。相反，民主德国的产业和个人都获得了大额的财政援助，其目的是为了防止在许多由于重新统一而失去工作的民主德国人和联邦德国人之间出现在政治上无法接受的不平等。一段时间后，许多经济学家开始认为这种援助实际上延缓了对民主德国经济的改造。他们认为,援助减弱了工人迁移到工作机会多的地方或学习新技能的动机。但是德国官方坚持说这个是值得的——他们认为公平感有时比效率更重要。

德国的经验提醒我们,尽管我们想使经济有效率,我们也想让它公平,社会常常选择牺牲一些效率来寻求公平。我们从经济中得到的不仅仅是效率,我们也需要公平:我们希望个体间的效用分配公平合理。

平等和效率之间的冲突是我们社会经济最大的选择难题,它使我们在社会政策的众多方面遇到了麻烦。尽管效率和公平是两个不同的价值目标,但两者很难分开。如果没有效率的提高,就只能是贫穷;而在贫穷的条件下,不可能有公平的进步。当然,没有平等竞争,就不会产生高效率。这个重大的理论问题远远超越了经济学的范围,涉及哲学、经济学、政治学、法学、伦理学和社会学等众多学科。

为什么有**收入差距**

造成收入差距的原因主要有两方面:一是劳动收入的差异;二是资本收入的差异。据分析,劳动收入要占要素收益的75%左右,所以即使财产分配是公平的,大部分的不公平也会保留下来。导致劳动报酬差距的原因主要包括:劳动能力的差别、工作强度的差别、职业的差别和其他因素。虽然人们的劳动收入差别是很大的,但相对资产收益来说,人们还是比较能够接受的。人们最不容易接受的是资产占有差别而造成的收入的巨大落差，因为这往往不是人们自己努力的结果。

由于劳动收入构成了经济中总收入的75%，所以决定工资的因素也就是决定经济中总收入如何在各社会成员间分配的主要原因。工资收入决定了谁是富人和谁是穷人。一个人的收入取决于这个人劳动的供给与需求，供给与需求又取决于天赋能力、人力资本、补偿性工资差别等。

那么，究竟是什么导致社会中存在某些收入不平等现象？

首先，人的各种能力（生理上的、精神上的和性格上的能力）有极大的差别。然而这些个体差异对于解释收入差距的难题没什么帮助，生理特征（如力量、身高或腰围）和可衡量的精神特征（如智商或音乐感）几乎都不能解释人们报酬的差别。这并不是说个人能力无关紧要，谁要有本领，谁就能大大增加其获得高报酬的可能性。但市场所评价的

技能多种多样，而且经常难以衡量。市场常常奖赏那些敢于冒险、有雄心壮志、运气好、有工程学天才、有良好的判断力和工作勤奋的人，而其中没有一项可以在标准化的测试中加以衡量。正如马克·吐温所说的："你不必精于赚钱，但你必须了解怎样才能赚钱。"

其次，个人在工作强度上差别极大。一个工作狂一周可能有 70 小时用在工作上，而且无限期地推迟退休；而一个禁欲主义者可能工作得很少，仅仅够支付其生活必需品。由工作努力的差别而带来的收入差别可能相当大，但没有人会因此说经济机会生来就是不平等的。在美国，一个一年内全天工作的麦当劳雇员或者洗车行的雇员每年可能只挣到 1 万美元。而在另一端的是高报酬职业。美国哪一种职业赚钱最多？近年来毫无疑问是医生。

近年来，白领职位的薪金比蓝领职位的薪金提高得更快。根据劳工部的统计，扣除通货膨胀因素，从 1981 年到 1993 年，白领职位的薪金上升了 6.6%，而蓝领职位的工资反而下降了 4.1%。这当然会增加美国社会的收入不平等，收入不平等的一个重要来源是人们的职业。在低收入的一端，有家庭用人、快餐店服务员以及非技术性的服务人员。

不同职业之间差别如此巨大的根源是什么呢？部分原因是培养一个医生所花的时间很长。能力也起着某种作用，例如工程性工作只能交给那些具有某些技能的人。还有些工作的报酬高是因为它们危险和枯燥。此外，当某些职位的劳动供给有限的时候，例如在有工会限制或产业经营规范过严的场合，这个职位的薪金就会被抬高。

除能力、职业和教育以外，还有其他因素影响工资报酬的不平等。某些职业存在着歧视和排斥，这种歧视和排斥对于压低收入起着重要的作用。

另外，家庭生活和社会经历对于他们以后所获得的报酬也大有影响。富家孩子的生活起点可能并不高于穷孩子，但在生活的每一阶段他们都从其环境中受益；而一个穷孩子经常经历的是拥挤、营养不良、破落的学校以及劳累过度的教师。对许多在贫民区居住的贫困家庭的孩子而言，在他们不满10岁以前，天平就开始向着不利于他们的一边倾斜。

30年前，一个有天分的运动员的收入也许比工厂工人高不了多少。而现在，一些经济学家相信，技术革新、移民、国际贸易，还有日益流行的"胜者全得"的市场规则等，正在制造出更多的不平等。

个人遗产分割的公平考量

毫无疑问，大多数父母的财产会平均分给他们的孩子，即便是有的孩子比其他孩子要富有得多。遗产是在你最爱的人中进行收入再分配的最后一次机会，如果大多数父母放弃了这个机会，那么在利用税收制度在陌生人之间进行收入再分配时，就几乎没有任何与家庭有关的因素了。

黄某于2004年9月1日病故，他生前是南宁市邕宁区某公司的退休职工，妻子杨某已于1993年病故。黄某和杨某育有6

女2男，次子结婚后生育了3个子女。1989年4月，次子病故，之后，其妻改嫁。黄某和杨某的遗产，除了房屋、果树等已由长子和次子的子女作两份来分外，尚有存款69,114元。2004年10月，长子和次子的子女分割了存款中的29,522元，尚未分割的遗产有存单19张，本金共39,592元。

6个女儿因没有分得应得的遗产份额，便要求由她们分割尚未分割的遗产，即存单19张的本金及利息。但长子不同意，认为尚未分割的也应按两份来分，由两个儿子来继承，6个女儿不得继承。由于多次协商不成，2005年5月，6姐妹将兄长告上南宁市邕宁区法院，要求确认黄某名下的存单19张的本金及其利息归她们按份共有。

遗产分配的不公平情况经常会在不同家庭出现，父母在进行分配时可能会更加偏爱自己喜欢的孩子或者经济能力相对较弱的孩子。但是这也就导致了不公平现象的出现。如果父母们不用遗产来平均孩子们的收入，那么他们用遗产做什么呢？当父母按他们的想法分割财产时，他们所依据的道理又是什么呢？

有一种理论认为，父母们自己觉得给每个人一样多，在本质上来说是公平的。但是为了检验这个理论，我们需要在父母还活着的时候，更深入地了解一下这种对父母的赠予所进行的再分配，这些赠予包括教育、时间和关爱。不知道这种理论能否经得住检验。

比如在一个大家庭里，老大和老小在阅读和词汇测试方面都比他们的兄弟姐妹的表现要好得多。也许这是因为老大和老小都有那么几年受到像一个独生子那样的待遇。独生子的成就提示我们，时间和关怀是非常宝贵的，而且因为它们非常宝贵，父母常常把它们当作一种再分配的媒介，把更多的时间和关怀给那些没有多少天赋的孩子。

还有一种理论认为遗产就是一个错误。根据这个理论，父母会宁愿在去世之前，把所有他们得到的东西都花光。之所以会留下一些东西，唯一的原因是死亡来得太出乎意料。但是如果这种理论是正确的，我们应该会看到，老人会把他们所有的积蓄拿去买养老金，因为这会给他们的生活带来一份非常有保证的收入。但是，这种养老金的市场还是有限的，说明人们还是愿意在死后留下些东西。

一个非常聪明的人也许会说，与父母给予孩子们的其他礼物相比，遗产不是最重要的，这些礼物包括时间、关怀、教育，甚至还有现金，有时这些礼物并不是十分平均地分配的。因此，这个聪明人认为，家庭的运作，也许仍然是像一个福利国家一样，即便遗产也不是用于转移支付的首选媒介。

从国际上看，发达国家政府对公平是非常重视的，通过财政转移支付的手段让全社会的差距保持稳定状态。目前，我国对公平的重视程度有所提高，这是我们在看到发展成果时头脑清醒的表现。

大约一个世纪以前，西方许多被称为"福利国家"的政府制订了各种各样的转移支付计划，作为对抗社会主义者压力的堡垒。工业化之后民主的欧洲和北美，各国政府普遍提供了退休金、老人医疗保健、穷人住房补贴、失业伤残收入补偿、穷人工资补贴等计划。这些计划旨在拔掉"最贫困"这根芒刺。

19世纪末，西欧的政治领袖们采取了一些新措施，标志着政府在经济职能方面的历史性转折。德国的俾斯麦、英国的格拉德斯通和迪斯雷利，后来还有美国的富兰克林·罗斯福等，都引入了政府对人民福利负有责任的新观念。

这就是福利国家兴起的标志。在福利国家中，政府调节市场力量以保护个人能应付某些偶然事件来保证人民有最起码的生活水准。但是减少贫困并非没有代价，且充满争议。很大一部分政府预算已被用于收入支持计划，且这部分预算还在越来越大。半个世纪以来，税收一直趋于上升，平均收入的尝试在激励和效率方面会起到反作用。今天，人们会问：为了把经济这块馅饼分得更平均，我们究竟需要牺牲这块馅饼的多大一部分？如何在国家不破产的前提下通过重新设计收入支持计划减少贫困和不平等？

遗产动机和经济政策常常会以某些令人吃惊的方式相互影响。一个赤字财政的减税效果会取决于大多数父母是无私的还是很有策略的。无私的父母会把减税省下的钱存起来，留给他们的孩子，因为他们的孩子肯定会在将来的某一天还清政府所有的债务，但这些存款将使利率下降；而讲策略的父母会把减税所得的大部分都花光，这就会引起利率上升。

这种对财政政策的互动影响近些年来引起了经济学家们对遗产动机的关注。但是，研究遗产更深层次的原因是——它揭示了人们一些本能的公平感。这种本能的感觉是我们在经济政策各个方面最好的指导。

PART 03 税收——从国家诞生开始

提高税收能有效禁烟吗

20世纪是一个追求和平与小康社会的时代，而21世纪却使更多的人加入追求财富与成功的角逐中。在这场残酷争斗中，成功也好，失败也好，无一不是疲惫不堪的。而此时，一个曾被多人淡忘的成功因素浮出水面，成为新的流行时尚，它就是健康！棱角分明的牛仔，深沉锐利的眼神，手臂上陆军标志的刺青，坚强豪爽的个性，一位实实在在的硬汉站在你的眼前。尤其是他嘴角叼着的那根香烟，更是让你鲜明地感受到这是一位充满冒险与开拓精神的英雄——这就是著名的"万宝路男人"。作为世界的烟草销售冠军，万宝路在全球平均每分钟就有100万多支香烟在消费，创下了烟草销售的神话。

然而，其中一位曾为万宝路香烟做过广告的好莱坞明星，最终却因为抽烟而英年早逝。死前他留给世人的一句话就是："吸烟有害，而我就是最好的例子。"烟草在全球盛行了两个多世纪,直到20世纪,人类才开始认识到烟草对人类的危害。

现代医学科学证明,烟草燃烧时会释放出1000多种化合物,绝大多数对人体有害,且有不少于44种的致癌物质,它们会引发和恶化各种疾病,例如,癌症、肺炎、气管炎、高血压、骨质增生、各种心脑血管病、哮喘以及不育等病症。根据世界卫生组织提供的资料,全世界每年约有1000万人死于与吸烟有关的疾病。青少年正处于生长发育时期,呼吸道黏膜容易受损,吸烟的危害性更大。据调查,小于15岁开始吸烟的人,比不吸烟的人肺癌发病率高17倍。

随着对香烟危害性的日益重视,世界上许多国家都加强了关于禁烟的立法,如禁止在公共场所抽烟,禁止烟草公司的广告,禁止向未成年人出售香烟等。

无论从宏观经济还是微观经济来看,吸烟对于国家、社会和个人而言,都是成本大于产出。烟草销售固然能为国家提高税收,但是,这些收入永远弥补不了因烟害而导致的疾病、死亡、医疗费用等损失。因此,考虑经济上的成本与产出,也应该禁烟。而在市场层面,目前世界上常见的限制香烟的方法就是提高烟草的税率。

由于烟草行业的特殊性,为了限制和减少烟草及其制品的生产与消费、增加财政收入,世界各国普遍对烟草及其制品都征收体现政府"寓禁于征"调控意图的"烟草消费税"或类似性质的烟草特别税。

2003年2月以来,纽约、波士顿等城市更是在增税的基础上,又推出禁烟法案,禁止在餐馆、酒吧等公共场所吸烟。最近,

在禁烟呼声的压力下，又有十几个州，包括一些一贯实行低烟税的烟草生产州在内，也打算提高烟税。

从理论上说，增加对烟草企业的税收，的确就可以迫使经营者提高烟草价格，依照"价格上升则需求下降"的供求规律，在一定程度上可以减少香烟的消费者（烟民），从而实现控烟。

那么，通过"提高征税"这把经济利器，是不是就一定能够降低香烟消耗、削减烟民队伍呢？就实际情况看，结果恐怕并没有那么乐观。

虽然统计资料表明，的确有一些国家吸烟率得以下降，如美国在过去10年，香烟价格提高了10%，吸烟率降低了3—5个百分点，但是更多国家的吸烟形势却是不升反降，禁烟效果并不明显。比如在我国，烟草制造业依然是我国税收贡献的第一大税源，甚至连年出现税利大幅增长，这一情况就很能说明问题——提高税率恐怕并没有使我国烟民数量降低多少。那么，为什么高税率对香烟并没有取得明显的限制作用呢？

毫无疑问，高额税收会通过税赋转嫁，最终由消费者负担。由于我国烟民中，绝大多数都是低收入阶层，加之卷烟市场上有各种价格的香烟，最终中国烟民（尤其是其中的两亿农民）没有因为卷烟高价选择了放弃或减少吸烟，而是转为吸食未经加工处理的烟叶或廉价假烟，而它所带来的社会成本将会更大，因为烟叶以及廉价假烟对人体的危害更大。另外，卷烟高税也促进了黑市的发展。面对超额利润的诱惑，假烟、走私屡禁不止。假烟在世界的卷烟消费量中，已经占据了相当大的部分。

由此可见，高税政策在抑制吸烟、维护消费者健康方面所起的作用是有限的。由于卷烟需求缺乏弹性，消费者对于烟价提高并不十分敏感，该吸照吸，结果使得卷烟税收一直居高不下，并一直占据着中国第一税源的"宝座"。

事实上，要抑制吸烟，不能单纯依靠税收这个经济杠杆。最根本的办法是提高全民文化素质，加强吸烟有害的教育，改善医疗条件，从立法上规范卷烟生产和销售，扩大公共场所禁烟区，推广科学有效的戒烟方法。只有这样，才能做到真正、长期地控制烟草带来的危害。

谁是税收的**最大贡献者**

纽约的史密斯在沃尔玛超市购物，他挑了一件质地不错的夹克，标价100美元。在付账时，收银员向他要了108美元。在给他的小票上标明，这108美元中包括8%的销售税。同样的情形史密斯在其他州也经历过，不过当时征收的是6%的零售销售税。在美国和欧洲的一些国家，顾客是要按"标价乘以税率"的模式支付相应的销售税的。史密斯可以依据小票，及时、准确地了解自己在这次购物中缴纳了多少税款。

后来，史密斯来到北京旅游，并在一家大型超市里采购。可是当他看到自己的小票时，却发现上面除了他所购买的货物的价格和数量外，平日习惯看到的税率没有了，于是他产生了一个疑问：在中国购物，消费者不用支付销售税吗？

家住青岛市台东附近的路佩华老人不会上网，但货币的购买力她一进农贸市场便感受到了。猪肉年前30元一斤，现在28元一斤，每斤便宜两块钱，对这位退休工资不到2000元钱的老人来说还是很有吸引力的。

不过，在万福肉类食品公司总经理田柏兴的眼里，从生猪宰杀到销售，国家免除了屠宰税，还有一定补贴，但是加上17%的增值税和七八种地税，每斤五花肉从加工到销售环节税费达两三元钱，算到路佩华头上，相当于少买了一两肉。

大米、肉、鸡蛋、水果……这些市民经常买的生活必需品里都含有增值税。这些不在价签上标注的税叫"间接税"，在生产和流通环节上就已缴纳，被企业纳入成本，最终计入商品价

格中，俗称"隐形税"。间接税是"直接税"的对称，是政府税收的其中一个分类，是指纳税义务人不是税收的实际负担人，纳税义务人能够用提高价格或提高收费标准等方法把税收负担转嫁给别人的税种。

在我国，商品在生产、运输、流通、消费的每个环节都要交税，甚至在销售环节的批发、分销、代理，每增加一个流通环节就要交税，不管是馒头还是飞机、大炮。比如一个馒头，从馒头加工厂流到饭店，从饭店再到食客嘴里，增值税和营业税就各收了一遍。中国增值税比例占到了国家财政收入的60%，而在欧美增值税所占比例最高的法国，这个数字只有45%。

每天市民饮用的自来水中便包括增值税、城建税和教育附加费，而日常消费中的流转增值税税率在15%～17%。以此估算，一位市民每月个人消费2000元左右，承担的间接税高达200元以上，与一个月收入4000元的纳税人个税数额相当。

在经济学上，这里还涉及一个"税赋归宿"的概念，它是指一项税收最终的经济负担者。在这里要指明，它是相应于法定纳税人而制定的。之所以这样规定，是因为最终的税收负担者和法定纳税人有时候并不一致。也许有些人对此还是有些迷惑。以个人所得税为例，工薪阶层对于它是非常熟悉的，其纳税人自然是有一定工薪收入的个人，而它的税收负担者不也正是这个人吗？在这种情况下，两者是一致的。

曾有一份研究报告指出，在我国，假如1袋1公斤的盐价格为2元，其中就包含大约0.29元的增值税和大约0.03元的城建税；而每瓶3元的啤酒包含大约0.44元的增值税、0.12元的消费税和0.06元的城建税；如果你花100元买了一件衣服，其中包含14.53元的增值税和1.45元的城建税；如果花100元买一瓶化妆品，其中除14.53元的增值税外，还包含25.64元的消费税和4.02元的城建税；如果你吸烟，每包烟8元，其中大约4.70元是消费税、增值税和城建税；如果去餐馆吃饭，最后结账时不论多少，餐费的5.5%是营业税及城建税；你如果使用一次性木筷，还会包括些许消费税；你去理发店理发，同样，费用的5.5%是营业税及城建税……

总之，一个人只要生活在社会中，只要有购买行为，就免不了交税。按照我国税法，商家是要缴纳增值税的，此时商家是法定的纳税人。然而，此刻的实际税收负担者却往往是消费者——他们所承担的数额就包括在衣服的价格里，只不过在消费者的小票上没有标明而已。在经济学上，这种行为被称为"税负转嫁"。其实，我们打电话时交的话费、用电时交的电费等，里面都有税，只是在目前，我国给予消费者的收据上都未注明。

在这里需要指出的一个原则是"只要消费，就会纳税"，我们每一个消费者都是纳税人。现在我国要缴纳的税包括增值税、消费税、营业税、企业所得税、个人所得税、资源税、房产税、城市维护建设税、城市房地产税、城镇土地使用税、土地增值税、耕地占用税、车辆购置税、车船税、契税、印花税、烟叶税、关税、船舶吨税等。在这些名目繁多的税当中，有些是由个人上缴的，有些是由企业上缴的。

税收负担者和纳税人并不一致，作为实际的税收负担者，消费者不知道自己缴纳了多少税。纳税人经常是通过消费活动来纳税的，但是由于缴纳的税金隐藏在商品之中，纳税人不但不知道早已在消费活动中到底缴纳了多少税，有时候甚至连自己是不是纳税人都不知道。像在超市买衣服，就有不少人错误地以为自己根本就不是纳税人。

如果要真正改变在商品税中消费者纳税被模糊的情况，就需要改变税制结构，这并非一日之功。不过，如果在商品销售中给消费者的发票能够注明哪些是价格、哪些是税负，消费者就会清楚了解自己的消费中有多少支出是用于国家税收的。这对于培养、普及整个社会的纳税意识是有好处的。

取之于民，用之于民的税收归宿

税收负担是指纳税人承担的税收负荷，亦即纳税人在一定时期应交纳的税款，简称税负。从绝对额考察，它是指纳税人缴纳的税款额，即税收负担额；从相对额考察，它是指纳税人缴纳的税额占计税依据价值的比重，即税收负担率。税收负担具体体现国家的税收政策，是税收的核心和灵魂，直接关系到国家、企业和个人之间的利益分配关系，也是税收发挥经济杠杆作用的着力点。

"粘蝇纸理论"就是阐释关于税收归宿方面的问题。当对一种产品征税时，比如对汽车征税，对谁有影响呢？有两种解释：一是购买汽车的人；二是制造汽车的工人。如果你认为谁交税就只对谁有影响，这就是"粘蝇纸理论"，也就是税收负担就像粘蝇纸上的苍蝇，被粘在它落地的地方。但有些人认为对汽车征税会对制造汽车的人有影响，会加大制造汽车的工人的负担。因为汽车（特别是高档汽车）是有钱人才能买的（或者你可以想成是奢侈品的什么东西），当对汽车征税后，有钱人用别的东西（比如飞机）代替汽车来满足自己，这样汽车的销量就会下降，厂商就会减少汽车的生产，带来的结果是工厂减员、工资下降，由此看来是对富人征的税对工人产生了影响，也就是苍蝇（负担）没被粘在它落地的地方了。

很多人认为这个理论不正确，只是经济学家的戏说。它常被用来说明一些政府人员说为减少贫富不均，要对富人买的东西征税，就像美国为拉拢选民对穷人说的那样。但许多经济学者认为奢侈税反而拉大了贫富差距，与制定这项政策的初衷大相径庭。假设一个25岁的人正打算储蓄100美元，如果他把他的钱存入储蓄账户赚取8%的利息，并一直留在账户上，那当他65岁退休时就会有2172美元。但如果政府对他每年赚到的利息收入征收四分之一的税，有效利率只是6%。赚6%的利息40年后，100美元只增加到1029美元，甚至小于没有税收时原本可以得到的一半。因此，由于对利息收入征税，储蓄的吸引力就小多了。

长期以来，香烟都是要被征收销售税的。随着禁烟运动的政治影响力日益扩大，美国许多州政府和地方政府都提高了香烟的销售税。政府官员们把对香烟征收高额的销售税看作一举

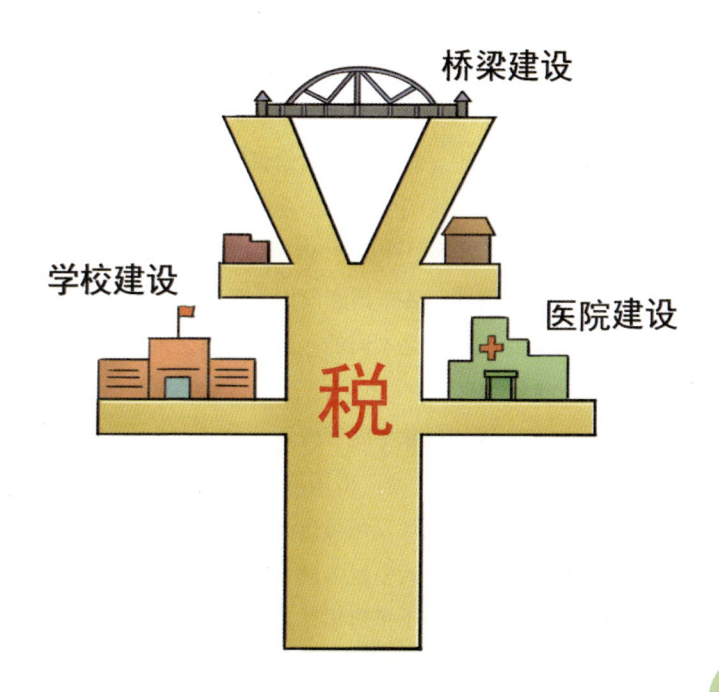

两得：既提高了政府收入，又遏制了恶习。2002年，纽约州政府和地方政府把每盒香烟的销售税从1.19美元提高到了3美元。

但是种植烟叶的州没有跟随这个潮流，例如弗吉尼亚州的香烟税只有每盒2.5美分。这种税收差距为那些不怕违法的人创造了机会：出现了从这些税收低的州向税收高的州大规模走私香烟的现象。

政府当局相信州际香烟走私和禁酒时期的酒走私一样，在很大程度上是通过有组织的犯罪团伙来进行的。但也还是有规模稍小一些的团伙走私：2000年6月，FBI破获了一个设在北卡罗来纳州夏洛特市的团伙，这个团伙把自己的利润输送给了美国政府认定的一个恐怖组织。因此从这种意义上来说，税收负担无疑成为"落在粘蝇纸上的苍蝇"，因为它会导致只有罪犯才去贩卖香烟的现象。

在中国大陆曾发生过影视明星因偷税漏税而锒铛入狱或逃往国外的事情，可见税收制度在缩小社会贫富差距上对富人和高收入者的"个税"甚为"严格"。但别以为这样，税收就跟自己没有多大关系。其实，各个国家间因为税收制度的不同，对各国民众生活水准的影响是不同的，但总而言之，税收负担最终会落到每一个人的身上。

国内有一个有趣的现象：随着改革开放以来，国人的生活水准迅速得到了改善和提高，出国旅游、购物、留学也成为时尚和潮流。可你是否发现，每每出国回来的人无不是热衷于国外的商品购物消费，而其中很多商品在国内并不少见，可这些人为什么喜欢拿着票子千里迢迢地跑去国外拉动消费呢？甚至有时买回来的只不过是在国外转了一圈的"中国制造"。

为什么会出现这种现象，这其中很重要的一个原因就是税收的"杠杆作用"。因为税收的缘故，有时一件商品在国内和国外会有巨大的价格差，当这些去国外购物的人看到这么巨大的价格差时，本不算鼓的钱包暂时也鼓了起来，于是不知不觉就买来大包小包。中国大陆由于在政策上鼓励出口以拉动国内经济和促进国内就业形势，对出口产品有出口退税率，也就是说从中国出口的产品出口到国外去几乎是零关税。而西方一些国家在税收方面的优惠和减免政策，使得已经是零关税的中国商品价格更加低廉，而外国的商品由于税率低，即使缴税后的商品价格与国内商品相比也不是在同一个层次的，难怪时下这么流行国外购物，而且趋之若鹜，乐此不疲。

其实你可以交更少的税

在市场经济体制下，依法纳税是每个企业应尽的义务，但是较重的税收负担有时又成为制约企业向更大规模发展的桎梏，也加重了个人经济负担。而在诸种方式方法中，偷税是违法的，要受法律制裁；漏税须补交；欠税要还；抗税要追究刑事责任。唯有合理避税才安全又可靠，自然就成为首选的良策。

年关将至，在一家民营公司上班的小赵又开始苦恼。去年的这个时候，公司陆续开始发放年终奖，公司去年发放的年终奖包含有资合信的商通卡10张，每张面值1000元。这种购物卡虽说也可以在北京市的大部分商户消费，可是这种"被迫消

费"让小赵很郁闷,他还想存钱买房呢。

与小赵的烦恼不同,张先生却成了网络上所流传的"发票奴"。他找了所有的亲朋好友帮他搜集吃饭时的发票、电话充值卡的发票以及在商场购物开的具名"办公用品"的发票。这些其实都有一个共同的目的,就是公司为了给个人少交点个人所得税,要求大家用发票来报销或是直接去购买购物卡发放福利,公司财务可以做账为税前开支。事实上,现在白领阶层已经有了税收筹划的需求,也就是通俗意义上说的"避税",但避税不是偷税、漏税,不能混为一谈。

避税是指纳税人利用税法上的漏洞或税法允许的办法做适当的财务安排或税收策划,在不违反税法规定的前提下,达到减轻或解除税负的目的。对个人而言,就是指根据政府的税收政策导向,通过经营结构和交易活动的安排,对纳税方案进行优化选择,对纳税地位进行低位选择,从而减轻纳税负担,取得正当的税收利益。更具体地说，个人在纳税前，经过一些人为的调整，从某一具体的税法规定管辖或所在的税收管辖地区，转移到税负较低的另一税法规定管辖或其他的税收管辖地区，以减轻税收负担。

说到税收筹划，肯定不少人都有自己的一套小窍门，常见的有原本一次性支付的费用通过改变支付方式，变成多次支付、多次领取，就可分次申报纳税；又如对于劳务报酬收入，可由雇主向纳税人提供伙食、交通等服务来抵消一部分劳务报酬，可适当降低个人所得税。

除了这些常用的税收筹划方法，在我国现行的税法中还有不少优惠政策，若是平时注意到这些小窍门，也可为自己节省一笔不小的开销。那么具体而言，个人如何在不触犯国家法律的基础上合理避税以达到节支目的？

（1）多缴住房公积金

根据我国个人所得税征收的相关规定，每月所缴纳的住房公积金是从税前扣除的，也就是说住房公积金是不用纳税的。而公积金管理办法表明，职工是可以缴纳补充公积金的。也就是说，职工可以通过增加自己的住房公积金来降低工资总额，从而减少应当交纳的个人所得税。利用公积金避税不是一件新鲜的事情，只是公积金不容易自由支取，采取公积金避税的朋友需要注意这一点。

（2）投资货币市场基金

对于手上有闲散资金的人来说，不少人习惯把钱交给银行保管，但随着利息税的征收，这也不再是件划算的事。而投资货币市场基金则不一样,不但能够获得比活期存款更高的利息,而且获得的利息不用交纳个人所得税,同时能够保证本金安全。

不光货币市场基金如此,所有的基金向个人投资者分配股息、红利、利息,都不再代扣代缴个人所得税。同时个人投资者买卖股票、期货或者基金单位获得的差价收入,按照现行税收规定均暂不征收个人所得税。

对于稳健的投资者来说,投资国债能够获得长期稳定并且安全的收益。投资企业债券不但要考虑税收成本,而且要考虑风险,个人投资企业债券取得的利息需要缴纳20%个人所得税,而国债和特种金融债券可以免征个人所得税。尽管目前股市低迷,但买卖股票和期货从中赚取的差价收入,无须缴纳个人所得税。

(3) 教育储蓄和保险投资

若是进行其他投资,不仅风险系数较大,同时免不了股息、红利等个人所得税。与众储蓄品种比较,免缴利息税的教育储蓄就变成了理财法宝之一。它可以享受两大优惠政策:一是在国家规定"对个人所得的教育储蓄存款利息所得,免除个人所得税";二是教育储蓄作为零存整取的储蓄,享受整存整取的利率。相对于其他储蓄品种,教育储蓄利率优惠幅度在25%以上。

在一些保险公司的险种推销中,避税也是其一大卖点,需要避税的朋友可以考虑此类险种。同时需要指出的是,在投资分红类保险中,保险收益也无须缴纳20%的个人所得税。保险投资亦有优惠。

居民在购买保险时可享受三大税收优惠:一是企业和个

人按照国家或地方政府规定的比例提取并向指定的金融机构缴付的医疗保险金，不计个人当期的工资、薪金收入，免缴纳个人所得税；二是由于保险赔款是赔偿个人遭受意外不幸的损失，不属于个人收入，免缴个人所得税；三是按照国家或省级地方政府规定的比例缴付的医疗保险金、基本养老保险金和失业保险基金存入银行个人账户所取得的利息收入，也免征个人所得税。

在荒年为什么要减税

历史上，遇到灾荒、疾病等收成不好的年份，明智的政府管理者都会实行一定的减税政策。如北宋末年司马光进行税收改革时让农民在青黄不接的歉收时节少纳税，甚至可以向政府借粮种——只要日后一起还了就行。荒年减税，一方面可以减轻民众的压力，避免不满情绪的集体性爆发；另一方面，又可以使民众手里本来不多的钱粮还有剩余，刺激社会经济。

减税（又称税收减征），是按照税收法律、法规减除纳税义务人一部分应纳税款。它是对某些纳税人、征税对象进行扶持、鼓励或照顾，以减轻其税收负担的一种特殊规定。与免税一样，它也是税收的严肃性与灵活性结合制定的政策措施，是普遍采取的税收优惠方式。由于减税与免税在税法中经常结合使用，人们习惯上统称为减免税。减税一般分为法定减税、特定减税和临时减税。

比如2012年3月，英国政府公布了2012财年预算报告。

报告包括了一系列减税方案,将使英国中低收入者和高收入者个人所得税负担均有所减轻。在剔除通胀因素后,上述举措将使低收入者在未来一年内至少可少缴约170英镑个税。这个新预算规定,个税起征点在今后几年内将逐年递升,目标是到2015年,将个税起征点提高至年收入1万英镑。一旦个税底线升至1万英镑,意味着每个低收入者每年将少缴个税约250英镑。英国政府从2013年开始,对年收入高于15万英镑者征收的个人所得税率由目前的50%降至45%。

英国前财政大臣奥斯本于2012年表示,减税计划将使所有中低收入家庭受益;报告同时将2012年英国经济增长预期由0.7%上调至0.8%;并计划在2012年将政府净借款额削减至1200亿英镑,2013年进一步减至980亿英镑。在当时欧债危机仍旧在继续恶化的时期,英国采取这一系列减税的措施目的就是要扩大外来投资。在政府工作报告中,英国政府目标明确:英国的税务体系在G20中最有竞争力,使英国成为欧洲最佳的创业和投融资场所;通过鼓励投资和出口使经济结构更加平衡;拥有在欧洲最"灵活"且受教育更高的劳动力。

为了加大对跨国公司在英国设立总部的吸引力,该预算案还将改变对英国企业海外子公司利润的征税方法。从2012年起,海外子公司金融活动的利润可以只交5.75%的税,只相当于原来的四分之一。

如果能够减税,那么就增加了收入预期,从而保证金融机构第一还款来源的稳定性和资金安全性。减税可以加大收益预期,促进民间资本的有效投入,有效促使中小企业的技术升级和转型，更加高效地投入竞争，维护市场的均衡状态。减税之所以会具有扩张效应，是因为税收是价钱的组成部分，在价钱必然的前提下，税额的多少会直接或间接影响企业可支配利润的多少。税负的凹凸会直接影响利润率，从而影响社会投资的积极性。

征税是完美的措施吗

税收是国家为满足社会公共需要，凭借公共权力，按照法律所规定的标准和程序，参与国民收入分配，强制取得财政收入的一种特定分配方式。它体现了国家与纳税人在征收、纳税的利益分配上的一种特殊关系，是一定社会制度下的一种特定分配关系。从国家诞生的时候开始，税收就像尘埃一样降落在地球上的各个角落里。正如富兰克林所言，"税收与死亡一样是不可避免的"，只要人类依然需要结成一定的社会组织，只要人类社会仍然需要政府的存在，只要我们还需要政府提供公共设施和服务，我们就得为此付费。税收的影子无处不在，触及现代人生活的每一个角落。

税收往往是激烈的政治争论的起源，如1776年的美国革命、历年美国总统的竞选，减税都是一个经常被利用的话题。但是即便如此，仍然可以肯定地说，没有一个人否认税赋的必要性。美国法理学家奥利弗·温德尔·赫尔姆斯曾经说过："税收是我们为文明社会所付出的代价。"假如国家没有税收，政府部门将全部崩溃，人们没有了政府提供的各种保障，就会回到原始社会，甚至国家将消亡,所以说国家不能没有税收。

我国乃至世界范围内,税种从名目繁多逐渐演变为简化单一,种种变化演变,都是赋税制度在历史的潮流中不断适应、不断完善自身的探索。国家产生的同时,也出现了保证国家实现其职能的财政。我国古代的第一个奴隶制国家夏朝,最早出现的财政征收方式是"贡",即臣属将物品进献给君王。

当时,虽然臣属必须履行这一义务,但由于贡的数量、时间尚不确定,所以"贡"只是税的雏形。而后出现的"赋"与"贡"不同。西周时期,征收军事物资称"赋",征收土产物资称"税"。春秋后期,赋与税统一按田亩征收。"赋"原指军赋,即君主向臣属征集的军役和军用品。但事实上,国家征集的收入不仅限于军赋,还包括用于国家其他方面支出的产品。此外,国家对关口、集市、山地、水面等征集的收入也称"赋"。夏商周时期实行"贡赋制",这是赋税的雏形。春秋时期,鲁国实行"初税亩",是我国征收地税的开始。秦朝时期赋税沉重,农民要把收获物的三分之二交给政府,由于税务繁重,秦短命而亡。历数中国古代史,征收标准从以人丁为主,逐渐演变为以田亩为主;征收的物品由实物的地租为主演变为以货币地租为主;征收的时间不定时逐渐演变为基本定时;农民由必须服徭役逐渐发展为纳绢代役等。

在不同社会制度下,由于政治经济条件不同,税收的作用也就存在着广度和深度上的差别。在资产阶级统治的社会制度下,税收为实现统治阶级的国家职能发挥作用;在社会主义制度下,税收为实现社会主义国家职能发挥作用。

在同一社会制度下,由于各个历史时期的经济和政治条件的差异,税收发挥的作用也不尽相同。例如中国,在生产资料所有制的社会主义改造时期,税收作用主要是贯彻党的"公私区别对待,繁简不同"的原则,配合对农业、手工业和资本主义工商业的社会主义改造,有步骤、有条件、有区别地利用、限制和改造资本主义工商业,保护和促进社会主义经济的发展,同时为国家积累大量的财政资金,用于国家重点建设。

那么,征税是完美的吗?政府制定的税收政策真的能够反映大多数人的意愿,实现征收的公平性吗?1990年3月31日,数十万英国民众在伦敦街头聚众游行示威,抗议当时的英国首相玛格丽特·撒切尔颁布实施的一项新税收法令。随着一些示威者与警察发生冲突,开始的和平抗议逐渐转变成一场骚乱,有数人在骚乱中受伤。

这场暴力事件在开始时只是因为民众对首相颁布这样的新法令感到震惊,但是随即却引起了英国全国范围内民众的愤怒抗议。后来,撒切尔夫人被迫辞职了。许多观察家都认为这场对新税收法令的抗议活动是导致其下台的主要原因。

官方公布的这项所谓的"社区税"法令,实际上就是人们普遍公认的"人头税"法令。直到1989年,当地类似于街道清扫、垃圾清运等公共服务的财政支持都来源于一个征收居民家庭收入固定的百分比率的税收(在大多数美国社区,类似公共服务的财政支持也是来源于以居民财产为税基的税收)。然而,撒切尔夫人却以向每个年满18周岁的成年公民征税来取代这些财产税。尽管在各镇征收人头税的数量都不相同,但是不管他或她的收入、财产是否相同，同城的每一个成年人都支出相同的税收金额。人头税法令的支持者们认为，征收人头税比它所替代的税收更有效率，因为以财产为税基的旧税制打击了那些购买更昂贵住房以提高住房质量的人的纳税积极性。支持者们还争辩说，人头税之所以是公平的，还因为提供某一城镇公共服务的成本主要是看当地的人口数量，而不是看这里的人有多富裕。然而，反对者们却认为，人头税是极端不公平的，因为它没有考虑到人们支付能力的差异。例如，对居住在同一个镇的同样的单身妈妈来说，其中一个收入低下的普通侍应生却必须与另一个拥有百万家财的股票经济商承担相同的税收负担。

当然，如果玛格丽特·撒切尔夫人记得英国历史上发生的同类事件的话，她也许就不会尝试征收人头税了。在1881年，由于政府征收了三倍于现今的人头税，爆发了英国历史上大规模的农民暴动。

上述案例说明，推行一项征税政策是不容易的。但是更深层次的问题在于，制定征税政策总是包含了平衡效率优先还是公平优先之间的斗争问题。或正如经济学家们所说的，平等和效率之间有一个权衡问题。

第七章

金融战争：财富的保值增值

PART 01 货币——由贝壳到纸币的神变

不用银圆而用纸币作为货币

纸币是当今世界各国普遍使用的货币形式,而世界上出现最早的纸币,是中国北宋时期四川成都的"交子"。

中国是世界上使用货币较早的国家。根据文献记载和大量的出土文物考证,我国货币的起源至少已有4000年的历史,从原始贝币到布币、刀币、圜钱、蚁鼻钱以及秦始皇统一中国之后流行的方孔钱,中国货币文化的发展可谓源远流长。到北宋时期,我国出现了纸币——交子。

最初的交子由商人自由发行。北宋初年,四川成都出现了专为携带巨款的商人经营现钱保管业务的"交子铺户"。这时的"交子",只是一种存款和取款凭据,而非货币。后来交子铺户在经营中发现,只动用部分存款,并不会危及"交子"信誉,于是他们便开始印刷有统一面额和格式的"交子",作为一种新的流通手段向市场发行。这种"交子"已经是铸币的符号,真正成了纸币。

从贝壳到黄金，从银圆到纸币，纵观国际货币形态的演变历史，实质上是支付体系的演进变化过程。支付体系是经济社会中进行交易的方式。通过考察支付体系的演进历史，可以更好地理解货币的功能和货币形式的发展。数个世纪以来，随着支付体系的演进，货币形式也在不断变化。黄金曾经一度是主要的支付手段，也是货币的主要形式。之后，支票和通货等纸质资产开始在支付体系中使用，并被视为货币。未来支付体系的发展方向影响着货币定义的变化。

商品货币包括实物货币和金属货币。从开始存在交换到金属货币的最终确立，人类经历了漫长的历史。在货币未从其他物独立出来的时候，调整实物货币即物物交换的"法律"只能是交换的规则。

从自由铸造和多种形式规格的货币逐步发展到统一形式的货币,是国家集中行使权力发行和管理货币的开始。因为自由铸造和多形式规格并存的金属货币,仍主要以商品的形式出现,国家并无制定法律以管制之必要。

在我国,直到秦统一中国之后,才统一了币制,相应地颁布了《金布律》,把货币分为两等,"上币为黄金,以镒计;下币为铜",定币名为"半两"。《金布律》是我国最早的货币立法,统一了货币单位——"半两",以及规定官府有管理货币的责任。

铸币的出现突破了"货币天然是金银"的结论,因为不足值的铸币就表明货币所实现的并不是货币作为商品的价值量,而表明了一种社会关系,即出卖者对购买者或者社会获得等量补偿的经济关系。即使不存在货币,这种关系也能实现,例如赊销、记账、易货。当采取其他方式实现此关系比采用货币更方便、快捷时,人们便会毫不犹豫地利用其他方式。因此,铸币的出现促进了货币向两个方向的发展,其中一个发展方向就是货币形态的变化,即纸币的出现。

在西方国家,纸币最早称为银行券。银行发行银行券,用以代替金属货币流通,以其商业信用保证银行券能够兑换金属货币。随着西方国家市场经济的高度发展,为维护国家的经济稳定,便把银行券的发行权集中于少数银行甚至中央银行的手中,用法律规定发行银行的发行条件、银行券的强制兑现以及发行储备等。

在金银本位制的历史条件下,纸币基本是以其所代表的金属含量获得了广泛的流通，金银等金属则是作为它的等价物保存起来，但可以被要求进行兑换。

清朝后期，随着国外先进科学技术的逐渐传入，光绪年间已开始在国外购买造币机器，用于制造银圆、铜圆。后来，广东开始用机器制造无孔铜圆。因制造者获利丰厚，各省纷纷仿效。清末机制货币的出现，是我国古代货币史上由手工铸币向机制货币的重大演变。从此，不但铸造货币的工艺发生了重大变化，而且使流通了两千多年的圆形方孔钱"寿终正寝"。

"交子"是中国也是世界上最早的纸币。纸币的出现是货币发展的重大进步，在经济史上具有划时代的意义。南宋、元、明、清各朝也都发行和使用纸币，不过在中国封建社会里纸币的流通面并不广，尚不能完全代替金属货币。中国纸币的大量发行和使用，是近代以后的事情。

纸币发展成不兑现纸币，即政府将纸币宣布为法定偿还货币（即在支付债务时，人们必须接受它），而不能转化成硬币或贵金属。纸币比硬币和贵金属轻得多，但是只有在人们对货币发行当局有充分的信任，并且印刷技术发展到足以使伪造极为困难的阶段时，纸币方可被接受为交易媒介。

从纸币的发展历史可以看出，纸币从本质上分为两种：兑换型纸币和流通型纸币。兑换型纸币指在金银本位制下的可兑换金属货币的纸币，如中国的代替金属货币流通的飞钱、交子以及西方国家的银行券；流通型纸币指现在各国所实行的纸币本位制下的不能兑换金属的纸币。兑换型纸币并非货币形态的发展，它只是代替金属货币被使用，因此，此时真正的货币仍然是金属货币。对于兑换型纸币来说,可称之为"货币符号""价值符号",但不能推及流通型纸币。可见,兑换型纸币仍然是商品货币形态的一种表现形式,也是由商品货币形态向独立的信用货币形态过渡的形式。

政府掌握货币发行权

今天,几乎所有国家的货币都是由政府垄断发行。人们——甚至包括大部分经济学家——都想当然地以为,货币就是要由政府来发行。

从历史上看,政府很早就掌握了货币发行的特权,统治者都把铸币权当作神圣不可侵犯的权力。因此,尽管私人经营者(特别是银行家和商人)希望能有足值的、稳定的货币,他们自己也完全有能力发行良好的私人货币,但当他们企图用私人发行的货币来取代政府发行的货币时,就会受到统治者毫不留情的压制和取缔。

中央银行,简称央行,是负责该国或该区域(如欧盟)货币政策的主体,通常也是一个经济共同体的唯一货币发行机构。正常的发行方式为贷款和收买外汇。

在现代经济中,中央银行把印出来的钱贷给各商业银行,商业银行再把钱贷给企业或者个人收取利息。中央银行再从商业银行回笼货币,烧掉一部分现钞,又印一些新钞,维持心目中理想的现钞总数,即M0的数量。

大部分贷款是用票据或者电子形式大额走账的,并没有对

应的现钞，总数会大大高于M0的数量，就是狭义货币M1和广义货币M2。例如，支票、活期存款属于M1；M2包括M1，还多出了定期存款这样的大头。一个国家的通货膨胀、货币的国际兑换币值，由该国的实际经济容量以及中央银行操纵M0、M1、M2决定。中央银行的任务是让国家经济平稳运行，就是通过调控通货膨胀、货币币值等来实现的。

政府之所以牢牢地独揽货币发行权，主要是作为一种权力的象征。此外，政府对货币发行的垄断能使执政者从中获得利益。它不仅可以给政府带来丰厚的财政收入，长期作为政府的重要财源，而且由于经济中的各种交易都只能也必须使用政府发行的货币，使之成为政府大权在握的象征，对货币发行权的垄断成为政府力量的重要支柱，对执政者具有特殊的吸引力。政府会千方百计地维护这项特权，决不会轻易放弃它。

货币发行的垄断，为市场的稳定运转注入了一枚强心针。各主要国发生急剧波动的通货膨胀——不可能是不变的和持久的，它几乎一定会产生导致重大的币制改革的政治力量。在极端情形下，它是在恶化为恶性通货膨胀后出现的；然而更有希望的应是远在恶性通货膨胀发生之先就出现这种政治力量。

直到近几年，真正的恶性通货膨胀只是发生在那些进行革命，或经受永无休止的内战，或在大战中被打败的国家当中——1716年至1720年的四年间，约翰·劳使法国银行券发行增大一倍的尝试也许是个例外。然而在现在，一些国家却似乎是在相对和平的环境中滑向恶性通货膨胀的边缘——玻利维亚、阿根廷、以色列就是其中最为突出的几个。这些国家的不幸经历，为我们提供了某些有关一种迄今为止尚鲜为人知的现象的证据。

但1974年诺贝尔经济学奖获得者哈耶克在晚年则指出，政府对货币发行的垄断，恰恰是扰乱市场的主要因素。哈耶克从理论上对于私人发行货币优于政府垄断货币发行给出了一个论证，并提出了多元货币竞争理论。

哈耶克认为，在铸币流通时代，政府垄断货币发行权并没有引起十分明显的祸患，但到了纸币流通阶段，其恶果就开始显露出来。长期以来，货币政策和财政政策一直在"偷情"，凯恩斯主义的政策主张给了他们"神圣的认可"，货币政策和财政政策之间的"婚姻关系"使滥用铸币权成为政府部门"永恒的诱惑"。没有哪一个执政者在银囊羞涩的时候仍能抗拒这种"诱惑"，所以通货膨胀总是会从印钞机里源源不断地流淌出来。

在研究了许多史实后，哈耶克认为通货紧缩是暂时的、区域性的，而通货膨胀却是持久的、广泛性的。社会经济的发展历史在很大程度上是一部通货膨胀的历史，而且是由政府操纵的、为政府利益服务的通货膨胀历史。

在很长一段时间内，欧债危机继续加重金融危机的阴霾，泛滥的美元在全球大行其道。人们开始思考单纯由一国政府控制发行货币的意义是否真的存在，再度把哈耶克的"多元货币竞争理论"搬上台面。

很多学者将美国滥发货币导致世界大宗商品物价上涨作为解释本国通货膨胀的重要理由，我国也不例外，很多学者强调美国因素所导致的输入型通胀是中国物价上涨的根本动力。但这种观点完全不能解释美国的货币政策何以没有在其国内造成通胀，反而在中国造成了通胀。

众所周知，货币对内贬值摧毁国家信用和市场秩序，对外贬值则摧毁跨境经济往来的利益承诺，货币的竞争性贬值已经成为各国以邻为壑的重要政策工具，一些学者甚至将这种政策工具的使用冠以"货币战争"之名。货币竞争是市场选择，而货币战争则是政治博弈。

如何衡量不同国家的钱

自1997年亚洲各国货币大幅贬值以来，各个国家的货币主管当局陆续出台新的货币政策，旨在保持经济平稳运行，稳定本国货币价值，减缓危机的不利冲击。

众所周知，稳定货币价值的一个重要前提，就是应公正衡量一国的货币价值。那么如何公正衡量一国的货币价值，则是人们关注的焦点。目前业内一致公认的方法是通过计算购买力平价和实质有效汇率来公正衡量一国的货币价值。

假定相对于美国钢材的价格（100美元），日本钢材的日元价格（1.1万日元）上升了10%。如果日本的物价水平相对于美国上涨了10%，美元必须升值10%。按照美国、日本的案例以及购买力平价理论说明，如果一国物价水平相对于另一国上升，其货币应当贬值（另一国货币应当升值）。

从1973年至2002年底，英国物价水平相对于美国上涨了99%，按照购买力平价理论，美元应当相对于英镑升值，而实际情况也正是如此，尽管美元只升值了73%，小于购买力平价理论计算的结果。

购买力平价的大前提为两种货币的汇率会自然调整至一水平，使一篮子货物在该两种货币的售价相同（一价定律）。在"巨无霸指数"中，该"一篮子"货品就是一个在麦当劳连锁快餐

店里售卖的巨无霸汉堡包。1986年9月,英国著名的杂志《经济学人》推出了有趣的"巨无霸指数",将世界各国麦当劳里的巨无霸汉堡包价格,根据当时汇率折合成美元,再对比美国麦当劳里的售价,来测量两种货币在理论上的合理汇率。巨无霸指数是一个非正式的经济指数,用以测量两种货币的汇率理论上是否合理,从而得出这种货币被"高估"或"低估"的结论。在一些西方经济学家眼中,麦当劳的巨无霸已经成为评估一种货币真实价值的指数,这个指数风靡全球。两国的巨无霸的购买力平价汇率的计算法,是以一个国家的巨无霸以当地货币的价格,除以另一个国家的巨无霸以当地货币的价格,该商数用来跟实际的汇率比较:要是商数比汇率为低,就表示第一国货币的汇价被低估了;相反,要是商数比汇率为高,则第一国货币的汇价被高估了。举例而言,假设一个巨无霸在美国的价格是4美元,而在英国是3英镑,那么经济学家认为美元与英镑的购买力平价汇率就是3英镑等于4美元。而如果在美国一个麦当劳巨无霸的价格是2.54美元,在英国是1.99英镑、在欧元区是2.54欧元,而在中国只要9.9元的话,那么经济学家由此推断,人民币是世界上币值被低估最多的货币。购买力平价理论认为,人们对外国货币的需求是由于用它可以购买外国的商品和劳务,外国人需要其本国货币也是因为用它可以购买其国内的商品和劳务。因此,本国货币与外国货币相交换,就等于本国与外国购买力的交换。所以,用本国货币表示的外国货币的价格,也就是汇率,决定于两种货币的购买力比率。由于购买力实际上是一般物价水平的倒数,因此两国之间的货币汇率可由两国物价水平之比表示。

选择巨无霸的原因是巨无霸在多个国家均有供应,而它在各地的制作规格相同,由当地麦当劳的经销商负责为材料议价。这些因素使该指数能有意义地比较各国货币。对于用麦当劳巨无霸来测量各个国家的货币购买力,经济学家对它的科学性是持有争议的,因为这种测量方法是假定购买力平价理论成立,而购买力评价理论是否成立尚无统一定论。

计算购买力平价和实质有效汇率的关键在于基础年度、价格指数和贸易加权三项:

(1)基础年度选择的前提是力求国际收支平衡。一般来讲,理想的基础年度是当期支出额接近零,或趋于最低水平。另外,选择的基础年度的会计年度余额也应接近零,这样计算得出的基础汇率比较准确、公正。

(2)各国使用的价格指数不尽相同。美国常用生产者价格指数,日本使用出口价格指数,中国使用零售价格指数等。制定经济目标选用的价格指数应真实反映国际贸易中商品的价格,较为理想的是选用出口价格指数。

(3)如果一国出口总额达到计划指标的60%以上,可选用进出口加权平均数,但因产地和目的地等诸多不同因素导致这种计算更加繁杂。鉴于一般情况下广为关注的是贸易总额中的出口,所以侧重计算出口加权平均数。如中国香港出口总额中85%为转口贸易,其出口总额包括本土出口和转口两个部分,所以可选用出口加权平均数。

购买力平价反映了双边贸易关系,需要长期、公正的汇率累积计算,而实质有效汇率的计算则更复杂,需要更多的数据,但其结果能更有效地多层面反映一国的市值水平、外部竞争能力等。

购买力平价和实质有效汇率是两种科学的衡量货币价值的方法,能为国家宏观调控、正确决策提供重要依据。中国目前人民币市值稳定,为应对金融危机、维护金融秩序做出了郑重承诺和积极努力。在21世纪如何有效采用购买力平价和实质有效汇率,公正衡量人民币价值,科学制定执行货币信贷政策,充分发挥货币经济杠杆的宏观调节作用,确保中国经济稳步增长是我国面临的一大课题。

黄金和美元有何不同

全球金融危机以来,美国急于自救的经济政策,通过现行国际货币体系安排,严重损害到广大发展中国家,特别是以"金砖四国"为代表的新兴市场国家的经济利益。美元内在价值的萎缩使其作为国际储备货币的安全性、公平性和稳定性令人质疑和担忧。

于是,人们怀念起"黄金的年代"。1880—1913年,全球主要经济体政府承诺将各自的主权货币币值与黄金挂钩,并保证以固定的本国货币计价价格自由兑换黄金。作为人类历史上第一个全球性的国际货币体系,金本位制建立在各主权国家国内货币体系普遍实施的基础之上。

这一时期是第一次经济全球化浪潮,经济迅猛增长,商品、劳动力和资本在全球范围内自由流动。而由金本位制衍生而出的金汇兑本位制（1925—1933）和布雷顿森林体系（1945—1971）主导了20世纪两次世界大战之后国际货币体系的构建。以伦敦和英格兰银行为中心的世界金本位制使其成为可能。投资者、进口商和出口商都无须担忧外汇的波动；帝国内的关税保持在较低的水平；英国的法律制度也被其带入到殖民地，这就降低了当地法律和政治的不确定性。

英格兰银行维持金本位的承诺坚定不移，因此仅靠少量的黄金储备就可以将世界金本位团结在一起。大量的资本流动并未导致永无休止的危机，就像我们今天对资本流动的指责一样。世界货币体系没有受到任何干扰。在几十年里，硬通货依然很硬；汇率保持固定；利率保持在较低的水平；黄金依然是这一切的基础。尽管其间也出现过金融动荡，而且还爆发过一系列战争——西班牙和美国之间的战争、俄日战争，还有巴尔干半岛小规模的一些冲突，以及导致1914年第一次世界大战爆发。但是，它仍然不失为世界上此前以及此后最好的货币稳定的表现形式。

金本位制下，各主权国的纸货币供给数量和增长率都严格受到本国货币当局黄金储备的制约，国内价格水平受到严格控制。只有当国内黄金产量或储备短期内急剧变化时，货币供给和价格水平才会有较大波动。

如果用黄金做本位币的话，会带来另一个问题，全球将面临通缩的风险。因为黄金实物数量有限，若用黄金做本位币，将出现货币不够用的情况。而且最重要的一点是金本位最大的缺陷就在于不能创造信用，而现代经济是信用经济，特别从19世纪开始随着工业革命产生，生产力不断发展，而且超越了国界，更注重信用经济，于是有了现代银行制度，所以金本位退出历史舞台有其必然性。

英镑取代黄金的历程，也确定了金本位的货币制度，但日不落帝国国势渐衰，再加上一次次金融危机和战争的冲击，英镑的国际地位日益低落，谁会取代英镑成为新的世界货币？这一个答案随着二战的进行而揭晓。1859—1918年，美国工业总产值从不到20亿美元上升到840亿美元，黄金储备从占全球储备总量的17%上升到59%，贸易量则从4%上升到39.2%，随着贸易量的大幅增加，美元取代英镑，成了当时使用量最大的国际货币。

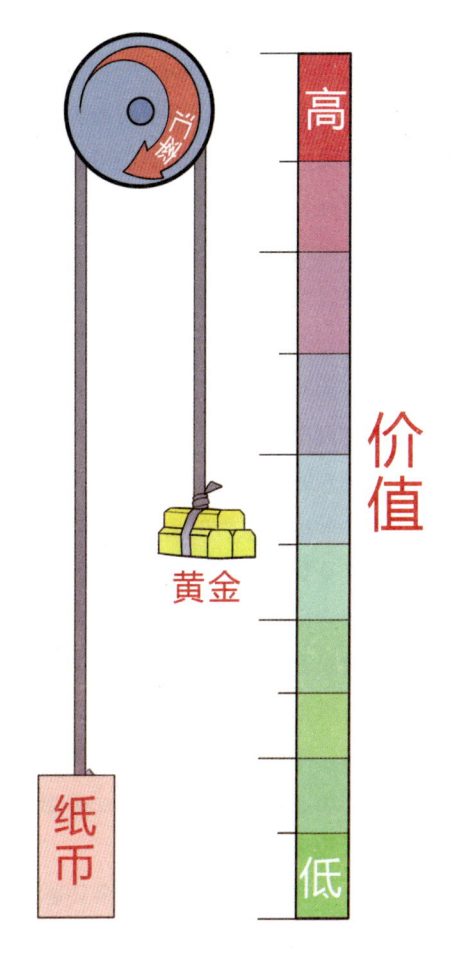

在那一时期，手握美元是一件时髦而且实惠的事，美国民众享受着因此而来的奢华生活，总统罗斯福和财政大臣们也正

在为一项更强大的振兴计划精心筹划着。

最终这一愿望在布雷顿森林会议上得以实现，美元取代英镑成了最主要的世界货币。此后，美元成了美国实施扩张计划最强有力的武器。1947—1949年，仅接受马歇尔计划和欧洲合作组织的十几个西欧国家，对美国的借贷就高达16亿美元，这些国家需要大量的美元来填补财政赤字，而又得不到充足的美元，造成了当时普遍的"美元荒"，这种状态持续了整整10年。在此期间，美国保持着头号世界强国的地位，美元是那时唯一可自由兑换的货币，在国际上的地位如日中天，世界货币开始进入美元世纪。

地缘政治的动荡、全球金融危机后遗症、欧美债务危机，甚至还要包括"9·11"事件以后美国耗资巨大的反恐战争等综合因素，刺破了长期以来美元主导下滥发"纸币"的泡沫，寻求价值之"锚"的各国央行和投资者抓住了黄金。于是，具有天然货币属性的黄金登场表演了。当国际金融秩序恢复正常，回复信用货币时代是必然的，要么美元走强，消减黄金的作用；如果美元依然无法担当，将有别的货币取代美元，比如人民币。

其实，人们偏爱黄金只是相信以黄金为后盾的货币更稳定。因为货币当局没有办法印刷更多的纸币，也没有办法制造一场通货膨胀，从而从百姓手中盗取铸币税。

每当世界经济经历"扩张—通胀—衰退"的轮回后，特别是世界经济危机后，要求回到"黄金的时代"的呼声甚高。上一次认真研究重回金本位制的可能性，是经历整个20世纪70

年代高通胀和低增长的里根总统，尽管最终这一提议被否决。

毋庸置疑，重返金本位制确实面临重重困难，比如国际黄金储量不足以支撑当前全球经济贸易投资的需求。但并不是说，因此黄金就能彻底取代美元在世界上的位置，国家间的双边贸易完全可由各国货币结算。另外，恢复实行金本位制将额外产生的大笔交易成本和各国货币汇率重估发生的价值损益等都是棘手的问题。

PART 02　金融——像逛超市一样逛银行

相信美联储还是相信第六感

普通人的感官包括眼（视觉）、耳（听觉）、鼻（嗅觉）、舌（味觉）、肌肤（触觉）或是其他现今科学熟悉的感官。人们常常用第六感来表示除此以外的超感觉，第六感是一种某些人认为存在的能力。此能力能透过正常感官之外的管道接收信息，能预知将要发生的事情，与当事人之前的经验累积所得的推断无关。

第六感经常不靠谱，但是面对更加不靠谱的美联储，我们是不是还真得考虑相信自己的第六感直觉？

1913年诞生的美国联邦储备体系（简称美联储）在法律上的地位有些特殊，它并非美国政府的一个机构，但也不是真正的私人机构。严格地说，美国联邦储备体系由两部分组成：联邦储备委员会（联邦储备系统管理委员会）和12个地区性的联邦储备银行。《联邦储备法》和其他法案规定了联邦储备体系的正式结构以及谁在美联储内部占据决策地位。

联邦储备委员会通过在华盛顿特区的办公室来监督整个系统，它的构成像一个政府机关：它的7个理事会成员是由总统提名，但要得到参议院核准。他们的任期为14年，目的是摆脱来自政治方面的压力。

在美国经济大萧条时期，银行法允许新成立的联邦储备委员会有效控制其余两个货币政策的工具，即公开市场操作和变动法定准备金率，从而推动了权力的进一步集中。1933年的银行法赋予联邦公开市场委员会决定公开市场操作的权力，1935年的银行法将公开市场委员会大部分的投票权分配给联邦储备委员会，并且赋予联邦储备委员会变动法定准备金率的权力。

20世纪30年代之后，联邦储备委员会获得了操作货币政策工具的控制权。近年来，委员会的权力进一步增强。虽然由联邦储备银行的董事（经过委员会同意后）选出其行长，但委员会有时会向董事们推荐联邦储备银行行长的人选（通常为职业经济学家），而董事通常会听从委员会的建议。由于委员会能够制定银行行长的工资标准,审查各个联邦储备银行的预算,因此对储备区银行的业务活动可以实施更大的影响。

最为普通人熟知的是美联储对于经济形式的预测。美联储每年年初向国会提交上一年的年度报告(需接受公众性质的会计师事务所审计)及预算报告(需接受美国审计总局的审计)。人们形容的"格林斯潘一打喷嚏,世界经济就下雨",就是美联储对世界经济影响力的最好写照。但是,自从美国金融危机以来,飘忽不定的美联储似乎并没有像以前那样准确了。

美国经济崩溃的一个重要原因是市场已经不相信美联储的判断,20世纪90年代末,美联储加息尾声的错误决策使得市场心存余悸。尽管美联储一直保持乐观,但市场不为所动。美国政府公布的数据显示,2010年11月,零售销售大幅跳升,消费者开始疯狂购物,这将巩固美国联邦储备理事会(FED)的看法,即房市降温尚未危及经济其他领域。早在2007年10月份,美联储开始定期公布美联储理事会和储备银行的三年预测。当时,美联储旗下17家储备银行关于国内生产总值增长预测介于2.2%~2.7%,但是2010年美国国内生产总值的实际增长为3%,完全超出美联储的预测范围。

美联储的预测者告诉我们,2010年的失业率将介于4.6%~5%之间,但事实上,当年的失业率完全超出美联储的预测,高达9.6%,是美联储预测的两倍。此外,美联储的预测者们还进一步预测,个人消费开支价格指数和核心通货膨胀率将介于1.5%~2%。事实上,前者为1.3%,后者为1%。数据显示,美联储

2007年所公布的三年预测得分是0∶4。实际上，美联储关于"能告诉当局未来走势"的承诺，是有诸多缺陷的。截至2006年的两个10年内，在预测一年经济数据方面，美联储旗下专家的表现远不如美联储之外的那些行业人士。自2007年开始，美联储的三年预测根本就没起到任何作用。

这也就意味着伯南克的新透明宣传，实际上是给美联储的观察业务注入了新风险。联邦公开市场委员会此前曾在声明中明确警告称，美联储未来政策的调整，将取决于通货膨胀率和经济增长前景的改变。现在，美联储又说了截然不同的一席话：美联储相信未来信息将不会让该央行现有预期发生重大改变。

以美联储自己制定的目标来衡量，美联储创立之后，美国经济的表现是否比创立之前更好？相比1913年前，二战后美国政府在国民经济中的作用大大加强，采取反经济周期的举措以稳定经济的情况也较多。就凭这一点，主流经济学本身就坚持认为，美国经济本应当在近现代史上有更为出色的表现。而事实上，它表现更糟，原因可能是什么呢？破坏经济稳定的首要嫌疑人就是美联储。

我们所看到的是，美联储依然坚持着自己极度宽松的货币政策，他们宣称，由于我们的经济复苏是如此脆弱，他们必须持续给予支持。现在，大多数人都相信，作为所谓"第二轮量化宽松计划"的一部分，美联储还将继续采购国债，而且他们将在相当长的时期内持续将利率压制在零水平附近，来推动经济增长。

换言之，美联储将宏观经济看作是一个病人，在后者能够自己站起来之前，他们都将持续进行廉价资本的输血。难道美联储没有看到那些大宗商品的价格上正在发生些什么——汽油、谷物、金属和各种原材料概莫能外？通货膨胀已经渗透到了各个角落，他们真的不知道？

美联储说，通货膨胀至少现在还不是问题，他们或许是正确的，但是麻烦在于没有人愿意相信。这不但造成了公信力问题，还造成了一个更大的麻烦：如果消费者和企业开始相信通货膨胀正在抬头，那么他们基于这种预期的实践就足以让原本错误的想法最终变成现实。

监管让你**不得不做"空中飞人"**

一名富翁每年时常乘坐私人飞机进出英国空域，在空中度过午夜，不为享受奢侈，只求避免纳税。

按照规定，每年在英国停留时间平均超过 91 天，需要纳税。

前英国首相戴维·卡梅伦的助手莎拉·萨瑟恩披露，一名支持执政党保守党的富翁"有时乘喷气式飞机出去，半夜后飞回来，所以就不算一整天"。

英国《每日邮报》援引萨瑟恩的话报道，那名富翁乘坐直升机前往英国首都伦敦以北的卢顿机场，换乘私人喷气式飞机，离开英国空域，在飞机内卧室睡一晚。

她说，那名富翁非常有钱，只要能尽量在英国"白待"，逃避大笔税收，不在乎飞行花费，号称"你可以每周在私人喷气机上睡 3 晚，想干什么就干什么。整个世界都是你的"。

2010年以前，进入或离开英国的当天不计入停留时间，因而那名富翁每飞一晚可以"节省"两天。英国税务当局随后修改规定，如果当天入境，待到午夜，算作一天。这些"空中飞人"所惧怕的正是政府机构的监管，税收只是政府对金融机构或者个人进行监督和控制的一部分。

金融监管的传统对象是国内银行业和非银行金融机构，但随着金融工具的不断创新，金融监管的对象逐步扩大到那些业务性质与银行类似的准金融机构，如集体投资机构、贷款协会、银行附属公司或银行持股公司所开展的准银行业务等，甚至包括对金边债券市场业务有关的出票人、经纪人的监管，等等。

监管者与政治家是纳税人（委托人）的最终代理人，因为归根结底，纳税人承担了存款保险机构的一切损失。由于代理人（政治家或监管者）在追求经济成本最小化方面与委托人（纳税人）的动机不一致，因此必然产生委托—代理问题。但是，是不是成为"空中飞人"就能真正逃脱控制？假如你是一个金融高管，账户上出现了不明来源的巨款，看看有没有人会主动找你"谈谈"。

政府的监管谁都逃脱不了，包括华尔街。

美国低收入者向银行借款以后，随着利率上升和房地产降温，其偿债风险也逐步产生。为了尽快将次级贷款收款权变现和防范风险，放贷银行通过金融衍生品出让收款权，而投资银行又再次甚至多次通过金融衍生品，将收款权出让。华尔街把次级贷包装、重组成CDS向世界各国大肆兜售。

华尔街自己制定规则，自己生产、销售那些让人眼花缭

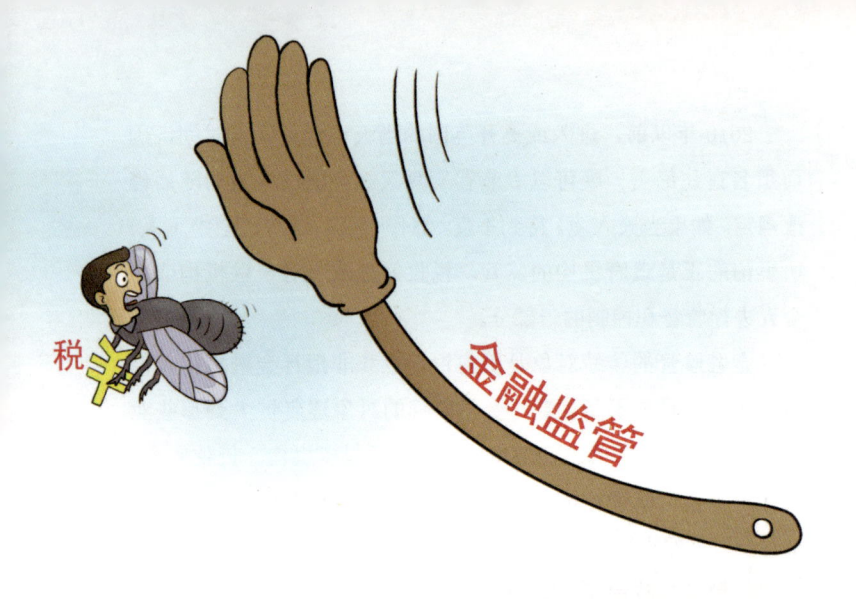

乱看不懂的金融衍生产品。华尔街用1美元做100美元，甚至1000美元的生意。就这样，华尔街以一个不可思议的杠杆率，用1.2万亿美元的次贷按揭债券套牢了一个价值1000万亿美元的衍生品市场。这1000万亿是什么概念？2007年全球所有国家的产值也只有50万亿，而这个所谓金融衍生品市场是其20倍。

金融机构对高管的激励措施往往与短期证券交易受益挂钩，在高薪驱动下，华尔街的精英为了追求巨额短期回报，纷纷试水"有毒证券"，从而从事金融冒险。那些衣着光鲜的金融高管每天只需打几通电话或者在电脑键盘上敲击几下，就可以获得非洲、亚洲一个农民一年的收入。即使在金融危机爆发后，这些金融高管还要求发高额奖金。

华尔街过度创新的金融工具，缺少监管、过度杠杆化的金融风险以及过高的金融高管的薪资压垮了华尔街。如果华尔街失去了金融监管，世界将会变得多么危险。

我们知道，如果监管者从纳税人利益出发，最大限度地降低存款保险机构的成本，需要完成几项任务。他们必须对风险过大的资产予以严格限制，制定较高的资金要求，并且不得采取允许资不抵债机构继续运营的监管宽容的态度。然而，由于委托代理问题的存在，监管者有反其道而行的动机。

事实上，在储贷协会破产危机的悲剧中，监管者时常放松资本金要求和对风险资产的限制，并采取监管宽容的态度。监管者之所以这样做，一个重要原因是试图逃避监管不力的指责。通过放松资本金要求和奉行监管宽容的理念，监管者能够掩盖资不抵债的银行的问题，并寄希望于这种状况会得以改善。有经济学家将监管者的这种行为称为"官僚赌博"。

监管者的另外一个动机是，通过向对其事业最具影响力的人的妥协，换取职位的稳定。这些人不是纳税人，而是政治家，他们力图让监管者放松对金融机构的监管，因为这些机构往往是其竞选的主要赞助者。国会成员经常游说监管者放松对某一储贷协会的管理，因为这个储贷协会曾经为其竞选赞助过大笔款项，受政治势力严重影响的监管机构很容易屈服于这些压力。

此外，美国国会与政府促成的1980年与1982年的银行法，使得储贷协会更容易从事高风险业务。这两部法律通过后，由于许可储贷协会经营的范围进一步扩张，对其加强监管的需要也随之变得相当迫切。储贷协会的监管机构需要更多的资源实施有效监管，但（被储贷协会成功游说的）国会不愿意拨出必要的资金。于是，储贷协会的监管机构出现人员不足，资金短缺，不得不削减必要性最大的实地检查。

我国最初的金融监管工作是由央行来执行的。但随着和国际接轨，要求央行加强制定货币政策的职能，因此央行的监管职能被独立出来，形成银监会和保监会，对所有金融机构包括银行和非银行进行监督管理。

想做"空中飞人"？其实，你并没有飞出"如来佛祖"的手心。

"外币往来"的外汇市场

A国有一个人要去B国旅游学习，当时A国与B国的汇率是1∶9，离开A国时，他带了1万元钱。到了B国，他先用1万元兑换到B国当地9万元钱。这个人在B国一共住了两年多，花了当地3万元钱。当他准备启程离开时，当地钱升值，对A国汇率为1∶5，于是这位旅行者就用剩下的6万元B国钱换到了1.2万元A国钱。也就是说，他白白地在B国玩了一趟，还净赚了2000元。这就是外汇市场的本质，利用汇率的多变性赚取差价，现在已经有越来越多的人投入汇市。那么外汇市场究竟是怎样运作的？它为什么会成为投资热点？

前些年，普通投资者对外汇市场的了解仅是一个外币的概念，然而历经几个时期的演进，它已较能为普通投资者所了解，而且已应用外汇交易为理财工具。

事实上，不论是否了解外汇市场，我们都已身为其中的一分子，因为口袋中的钱已使你成为货币的投资人。比如你居住于中国，各项贷款、股票、债券及其他投资都是以人民币为单位，换言之，除非你是少数拥有外币账户或是买入了外币、股票的多种货币投资人，否则就是人民币的投资者。如果你居住在日本，基本上你已选择了不持有其他国家的货币，因为你所买入的股票、债券及其他投资或是银行账户中的存款皆以日元为单位。无论日元的升值或贬值，都可能影响你的资产价值，进而影响到总体财务状况。所以，已有许多精明的投资人利用外汇汇率的多变进行外汇交易而从中获利。

外汇市场交易方式包括即期外汇交易、远期外汇交易、掉期交易、外汇期货交易和期权交易。按外汇所受管制程度进行分类，外汇市场可以分为自由外汇市场、外汇黑市和官方市场。

自由外汇市场是指政府、机构和个人可以买卖任何币种、任何数量外汇的市场。自由外汇市场的主要特征是：第一，买卖外汇不受管制；第二，交易过程公开。例如美国、英国、法国、瑞士的外汇市场皆属于自由外汇市场。

官方市场也就是指按照政府的外汇管制法令来买卖外汇的市场。这种外汇市场对参与主体、汇价和交易过程都有具体的规定。在发展中国家，官方市场较为普遍。

外汇市场更像一个农贸市场，所有的买家和卖家完全是开放的，体现了绝对的自由，买家可以自由地询价，卖家可以自由地报价，双方完全是在自愿的情况下进行交易。成交价格对于双方来说是"一个愿打，一个愿挨"，这一点和股票市场是完全不一样的，外汇市场没有集合竞价和电脑集中撮合的规矩。

另外，外汇市场并不是传统意义上的"市场"，它并没有像股票和期货那样有具体的交易场地，而是通过银行、企业和个人之间的电子网络进行交易。你不可能在一个集中的场所观察利率的变动；货币的交易不在纽约股票交易所等交易所中进行。外汇市场是以场外市场的形式组织，几百个交易商（大部分是银行）随时准备买入和卖出以外国货币计价的存款。由于这些交易商可随时通过电话和电脑联系，因此市场是极具竞争性的，事实上它的功能与集中的市场没有差别。1989年4月，全球每天进行的外汇交易超过6000亿美元，其中1840亿美元是在伦敦进行交易的，1150亿美元是在美国进行交易的，1110亿美元是在东京交易的。仅仅12年后，截至2001年4月，全球平均每天的外汇交易量就已跃升至1.2万亿美元左右，其中5040亿美元是在伦敦交易的，2540亿美元是在纽约交易的，1470亿美元是在东京交易的。外汇交易在许多金融中心进行，其中最大的交易发生在诸如伦敦、纽约、东京、法兰克福以及新加坡之类的大都市里。世界范围的外汇交易量极为巨大，而且近年来还在不断膨胀。

在外汇交易过程中，直接的银行间市场是以具有外汇清算交易资格的交易商为主，他们的交易构成总体外汇交易中的大额交易，这些交易创造了外汇市场的交易巨额。也正是由于没有具体的交易所，因此外汇市场能够24小时运作。

世界上大部分国家都有自己的货币，如美国的美元、欧洲货币联盟的欧元、巴西的瑞亚尔、印度的卢比等。国家间的贸易涉及不同货币之间的兑换，例如美国企业购买外国商品、劳务或者金融资产，需要将美元（通常是以美元计价的银行存款）兑换成外国货币（以外国货币计价的银行存款）。

货币和以特定货币计价的银行存款的交易在外汇市场中进行。外汇市场中的交易决定了货币兑换的比率，进而决定购买外国商品和金融资产的成本。

需要注意的重要一点是，当银行、公司和政府谈及在外汇市场上买卖货币时，它们不是攥着一把美元钞票，卖出后收取英镑纸币，大部分交易是买卖不同货币计价的银行存款。因此，当我们说银行在外汇市场上购买美元，我们实际的意思是银行购买以美元计价的存款。这一市场的交易规模十分庞大，每天超过1万亿美元。

外汇市场上的单笔交易有时超过100万美元。决定汇率的市场不是为出国旅行购买外国货币的地方，事实上，我们是在零售市场上从交易商（如自营商或者银行）手中购买外国货币。由于零售价格高于批发价格，当我们在零售市场上购买外汇时，1美元所换取的外国货币的数量少于在外汇市场上交易所获得的外汇货币数量。

如何在对冲基金中赚大钱

就在美国金融危机遥遥无期，人们陷入债务泥潭，经济全面萧条的时刻，金融杂志 *Alpha* 于 2009 年 4 月 13 日发布的一则消息引起了人们的关注：国际著名对冲基金投资者索罗斯自 2007 年美国陷入经济危机至今，总共大赚了 27.5 亿英镑，并居年度赚钱最多的对冲基金经理排名榜第四名。报道称，索罗斯等对冲基金经理的做空投机活动，被指是引发金融海啸的原因之一。这个消息令不少在经济危机中损失惨重的商人愤慨。看到这里你一定很奇怪：对冲基金怎么会在经济全面萧条的背景下赚那么多钱？到底什么是对冲基金？

对冲基金，也称避险基金或套利基金，意为"风险对冲过的基金"，起源于 20 世纪 50 年代初的美国。当时的操作宗旨在于利用期货、期权等金融衍生产品以及对相关联的不同股票进行实买空卖、风险对冲的操作技巧，在一定程度上可规避和化解投资风险。

经过几十年的演变，对冲基金已失去其初始的风险对冲的内涵，演变为一种新的投资模式的代名词，即基于最新的投资理论和极其复杂的金融市场操作技巧，充分利用各种金融衍生产品的杠杆效用，承担高风险、追求高收益的投资模式。1949 年，一位专栏撰稿人琼斯用妻子的 10 万美元积蓄创办了第一家对冲基金公司，他当时的想法很简单，就是厌烦了"低买高卖"的传统炒股，想尝试从有钱人手中募集资金，并用各种金融工具来降低股价的波动风险来赚取利润。

琼斯在股票投资中，首次将"卖空"应用到投资。因为单纯的"卖空"生意存在巨大的风险，琼斯将其与股票买卖联系起来：一方面用通俗的做长线的手法，低价买进几种具有投资价值的潜力股票；同时他又买进能够反映市场平均水平的股票，在市场上卖出。这样，只要买进的长线股票涨幅高于卖空的平均指数的股票，就会赚钱；相反，即使股市下跌，只要买进的长线股票的跌幅小于指数跌幅，也会盈利。这种金融游戏的好处是它可以给基金投资者非常高的回报。原因是对冲基金可以操控比自有资本大得多的交易，因为它可以用"卖空"过程中获得的现金去"买空"。有时候对冲基金可以控制比自有资本大100倍的交易，这意味着如果它控制的资本上升1%或者它的负债下降1%，它的资本就会翻一番。

对冲基金的组织结构一般是合伙人制。基金投资者以资金入伙，提供大部分资金，但不参与投资活动；基金管理者以资金和技能入伙，负责基金的投资决策。由于对冲基金在操作上要求高度的隐蔽性和灵活性，因而在美国，对冲基金的合伙人一般控制在100人以下，而每个合伙人的出资额在100万美元以上（不同的国家对于对冲基金的规定也有所差异，比如日本对冲基金的合伙人要求控制在50人以下）。由于对冲基金多为私募性质，从而规避了美国法律对公募基金信息披露的严格要求。2011年，中国香港证监会公布，保尔森对冲基金公司已在2月21日获得中国香港证监会发放的第一类牌照，获准在中国香港销售自己和其他公司的基金，并从事经纪业务。这是继2010年索罗斯在中国香港设立办公室后，第二家声名显赫的国际对冲基金公司进驻中国香港。此外，国际对冲基金德韵集团则在上海开设了工作室。

2011年，当时全球最大的对冲基金公司之一的尼克斯联合基金公司总裁詹姆斯·查诺斯宣称，他募集了2000万美元的离岸基金，对赌中国房地产泡沫破裂。

和詹姆斯·查诺斯一样，41岁的苏格兰对冲基金经理休·亨德利在2011年发行了做空中国经济的特殊基金——中国"问题"基金，该基金类似巨灾保险。如果中国经济自身竞争力下降，该基金的投资者将会获得数倍的回报。

让琼斯想不到的是，在几十年后的今天，他发明的对冲基金已经成为少数人手中的金融"武器"，一种可以让无数人倾家荡产，甚至可以影响一个国家的金融工具。

钱太多也是最近对冲基金迅速发展的原因。近几年来，国外对冲基金的发展非常迅速，已经从几年前的千余家发展到上万家，所

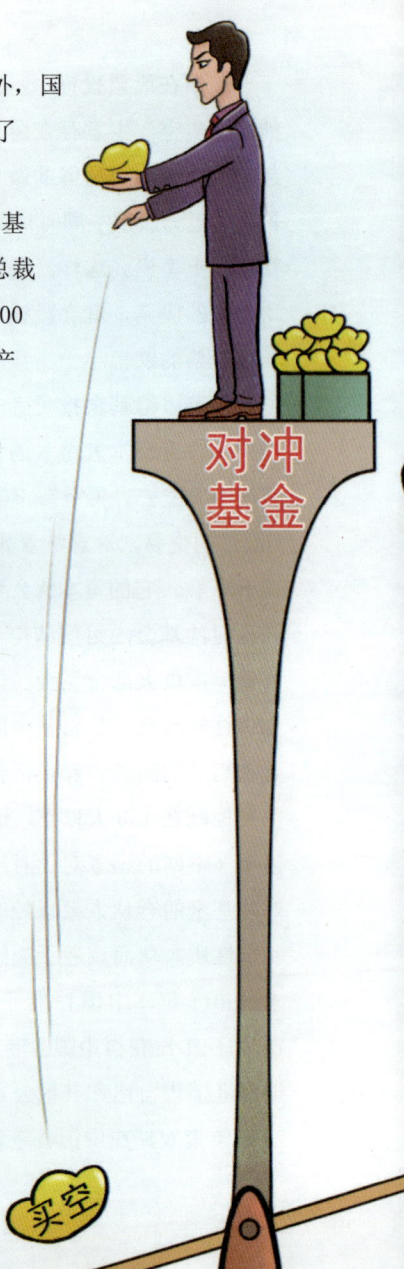

管理的资金规模有的已经超过700亿美元,投资的领域几乎囊括证券投资、股权投资、收购兼并等资本运作的所有领域。

目前中国内地私募基金虽已出现对冲基金雏形,具有一定私募性和灵活性,但缺少对冲基金的灵魂——对冲(即同时进行两笔行情相关、方向相反、数量相当、盈亏相抵的交易)。在内地没有引入做空和对冲机制以前,其实没有一款"对冲基金"是名副其实的。

这种金融游戏的坏处在于对冲基金亏损起来也非常快。如果市场变化与对冲基金的估计相反,很容易就会耗尽对冲基金的资本或者至少可以损失到使它丧失卖空的能力,那些借给对冲基金股票或者其他资产的债权人会要求还债。

PART 03　复利——时间是最好的资本

降息和"五加星期三"一样无意义

一个精神病院里的三个病人要求出院。心理医生对他们进行测试,问了他们同一个问题:"二加二等于几?"第一个病人回答:"等于五。"第二个病人回答:"等于星期三。"第三个病人回答:"等于四。"于是,前两个病人被送回病房,第三个病人被允许出院。他临走时,医生随口问起他是怎么得出答案的,病人回答:"先生,这还不容易?把五加上星期三就是了。"

这是前美国联邦储备委员会主席艾伦·格林斯潘网页上的一则笑话,是某天格林斯潘与他的老朋友——前美国证监会主席阿瑟·莱维特打高尔夫球时讲的。

有着"经济沙皇""美元总统"称号的格林斯潘,在现实生活中是头顶见光、满脸皱纹、戴着黑框眼镜,并永远穿着深色西服、前言不搭后语的糟老头儿。作为美国第十三任联邦储备委员会主席，艾伦·格林斯潘曾多次访问中国，许多人把他当成是美国国家经济政策的权威和决定性人物，比如他决定美国政府对通货膨胀的态度。格林斯潘讲话时往往没有中心，语言晦涩且模棱两可，他被媒体业界看作是"经济学家中的经济学家"和"语言大师"。

这个年过80岁的老人对经济的影响无人能及，而他最拿手的武器就是"降息"。1994年，他一次接一次地提高利率，被人视为"简直疯狂"；1998年的全球金融危机中沉着应战，三次削减利率，从而使美国免受金融危机的波及；2000年初，在没有任何预兆的前提下，格林斯潘挥舞大棒，美国联邦储备委员会宣布调降联邦基金利率0.5个百分点，世界股市顷刻之间暴涨，发生在格林斯潘身上的这种事不知有多少。

格林斯潘在任的18年时间里，美联储从未有过一次降息幅度超过50个基点，他主导的25个基点的渐进式调整策略，被外界称为"25厘智慧"。格林斯潘最擅长拿利率说事儿。而他手中的利率指的就是钱的价格，如同物价如果上升的话钱的价格就会下降一样，利息下降就意味着钱的价格下降。因此，美国调降利息成了美元贬值的主要原因，因美国的利息导致美元的贬值；相反，人民币相对就会升值。当然，如果美国也同时对人民币调降相同的利率，那么人民币也会贬值，这样对人民币和美元的汇率不会产生任何影响。

利息下调，企业的利息负担就会相应下降，企业就会考虑加大投资。假设银行的利息率为10%，企业如果在这时从银行贷款加大投资，那么至少要取得10%以上的收益，才有能力归

还贷款利息费用；当然，假如利息为8%，那么企业要至少取得8%的利润。从消费者的观点来看，当银行利息率为10%时，这时没有把钱存入银行，就少收了10%的利息款。

如果银行调低利息，保存现金的机会成本也跟着下降，消费增加。投资和消费增加，经济不就好转了吗？因此，降息成为刺激经济复苏的一种经典的重要手段。

降息对企业的结构调整也会产生重要影响。它将有助于改善企业收益，让暂时还未赢利的企业也看到了希望。若降息的效果显著，仅仅凭借与实物竞争力不相关的利息费用的节约就可能会让陷于绝境的企业起死回生。这种效果若好，这世界上就再也找不到应该被砍掉的树了。

格林斯潘的降息对稳定美国经济起到了关键的作用，就算时至今日，降息仍旧是美国走出金融危机泥淖的重要救命稻草。但是，是不是说降息就一定能够使濒临危机的国家经济起死回生呢？在谈论全球经济走势时，"转暖"和"恢复"是最常见的两个词。

可怜的是日本还曾被称为是"失去的10年"。失去的10年是日本描述本国90年代经济不景气情形时常用的一个词。日本由于结构调整和经济改革迟缓等缘故，导致公共负债是国内生产总值的123%，与某些发达国家40%～60%相比，这是相当高的比率。

虽然日本政府使尽了手段想恢复经济，但收效甚微。政府扩大支出扶持企业，却只是增大了财政赤字，利率已经低于1%，但民间投资仍然奄奄一息地"蜷缩"在那里。虽然经济发展不太尽如人意，"脾气"倒还是不小，频频跟国际信用评级机构"犟嘴"，结果，26年来头一遭被国际两大知名信用评级机构穆迪和标准普尔给整了一顿，信用评级由最上级（AAA）降到了次长级（AA+）。日本可以看成是物价下降和经济停滞并行的通货紧缩的典范。但是日本问题还不在于通货紧缩本身，指望通过降息来复苏的日本政府的努力似乎全部付诸东流了。当一国遭遇经济不景气时，传统的处方就是中央银行降低利率或政府扩大财政支出，当时日本政府果断将利率由原来的0.75%降至0.50%，而扩大财政支出导致累积负债率已达到了年生产总额的1.2倍。尽管如此，望眼欲穿的经济复苏似乎仍很渺茫。

凡事都不能绝对化，并不是说利息降低，投资和消费就一定会增长，只有当消除不安感，对未来有了希望，投资才会增加。也正因为如此，日本虽然连续几年将利息降至1%左右，但都未能让消费和投资复苏，所以降息对日本来说，就像"五加上星期三"一样没有任何意义。

假如利率已经降到了不再让投资者感兴趣的份儿上,这时无论利率再怎么下调,投资者都不会考虑投资,这样一来,指望用调息来刺激经济的手段全方位失败,这种现象被称作"流动性陷阱"。国民经济就将陷入一种无论涨息或降息都事不关己,投资者、企业和消费者对利息涨降都漠不关心的"陷阱"当中。一旦陷入流动性陷阱当中,利息政策将不再起任何作用。可见,青蛙要从井里跳出来,还得多想几套招数才行。

躺着赚钱的金融家和街边乞丐

金融行业高管拿百万高薪并非什么新闻,多家银行发布补充年报,披露其高管收入,动辄几百万元,甚至有人年收入超过2000万元。

2007年,深发展董事长法兰克·纽曼2285万元的税后年薪,或者是民生银行两位高管超过1000万元的年薪,这样的薪酬水平即便是到了今天在很多人看来都"高得离谱",特别是与同等规模或者创造同等利润的非金融企业相比更是如此。同样,即使在金融业中待遇偏低的国有银行高管,与其他"副部级"国企的高管相比,薪水也是"高得离谱"。在金融家高薪的背后,是人们议论纷纷与横加指责。人们当然愤愤不平:金融家朝九晚五,生活如此安逸还能够赚钱。相比之下,却有那么多的乞丐在路边乞讨,一整天只够解决温饱。在乞丐进行乞讨的时候,金融家在床上轻轻松松把钱赚到手,为什么会这样?

原因就在于，金融家们掌握了复利的奥秘。爱因斯坦曾经这样感慨道："复利堪称是世界第八大奇迹，其威力甚至超过原子弹。"

复利竟有如此神奇的力量。那么究竟什么是复利？

复利是指在每经过一个计息期后，都要将所生利息加入本金，以计算下期的利息。这样在每一个计息期，上一个计息期的利息都将成为生息的本金，即以利生利。复利和高利贷的计算方法基本一致，是将本金及其产生的利息一并计算，也就是人们常说的"利滚利"。

复利计算的特点是：把上期末的本利和作为下一期的本金，在计算时每一期本金的数额是不同的。

复利现值是指在计算复利的情况下，要达到未来某一特定的资金金额，现在必须投入的本金。所谓复利也称"利上加利"，是指一笔存款或者投资获得回报之后，再连本带利进行新一轮投资的方法。复利终值是指本金在约定的期限内获得利息后，将利息加入本金再计利息，逐期滚算到约定期末的本金之和。

例如拿10万元进行投资的话，以每年15%的收益来计算，第二年的收益并入本金就是11.5万，然后将这11.5万作为本金再次投资，等到15年之后拥有的资产就是原来的8倍也就是80万，而且这笔投资还将继续以每五年翻一番的速度急速增长。

这其实是一个按照100%复利计算递增的事例。不过在现实中，理想中100%的复利增长是很难出现的，即使是股神巴菲特的伯克希尔哈撒韦公司，在1993年到2007年的15年里年平均回报率也仅为23.5%。

不过，即使只有这样的复利增长，其结果也是惊人的。金融领域有个著名的"72法则"：如果以1%的复利来计息，经过72年后，本金就会翻一番。根据这个法则，用72除以投资回报率，就能够轻易算出本金翻番所需要的时间。

比如投资的平均年回报率为10%，那么只要7.2年后，本金就可以翻一番。如果投资10万元，7.2年后就变成20万元，14.4年后变成40万元，21.6年之后变成80万元，28.8年之后就可以达到160万元。每年10%的投资回报率并非难事，由此可见，要想财富增值首先必须进行投资。根据"72法则"，回报率越高，复利带来的效应收益越大。而银行的存款利息过低，所以储蓄并不是增值财富的根本选择。要想保持高收益，让复利一展神奇的话，那就需要进行高回报率的投资。

从复利的增长趋势来看，时间越长，复利产生的效应也就越大。所以，如果希望得到较高的回报，就要充分利用这种效应。进行投资的时间越早，复利带来的收益越大。在条件允许的情况下，只要有了资金来源，就需要进行制订并开始执行投资理财的计划。

复利的原理告

诉我们，只要保持稳定的常年收益率，就能够实现丰厚的利润。在进行投资的选择时，一定要注重那些有着持续稳定收益率的领域。一般情况下，年收益率在 15% 左右最为理想，这样的收益率既不高也不低，稳定而易于实现。找到稳定收益率的领域后，只要坚持长期投资，复利就会让财富迅速增值。

还要注意到，复利的收益是在连续计算的时候，才会有神奇的效应。这就要求我们在投资的时候，要防止亏损。如果一两年内，收益平平还不要紧，一旦出现严重亏损，就会前功尽弃，复利的神奇也会消失殆尽，一切又得从头开始。利用复利进行投资时，需要谨记的是：避免出现大的亏损，一切以"稳"为重。华人世界的首富李嘉诚先生自 16 岁白手起家到 73 岁时，57 年的时间里他的资产达到了 126 亿美元。对于普通人来说，这是一个天文数字，李嘉诚最终却做到了。李嘉诚的成功并不是一次两次的暴利，而在于他有着持久、稳定的收益。让李嘉诚的财富不断增值的神奇工具就是复利。复利的神奇在于资本的稳步增长，要想利用复利使财富增值，就得注重资本的逐步积累。改掉随意花钱的习惯，这是普通人走向复利增值的第一步。

所以，我们要学会每天积累一些资金，现在省了 1 元钱，持续投资，就可能将种子养成大树。成功的关键就是端正态度，设立一个长期可行的方案，持之以恒地去做，这样成功会离我们越来越近。

掌握景气与市场利率之间的关系

利率会在长期或短期内重复发生变动。景气变动左右利率变动的大趋势，在大趋势中根据金融市场的资金供需，利率会发生变化。

如果要用一句话来形容利息，那就是利息是钱的价格。利息上升了，钱的价格当然也跟着上升。消费者响应家庭储蓄的号召而厉行节约，企业经营费用也由于金融费用支出而上涨，投资意愿下降，股票价格下跌，因此经济一旦"高热感冒"，最优先实施的政策就是提升利息。

但是，如果利息上涨，期待的投资利润比利息更高的话，这时即便是涨息也不能遏制投资热潮。在经济增长率较高的国家里，期待收益率也高，虽然物价相应地在上涨，但工资也在涨，因而消费不会缩减，所以利息是反映期待的经济增长率和通货膨胀的决定性因素。换句话来说，当利息比期待的水准要低的话，投资或消费不会大幅下降。在经济持续增长的美国，由于现在国家出台的利息比居民可以接受的利息要低的缘故，因此即便利息上涨，仍然不足以向景气上升"折腰"。

经济是由相当于我们身体的骨骼和肌肉的实物经济部门和相当于血管的金融部门组成。就像我们身体的活动和吸收营养对血管产生影响，血管也影响我们的身体，经济的实物部门和金融部门也在相互影响中成长和发展。

实物经济越扩张，企业为了应对消费需求就会扩大投资。所以在交易资本的金融市场上，企业的资金需求上升，就会理所当然造成利率上涨。直至企业判断消费需求不会再增长、紧缩投资为止，资金需求会持续增加，市场利率也会一直上涨。

经济逐渐扩张，政府也会担心经济过热造成的物价上涨和无序投机，会采取提高拆借率等金融紧缩政策。利率提高后，因为金融费用负担加重，企业也会逐渐慎重考虑追加投资。利率上涨到一定程度后，金融费用超过投资收益率，销售收益率恶化，企业就会降低开工率、调整雇用人数等，采取投资紧缩政策，那么生产和供给就会减少，因雇用减少，消费需求也会下滑，经济就会开始倒退。

利息再进一步下降，就出现负利息，这时，存钱的人反而要向银行支付保管费。这样一来，用利息完全调配不了景气。比起不景气的时候，利息政策在景气时的适用度更高一些。

比如2009年，随着疯狂的货币信贷，邪恶的资产泡沫伴随着鲜血和拆迁升腾。通过观察利率曲线表，长期利率曲线组上半年维持2%以下并开始下降，而隔夜率始终维持在1%以下，这为疯狂的炒作提供了很好的基础，很快股票在短短几个月内翻了好几番。进入7月，市场开始顶着利率暴涨。这就是市场的奇妙之处了。利率就像美元指数，与市场的关系是固定的，但是并不是实时对应，有的时候会出现一些前后的差距。因此，长期利率曲线组必然是长线投资者使用的。2009年7月以后长期利率组开始上升到2%以上，短期利率也出现了很大的上涨，此时股票还在上涨。

终于在中国建筑的强大作用下，伴随惊天动地的巨量，市场见了大顶。但是由于利率虽然上涨，却仍然在可以接受的2%

左右，所以绝大部分不太需要资金的小盘股还可以继续玩下去，这也就是 2009 年出现的奇怪现象之一。长期利率组上升后，如果市场还在加速赶顶，当然不应该卖出，但是要注意此时已经进入了顶部区域，随时依据股票的技术分析抛售。这也辩证地说明，任何分析手段都不是绝对和唯一的，更不是精确的。比利率是多少更重要的是利率的变化趋势和变化率。所谓进行短线投资的投机者，应该正确理解金融市场的资金供需，敏感地做出反应，但对于个人投资者，这是太高的要求，也无须这样做。

对于个人投资者，根据景气变动选择跟随大趋势的利率利用战略，更有助于方便安全地提高收益率。想要利用利率经营资产的人以及想要提高杠杆效果（通过贷款等利用他人的资本提高自身资本收益率的效果）的投资者，把握利率走势对资产管理战略非常重要。

利率上涨的时期，投资债券或债券型基金，虽然不会像股票那样损失巨大，但也不能获得资产增值的机会或会遭遇小损失。而景气下降时，执迷于股票投资可能会倾家荡产。

在景气和利率的关系中一定要记住一点：即便利率上升，只要有超过金融费用以上收益的事业或项目，企业不会吝啬于投资；但景气下滑时，立即将资金转移到高利息的变动利息商品上也并不是明智的决定，那样的结果是利率将会下降，收益率减少，比起选择初期利息较低的长期商品，可能会遭受相对巨大的损失。

掌握市场利率走势，确立资产管理战略

早在400年前，莎士比亚在《威尼斯商人》中就传达了"分散投资"的思想——在剧幕刚刚开场的时候，安东尼奥告诉他的老友，其实他并没有因为担心他的货物而忧愁："不，相信我。感谢我的命运，我的买卖的成败并不完全寄托在一艘船上，更不是倚赖着一处地方；我的全部财产，也不会因为这一年的盈亏而受到影响。"可见资产配置的概念并非近代的产物。资产配置其实就是指投资者根据个别的情况和投资目标，把投资分配在不同种类的资产上，如股票、债券、房地产及现金等，在获取理想回报之余，把风险减至最低。

实际上，我们的钱是分成三类的。一类是日常生活开销，像柴米油盐等生活要消费掉的钱，这个钱您肯定是不能做一些风险投资。第二类是"保命"的钱，有一天突然有一些应急的事，您要应对这些事情，可能要把它配置到保险上去，这个资金也是不能用来做风险投资的。第三类才是您可以用来投资的闲置资金。我们对这部分资产会进行一个配置，包括权益类资产，比如股票或股票式基金；固定收益类资产，包括债券、债券型基金、现金类资产、货币市场基金、存款，等等。比如，有人希望达到每年15%的收益率，那么分解下来可能是：权益类资产占60%，回报为20%；固定收益类资产占30%，回报为8%；现

金类产品占 10%，回报为 2%，加权算出来就是：

60%×20%+30%×8%+10%×2%=14.6%

每年综合回报率为 14.6%，已经很高了，按照 72 法则，差不多 5 年资产翻一番呢！

在经济持续扩张局面中，最好能最大限度增加股票比重。虽然根据投资倾向，收益会有所差异，但在可以承受的范围内尽量扩大股票比重，是能够最大限度实现资产增值的投资战略。

相反，应该最大限度减少对债券和债券型基金的投资。因为利率上涨会造成债券价格下降，所以在这个时期，债券和债券型基金的整体收益率甚至会不如定期存款。如果在短期内想安全管理资产，那么最好是将资金放在综合资产管理账户（CMA）或三个月以内的短期储蓄商品中。

为了购买自住房产或投资房地产利用贷款时，如果偿还期限在五年以内，就使用固定利率贷款；如果偿还期限在 10 年以上，最好利用浮动利率贷款。

在景气收缩局面中，利率一般会下降。所以，如果贷款期限是长期的，利用浮动利率，比固定利率贷款不利的时间仅为3—4年，在其余更长的时间里可以以更低的利率使用资金。而且先利用固定利率贷款，几年之后换成其他银行的浮动利率贷款也是不错的方法。这样操作，可以在大部分情况下节省手续费。当然，如果是可以选择固定利率和浮动利率的贷款商品就更好了。

在此我们将船舶和金融商品加以类比。以作业海域为标准进行分类，船舶可以简单分为三种：第一种是停泊在防波堤之内港口的渔船，这类渔船因为有防波堤阻挡波浪，所以无论天气多么恶劣，都不会出现安全问题；第二种是在近海作业的近海渔船，这类渔船因为是在防波堤外，所以没有任何设施可以在天气恶劣时阻挡波浪；最后还有一种到公海作业的远洋渔船，到风险大的海域捕鱼的船舶肯定会很大，捕到鱼的大小和量也会很大。同理，如果以安全性为标准进行分类，可以轻松理解金融商品。虽然金融商品种类繁多，无法一一说明，但根据法律和合同的形态为标准进行分类，可以分为以下三种商品：

（1）最安全的是存款。

存款就像停泊在防波堤里侧港口的渔船，是安全的金融商品。这是可以保证本金，可以得到存款保护的金融商品。收益根据存款时的利率得到保障，到期时可以获得本金和约定的利息。这虽然是安全的，但考虑到实质性收益，排除物价上涨因素，其收益是呈负值的。

（2）追求收益的收益型证券。

收益型证券是指将资产信托给他人，获得其收益的证券。这就像在防波堤外面的近海作业的渔船那样，完全暴露在危险中，可以正式追求收益的商品。收益型证券不能保障本金，也更无法受存款保护。收益根据运营业绩浮动，到期时可能获得很高收益，也可能损失本金。

（3）高风险和高收益成正比的共同基金。

共同基金是以有价证券投资为目的的，投资者拥有公司股份的形态。表面看起来是和收益型证券类似的商品，但实质和性质却非常不同。共同基金本身就是一个法人，投资者作为受益者，可以行使股东的权利。共同基金就像是在公海作业的远洋渔船，非常具有攻击性，而且风险也高。收益型证券基本是投资到股票和债券，但共同基金是主要以股票投资为目的的商品。

作为一个理财概念，我们需要根据每个人投资计划的时限及可承受的风险，来配置资产组合。您所有的资产投在不同的产品项下，每个产品有它固有的属性。有些产品属于收益较好、波动性很高的，但是它往下也会波动；有些产品收益较低，比如活期或者定期存款；有些产品是随时能变现的，什么时候想用都行，当然收益率就会低。综合所有这些收益率，能符合您的具体情况的组合就是好组合。

时间就是金钱，掌握复利投资的秘诀

投资的成败包含了许多原因，但永远不变的原则是：在跟时间的斗争当中，谁的忍耐力强，谁就能获得成功。比如说投资一年就必须收回本金的人与十年收不回本金都感到无所谓的投资者相比，谁的投资成功可能性更大一些呢？毫无疑问，拥有富余时间的投资者能充分享受时间效用，创出更多的价值。现假设一次性投资1万元，投资期是40年，复利率是5%，那么40年之后的收益额为7.03万元；如果复利率是15%的话，40年之后就有267.86万元的收益；如果复利率为25%的话，那么40年之后的收益额就高达7523.16万元。

如果将前面的一次投资1万元变成每年追加投资1万元，假设复利率是10%，那么10年之后的投资收益就是18.53万元；再过10年，就有64万元的收益；那么40年过去，它的收益就是487.85万元。每年追加复利投资，随着时间的流逝，收益回报呈几何级数上涨。虽然复利率只有百分之几的差异，但是时间越长，回报额之间的差距就越大。这就是复利的"黄金戏法"，这就是看似不太可能的"利滚利"的复利投资效果。

超前投资，赚取未来钱，这是最容易让你从一无所有变身超级富豪的方式。除了我们常见的开公司创业外，你还可以通过购买原始股、期房等实现这一目标。当然，我们在本节要给大家介绍的并非这些，而是威力更大的投资秘诀——复利。这个概念充满魅力，连爱因斯坦都说复利是20世纪最伟大的发明。

虽然钱是成功投资的最基本要素，却并不是唯一要素，勇气与时间也是必备要素。股神沃伦·巴菲特就是时间复利的最好代言人。沃伦·巴菲特通过40多年的时间，将一个摇摇欲坠的纺织企业转变成了一家拥有73家控股企业、总资产达1650亿美元的投资公司，同时也使自己成为全球第二富有的人。如果

1965年投资1000美元巴菲特的公司,40年后已经升值到550万美元。

与传统意义上靠继承或者生产致富的富翁不同,巴菲特从未参与实际的商品生产或销售,他麾下的投资旗舰——伯克希尔·哈撒维公司更像一个巨型的私募基金,投资逐利就是它的主业。1989年,巴菲特认为可口可乐公司的股票价格被低估,因此他将伯克希尔公司25%的资金投入至可口可乐股票中并从那时起一直持有至今,该项投资从最初的10亿美元已经飙升到80亿美元。

从1965年至2006年的42年间,巴菲特旗下的伯克希尔公司年均增长率为21.4%,同期标准普尔500指数成分股公司的年均增长率仅有10.4%。仅此一项,举世罕敌。虽然已经获得不菲的财产,但沃伦·巴菲特还是选择每年追加投资,使自己的投资本钱逐年增加。可见,投资的时间越早,并且每年的追加投资都采取复利投资的方式,将会获得巨大的成功。

复利就是最能体现时间就是金钱这一真理的商品。许多通过理财投资致富的人都深有感触地认为:"复利投资是登上富人宝座的阶梯。"

0.5个百分率诞生一夜暴富者

全球金融界人士中流传着这样一句话:"格林斯潘一开口,所有的投资者都得竖起耳朵,因为只有格林斯潘才是股市最大的庄家。"在担任美联储主席的18年里,格林斯潘一直紧盯着美国的通货膨胀率，只要各项经济指标过热，他就会做出调高利率的暗示，为过热的股市降温。

时间一长，精明的投资者们发现，要想知道美国利率是否会调整，只要看一眼格林斯潘的公文包就行了——单薄的公文包意味着利率不会调整，而鼓鼓囊囊的公文包往往预示着格林斯潘"有话要说"。

即使指挥大棒移交到了新任美联储主席伯南克的手中，不变的仍旧是美联储降息0.5%的固定利率。2011年11月30日，这大概是仍旧处在经济危机中的世界证券市场最为欢呼雀跃的一天。美联储宣布，与英国央行及欧央行等5家央行达成一致，将下调美元流动性互换利率0.5%，并将互换协议延长至2013年2月1日。加上中国下调存准率，两个因素共同造成当日欧美股市暴涨。

利息下调，追逐利益的资本自然会向对岸的证券市场游去。北京时间12月1日5时，道琼斯工业平均指数上涨489.07点，收于12044.70点，涨幅为4.23%；纳斯达克综合指数上涨104.83点，收于2620.34点，涨幅为4.17%；标准普尔500指数上涨51.74点，收于1246.93点，涨幅为4.33%。这一切都来自美国的0.5个百分点，由此可见联邦基金利率的调整对全球股市的大冲击。如果我所持有的股票在一天内暴涨了4个百分点，怎不令人欣喜若狂，没有什么像股票这样能够令人在一夜之内发生翻天覆地的变化了。

仅凭美国的一条新闻，纳斯达克市场一天就堆积起了1.4万亿元的"钱壁"，美国的纳斯达克市场和证券交易所各自的股票市价上升了1500亿元，日本和欧洲各国一天之内积累了天文数字的资产。

虽然说这次降息属于闪电式的降息，但这也绝对不是伯南克"头脑发热"直接照抄出来的。如果这是高效性的政策，那么有人肯定要问，伯南克为何要果断地学习格林斯潘，将利息调低0.5个百分点，又为何只调低0.5个百分点？利息调得更多，各国的证券市场不是波动得更厉害吗？

经济可不是小孩子们过家家，如果美联储一下子把利息下调2%～3%，精明的投资者肯定会将此视为经济即将不景气的"信号"，从而在投资上持更保守的态度；此外，大幅度地下调利息还有引发通货膨胀的危险。可以说，伯南克这次调息的决定是选择了最适当的时机，并使调息发挥出最大的作用。

利息对经济的影响具有复合性，利息下降，有助于经济复苏、债券收益、证券的价值上扬，这是谁都知道的常识。罗杰斯在受访时曾说："每当美联储转向拯救其在华尔街的朋友时，情势就会恶化。若伯南克早点采取加印钞票的动作，是的，我们将步入严重衰退。美元将大跌，债市将崩溃。美国将出现许多问题。"

世界上没有免费的午餐，利息下降，刺激消费和投资，又会产生通货膨胀的副作用。因此，如果经济过热就要涨息，经济出现乏力时就要降息，总是在利息上做文章。至今为止，还没找到能同时抓住景气和抑制通货膨胀这两只兔子的灵丹妙药。

同时，经济停滞又是失业率增加的代名词，它们之间的关系也可用失业和通货膨胀或国内生产总值和通货膨胀来说明。

熟悉凯恩斯经济学的朋友一定知道菲利普曲线，即短期通货膨胀可以换取较低的失业率。经济景气和通货膨胀，总之只能选择一个，牺牲另一个，其比率我们称为"牺牲率"。举例来说，为了抓住1%的通货膨胀率，国内生产总值就要"牺牲"掉几个百分点。

近来金融市场起伏不定，全球金融损失远远超出了此前最为悲观人士的预估，但市场倾向于自我调控。美联储做出降息决定的目的是先发制人，抑制金融市场收缩对经济可能造成的不利影响，近来金融市场大动荡已经提升了全球范围经济前景的不确定性。还贷违约率与丧失抵押品赎回权数量可能进一步上升。

即便这次美联储只降低了0.5个基点利率，但迟早还会再降低，而在2012年底前更是降至4.5%。任何可能被视为"救援"的措施将增加美联储的道德风险——将使投资者今后认为美联储反正会帮他们挽回损失，从而采取更多冒险行动。

单纯希望光凭经济政策同时控制通货膨胀和保持好的经济形势，这是不太可能的事。搞不好，还会出现物价上升、经济却依然不景气的"黑洞"。好景气和通货膨胀，就像拔河的两端，你到底选择哪一端呢？当然，牺牲率低的政策才是最理想的政策，但是，这也只能在用过之后才能计算出来。

PART 04 资本——勇敢品尝投资美味

即便称为资本，也各有千秋

在经济学意义上，资本指的是用于生产的基本生产要素，即资金、厂房、设备、材料等物质资源。广义上，资本也可作为人类创造物质和精神财富的各种社会经济资源的总称。资本按照不同的分类方式可以被分成许多种类：货币资本、实物资本、资本来源、外国资本、国内资本、资本用途、直接生产资本、公司间接资本……

资本的分类琳琅满目，现在我们将各种机器与设备统称为资本。最广泛的资本分类就是把资本分为货币资本和实物资本。货币资本是指生钱的钱。首先，我们来看货币资本：假设在你的口袋里有1000元钱，拿这笔钱去买个面包来吃。这1000元就只不过是1000元；把面包吃进肚子里，会因为感到饱足感而心情愉快，但是经过几个小时的消化，随着面包的排泄而出，这 1000 元也就沦落到厕所的马桶里；如果拿着这 1000 元钱去采购面粉，做成面包拿去卖，这 1000 元就不再只是平凡的 1000 元而是会生钱的钱，就变成了真正意义上的货币资本；用 1000 元面粉做成面包卖 1500 元的话，扣除 1000 元还多出 500 元，这 500 元就是通过资本流转而获得的利润。这时候所说的资本正是货币资本。实物资本和货币资本一样都是用来生钱的资本。例如，有一辆休闲旅游车在你眼前。如果你只是把它当作出去游玩时的代步工具，那么这部车就只是平凡的消费品，不过就是用来消费的东西；如果这部车子是用来载送客人赚钱的，那么这部车子就不再只是消费品，而是资本——因为它在赚钱。通过此过程达到生钱的目的。

一般来说，在经济学上所指的资本是实物资本，也就是生产资料。

资本是依据它的主体是谁而分成国内资本和外国资本。国内资本指的是国人的资本，而外国资本则是指外国人的资本。外国资本又称"外资"。改革开放招商引资引进的就是"外资"。具有代表性的外国资本有"借款"与"外国人直接投资"。

简单地说，借款是指向外国借来的钱。当今非洲一些落后国家，在发展经济时的主要资金来源就是借款。他们通过向外国借钱买铁锤和铁钉来盖工厂，工厂盖好之后，接着购买各种机器，雇用劳工，制作鞋子和衣服再加以外销。等赚了钱就开始还债，再利用多余的钱采买生活上需要的各种农产品或进口石油，改善国民物质资源贫困的现状。借款是一把双刃剑，通过借款，国家可以来实践自己富国的战略计划，但同时借款又意味着给国家的经济发展带来了很大的风险——外债过多对于国家的政治决策会存在一定的影响，如"经济附属"问题。同时，外债过多对于自己国家经济方针的制定存在一定的干扰。美国或日本绝不可能免费借钱给他国，因为它们并不是等着收利息。所以会一一干预这笔钱的去处和用途。有时甚至是以愿意借钱给对方的温和姿态，暗地里却悄悄地施压要求购买该国的机器。

多数国家的实践证明，外债不是发展本国经济十分行之有效的方式。南美各国通过借款致富的作战策略失败，反而受制于外债，就是最好的反面教材。外国资本投资又可以分为直接投资和间接投资的方式。外国人的直接投资基本上以投资固定资产（直接设立工厂），以及购买基本企业股参与经营的方式为主。外国人间接投资并不参与经营，而是以短期利润为目的投资股票或债券。

对于外国的资本投资，存在两种截然不同的意见。

一般而言，赞成者的主张认为，一旦外国人在国内盖了工厂就会需要劳工，在他们雇用劳工之后，可以降低本国的国民失业率，进而可能提高国民收入，国家也就增加了富裕的机会。除此之外，向外国借款的情况之下，就必须是借了多少就得还多少本金外加利息，但是让外国人在国内直接投资盖工厂，运转机器，根本不需要利息，更不用偿还本金，简直可以说是一石二鸟。还有，他们在国内设立工厂、引进尖端机器那些在工厂工作的劳工，就能在不花半毛钱的情况之下，吸收国外尖端的技术。光看得来不易的尖端技术，让外国人直接投资就是稳赚的生意。

另一方面，以否定眼光看待外国资本持有会有180度全然不同的主张。根据这一群人的看法，外国人在国内盖工厂、引进高科技机器固然好，但是以长期的角度来看，这样的情形终归会让国内经济成为他国的附属。外国人在国内盖工厂，而工厂所需要的原料或机器，不用说都是引进外国的产品。如果让这样的情形持续下去，国内的经济慢慢地将会附属于外国企业，等到回过头来想要抽身便为时已晚。不只是原料，连技术都是外国企业给予的，久而久之会失去自立的本能，难以靠自己生存的状态也就是变成了完全附属。

直接生产资本是指诸如铁锤或机器等对生产有直接助益的资本。例如，不管是制作年糕专用的机器或是料理年糕用的瓦斯炉，都是有直接收益的资本。社会间接资本则是指对生产产生间接助益的资本，像电气设备、瓦斯设备、道路等，都属于社会间接资本。

想想看，要是没有电，就得靠人工转动制作年糕的机器。明眼的人都看得出来，一天年糕的产量会快速缩水。还有如果连瓦斯也没了。还得烧炭火来煮年糕，如此一来客人会因为店里呛鼻的烧炭味而不再上门消费。不只如此，要是道路不通，导致原料无法及时送达，就只能坐着干着急。像这样，如果社会间接资本不健全，就会影响年糕一天的产量。

社会间接资本虽然并没有直接的影响性，但是对于增加国内物质方面的富裕却是不可或缺的资本。如果国内的电气、道路等社会间接资本健全，那么生产所花的费用一定会减少，因此所需基本设施的成本就可以大大降低。此外，随着生产费用的减少，国内商品在国际上的竞争力相对地会提高。产品的竞争力提升了，外销订单自然就增加了。如此，社会间接资本对于供给与需求来说，扮演着非常重要的角色。

金钱从穷国区向富国区流动

全球资本流动性泛滥早已是一个不争的事实。2001年，美国纳斯达克指数从5000点跌到1000点，这是一个典型的行业周期从热转冷，再演变到资本市场作出反应的故事。作为美国当时的支柱产业——IT行业的不景气就意味着美国经济进入了一个下滑周期。

"9·11"事件，使美国经济从2001年开始进入到一个低迷的下滑阶段。从2001年开始，美联储连续降息，从7.5%降到1%。宽松的货币政策为后来的全球流动性过剩、全球资产价格泡沫形成（包括人民币升值）埋下了伏笔。在经济全球化的今天，资本流动的规模和速度都在加大。1985年世界对外投资的总额只有6500亿美元,而到2000年时,世界直接投资累计达到了6万亿美元。在20世纪90年代,全世界一年流动的资金为75万亿美元,一天就有1.3万亿美元在流动。

随着资本流动规模和速度的加大,生产也呈现全球化的趋势,许多产品很难分清是哪一国生产的。例如,美国福特公司生产的福特牌伊斯柯特型汽车,零部件来自15个国家,你说它是美国产的还是别的国家产的?看看当今世界,很少有什么东西是由一国生产的,别说飞机、计算机这种复杂产品了,就连巨无霸汉堡这种东西,也可能牛肉是欧洲的,面粉是加拿大的,番茄酱来自墨西哥,而生菜来自美国。也许有一天地球人会在月球或别的什么星球投资办厂,那时我们会无法分清某种产品是哪个星球生产的了。外资的利用方式与经济发展阶段有密切关系。在经济发展的早期阶段存在着生产技术、管理经验及海外市场等瓶颈,而附带解决上述困难的直接投资便颇受发展中国家的欢迎,成为利用外资的重点。

随着经济发展水平的提高、工业的日趋成熟以及国内外市场的开拓,以单个企业为目标的直接投资便因规模小、灵活性差而暴露出局限性。相形之下,间接投资因不具有上述弱点而在经济发展的中后期阶段备受青睐。在直接投资领域,也会出现由绿地投资向绿地投资与并购并举的转变。有迹象表明,直接投资和间接投资两者将会更紧密地结合起来,形成你中有我、我中有你的格局。资本在全球流动的必然结果,就是在多种资本来源控制下生产的产品不只是属于一个国家所有。

全球范围内的资本流动加速对市场的发展无疑是件好事,

它能够促进世界资源的分配和利用,帮助发展中国家的物质资源优势转化成为资金优势。但是这也导致了新问题的出现:发达国家利用自己的资金和技术优势,掠夺发展中国家的资源,将带有污染的"世界工厂"迁移到那里,最终将白花花的支票和黄灿灿的金子揽入怀中。在这个全球体系之内,边缘国的剥削率远远高于中心国,同时剩余价值从边缘国吸收过来迎合中心国的需要。结果,边缘和中心在收入和财富上的差距越来越大。

现行的国际货币储备体系是不公正的,它导致了穷国的钱不断流向富国。

现行的国际货币体系,实际上它的基本特征就是美元作为主导。这个体系,实际上从第二次世界大战初期延续到现在,尽管当中有瓦解,但这个体系没有发生根本变化。之所以不稳定,是因为它内在有难题,与此同时,还存在美元特权的问题。由于美元存在着这样一种特权,所以在货币政策制定过程中,它很少被约束。它存在着不负责任的倾向。

国际资本流动非常易变,而且缺乏监管,作为新兴市场国家来说,它必须积累大量的外汇储备。由于美元是主要的货币,所以它们不得不借债美元资产,这意味着它们不得不大量地购买美国国债。

在中国,银行体系中的流动性过剩是国内外多种因素共同作用的结果。从内部因素来看,有经济结构不平衡、储蓄和投资倾向强于消费倾向等。储蓄投资缺口,造成了贸易顺差和外汇储备的急剧增长。按目前的外汇管理制度,中国的外汇收入必须结售给中国人民银行,而央行为收购外汇必须增加货币发行。与此相关的是，贸易顺差的大量增加，人民币升值预期加大，国外资本的流入显著增加。

在世贸组织谈判中，穷国们要求地球村里的富邻居们应该优先讨论穷国的特殊差别待遇问题、公共健康问题等，在市场准入方面发达国家应充分照顾发展中国家具有出口利益的产品和服务。大多数穷国极力反对在老问题没有解决之前匆匆忙忙地开辟新议题，而富国们更注重的恰恰是在多个回合中加入新的议题，如投资、竞争、政府采购和贸易便利化等，它们希望在此前谈判成果的基础上进行新的市场开放。

5亿个头脑是一笔巨大的财富

比起只能生产10碗牛肉拉面的国家，能做出100碗的国家才是富国；比起只能制造100辆汽车的国家，能制造出1000辆汽车的国家才是富国。这一事实，谁都无法否认。它们明白致富之路重要的是资本，所以开始很努力地储蓄，然后再利用那些钱制造出顶尖高科技工业机器。

然而，要想吃到好吃的川菜，就得有厨艺高超的大厨；要能够收听到优美的音乐电台节目，需要有制作精巧的收音机半导体的师傅。川菜和半导体，这些东西背后都凝聚着无数人的血汗。如果没有挥汗工作的劳动力，任何形态的物质性的富有都是不可能实现的。因此，劳动力就是希望！好的劳动力可以化身为人力资本，是个人深度价值的体现。人力资本的内涵比赚取更多的钱要丰富得多。它使我们成为更好的父母、更明智的投票人，对文化艺术有更高的鉴赏力，能更好地享受生活的成果。它使我们生活更健康，因为我们吃得更好、运动得更多（同时，好身体是人力资本的一个重要因素）。受过教育的父母更可能在他们的孩子上学之前将他们放在汽车座位上，教他们认识颜色和字母。在发展中国家，人力资本的影响更加深刻。经济学家发现，在低收入国家，如果妇女多上一年学，那么她的孩子在5岁前夭折的可能性会下降5%～10%。

所有的资本形式——物质资本（例如机器、工厂、金融资本）和人力资本都是重要的，但人力资本最重要。事实上，在现代经济发展中，人力资本在创造财富和经济增长中是最重要的资本形式。一个社会中的人力资本总量，决定了我们整个社会的生活状况。经济学家加里·贝克尔因在人力资本方面的研究而获得诺贝尔奖，他认为教育、培训、技能，甚至个人健康为现代经济创造了75%的财富，财富创造来源并非钻石、高楼、石油或高档皮包，而是我们大脑中所有的东西。

一个国家的人力资本水平与本国的经济福利密切相关。同时，生活水平和自然资源之间缺乏显著的相关性。像日本和瑞士这样的国家，尽管相对缺乏自然资源，但它们却处在世界富国之列。与之相反，像尼日利亚这样的国家，大量的石油财富却与这个国家的生活水平没有什么关系。在某些情况下，非洲的矿产资源还被用于为血腥的内战提供资金，如果不这样做的话，战争可能就会停息。在中东，沙特阿拉伯拥有最多的石油，但没有自然资源的以色列却有最高的人均收入。

美国之所以富裕，是因为美国生产率高。我们今天比人类文明史上任何时期都生活得更好,因为我们比过去更善于生产商品和服务,包括医疗保健和消遣娱乐这类东西。总而言之,我们工作更少而生产更多。1870年,一个普通家庭需要劳动1800个小时才能获得一年的食物供给;今天,要达到该目标,一个家庭只需进行260个小时的工作。在走过20世纪的历程中,每年平均工作时间已经从3100个小时下降到1730个小时。

即使与墨西哥开展自由贸易,美国的工人也不担心会因此失去饭碗。聪明的企业老板心中自有一笔清楚的人力资本账单:美国工人受的教育更好,美国工人更健康,美国工人更容易得到资本和技术,美国工人有更高效的政府机构和更好的公共基础设施。在很多情况下,美国工人比墨西哥工人生产得多——美国工人具有极高的效率。当外国工人的工资只有美国工人的一半左右时,美国工人仍然能够通过较高的人力资本优势和他们竞争。因此,虽然墨西哥工厂的普通工人工资比美国工人的工资少很多,一些企业仍然会选择留在美国而不去墨西哥。当然,在有些产业中,例如纺织和制鞋,美国工人的生产率相对于他们的工资还不够高。这些行业需要低技能的劳动力,这种劳动力在美国比在发展中国家更昂贵一些。越南农民能否缝制篮球鞋?能,而且工资比美国的最低工资低很多。

有个名词叫作潜在GDP,这个东西呈现的是我们国家的资本与劳动力,以及科学技术总动员可能制造出来的最大物质财富。换句话说,它是一个国家的生产,意即供给的能力。如同"潜在"这个用词所象征的,潜在GDP(若说潜在GDP是指可能性,那么GDP就是指实际生产的物质财富的总和)并不是实际完成

的东西，而是指未来能够生产的量。

如果印度有 5 亿人变得更有生产效率，而且逐步脱贫成为中产阶级，那么对美国有什么影响呢？美国将变得更富裕。当前仅靠每天 1 美元维持生活的贫困乡村居民，买不起软件、汽车、音乐、书和农产品。如果他们更富裕，他们就买得起了。同时，那 5 亿人中，有些人的潜力由于缺乏教育而在目前被浪费了。他们如果能够生产出比美国更优质的产品和服务的话，那么美国人民的生活将变得更好。在这些新受教育的农民中，有人可能会发现艾滋病疫苗或逆转全球变暖的方案。用联合黑人学院基金会的话说，"浪费 5 亿个头脑是一笔巨大的损失"。

增大的经济蛋糕与新增的工作岗位

在美国，熟练工人总是比非熟练工人赚得更高的工资，这种差距开始以令人惊奇的比率在增长。总之，人力资本已经变得越来越重要，从而使回报率相比以前也更高。对人力资本的重要性的一个简单衡量是高中毕业生和大学毕业生的工资差。

在20世纪80年代初，大学毕业生的工资比高中毕业生的工资平均高40%。现在，这已经变成了80%。有研究生学位的人甚至比这些人赚得更多。

1997年1月的一个星期天，海军空战中心的雇员作为政府雇员回到家；接下来的星期一，98%的雇员作为海军空战中心的雇员继续来工作。这些人的知识和技能的价值不仅仅是砖和灰泥——海军空战中心购买了巨大的人力资本。

这些在别处是难以找到的。与这个工厂关闭形成鲜明对照的是布鲁斯一家工厂所表现出的情况，那里的工人受教育有限，他们发现他们适应面很窄的技能在作坊、矿山、工厂、制造厂一旦关闭时就没有了价值。这个差别是人力资本。实际上，经济学家能为这些工人提供经验支持。劳动经济学家罗伯特·托佩尔曾估计，当熟练工人由于工厂关闭而被迫改变工作时，在长时期内，他们赚钱的能力会有损失。

现在是判断公共政治中一个最荒谬的观念——劳动力过剩谬误的合适时机了。经济中只有数量固定的工作可供去做，所以每个新工作的到来都以失去其他工作为代价。这就是法国政府所相信的世界运行方式，但它是错误的。任何时候个人提供

391

创业

勇气
才智

了新产品或服务，或找到一种更好（或更便宜）的提供原有产品的方式，那么工作岗位就产生了。

数字证明了这一点，美国经济在20世纪90年代创造了数以千万计的新的工作岗位，其中包括一个全新的因特网部门（目前这样的工作岗位仍然存在）。在20世纪后半期，数以百万计的妇女进入了劳动大军，然而从历史标准来看，我们的失业率仍然是较低的。

想象一个农业社区，大量的农民家庭拥有并耕种他们自己的土地。每个家庭生产仅仅能够养活他们自己的粮食；这里没有多余的农产品和未耕种的土地。一方面这个小镇的人都有足够的食物；另一方面，没有人过得特别好。每个家庭花大量的时间干家务活。他们自己做衣服，自己教育孩子，制造和修理他们自己的农具，等等。

假如一个家伙走进这个小镇寻找工作，这个家伙没有技术。这里没有额外的土地可耕种，所以这个社区告诉他乘火车回去,他们甚至给他买了一张出城的单程车票。这个小镇"没有工作"。

在同一角落,从车上下来的是10万名顶级大学的毕业生。大巴停在了道富大街与麦迪逊大街的拐角处,从车上下来一大批律师、医生、艺术家、生物基因专家、软件工程师,你还能想象他们得不到工作吗?

相似的,大量的移民涌入美国工作,在美国整个历史上,这并没有带来长期的失业率上升。是不是存在短期替代呢?绝对存在。

当一些工人被迫与新进入劳动力大军的人展开竞争时,有些工人失去了工作或者他们的工资降低了。与失去工作相比,更多新的工作岗位产生了。记住,新的工人必然会在经济的其他方面花费他们的收入,从而产生对其他产品的新的需求。经济这个蛋糕变大了,而不仅仅是被重新分配了。

经济增长是就业增长的基础条件,没有经济增长就谈不上就业增加,更不要说实现人力资本价值。在2001年找工作要比1975年或1932年更容易。的确,经济增长对穷人来说是件大好事。相反,经济萧条通常给边缘劳动力的打击最大。但一定的经济增长在不同经济体和不同历史时期所带来的就业效应会有所不同,甚至差异很大,这取决于宏观经济环境及由此所决定的经济增长方式。我国正处在经济转型以及结构调整加速的特殊时期,经济增长只能是就业增长的必要条件,宏观经济环境对就业具有很大的影响。

GDP与劳动力需求的水平,在动态意义上主要取决于经济增长。经济增长速度快，对劳动力的需求量相对较大，就业岗位增加，人力资本应用水平高，失业率低；经济增长速度慢，对劳动力的需求量相对较少，会直接制约就业岗位的增加，使就业水平变低，失业率高。

鉴于经济增长与失业率的作用关系，各国政府在解决失业问题上都十分谨慎。美国前总统奥巴马在会见了白宫就业与竞争力委员会后，宣布了一项通过公私合作项目，每年培训一万名新工程师的计划。他说，如果美国要在技术和创新方面保持领导地位，美国最好的企业需要世界最好的工人。他强调，就业增长最终要靠私营部门来驱动。

第八章

经济周期：看懂经济大势，守住自己的钱

PART 01 经济周期——利用经济的枯荣赚钱

世界经济周期的大杂烩

寻找经济现象背后的规律是经济学家们都喜欢做的事情。纵观历史，经济似乎有规律地交替着繁荣和衰退，这看似存在的规律，经济学家们命名为"经济周期"。经济周期，顾名思义就是经济会周而复始地经历繁荣、衰退、萧条、复苏以及再繁荣的循环。假如经济周期真的存在，那么我们总有一天会找到其背后的决定因素，从而改变其发展趋势，比如延长繁荣期、缩短衰退期、避免萧条期，使其朝最有利于我们的方向发展。

那么，为什么会出现经济周期呢？西方经济学家多年来已经进行了大量的研究，提出了种种不同的解释。比较普遍的经济周期理论有十几种，如纯货币周期理论、投资过度周期理论、创新周期理论、消费不足周期理论、心理周期理论等。这些理论都出现在凯恩斯主义形成之前。从对回答经济周期的根源来说，这些经济周期理论又可以分为两大类：外生经济周期理论与内生经济周期理论。

外生经济周期理论的主要观点是：经济周期的根源在于经济之外，具有代表性的有创新理论、太阳黑子理论、非货币投资理论、政治周期理论等，分别用创新性、太阳黑子变化、投资过度、政治调控等解释经济周期。除此之外，还有用战争、革命、移民、偶然事件等来解释。这种理论强调引起这些因素变动的根本原因是在经济体系之外，且外生因素本身不受经济因素的影响，但是也不否认经济中内在因素的重要性。

和外生经济周期理论相反，内生经济周期理论主要在经济体系之内找原因。一方面，这种理论强调经济中这种周期性的波动是由经济体系内的因素引起的；另一方面也不否认外生因素的作用。内部因素的自发作用，就会使得每一次繁荣都为下一次萧条创造了条件，从而自发地运动引起经济的周期性波动。具有代表性的有货币理论、心理理论和消费过度（不足）论等。

内生经济周期理论学派之间千差万别，但都有两个共通点。一是都强调内生因素，也就是经济因素是引起经济周期的关键。外生因素虽然也会给经济带来一定冲击，但是必须通过内生因素来起作用。现代经济周期理论用国民收入决定理论来解释经济周期，因此从这种意义上说，也属于内生经济周期理论。二是都强调了经济周期在市场经济中存在的必然性。

凯恩斯主义宏观经济学以国民收入决定理论为中心，主要有以下几个特征：首先是以总需求分析为中心，引起国民收入波动的主要原因仍在于总需求，因为总需求决定了国民收入的水平。

其次，消费在总需求中占有相当大的比例，但现代经济学家的理论与经验研究表明，长期来看消费是相当稳定的，尽管短期的消费变动，诸如耐用品的消费变动，也会对经济周期产生一定影响，但长远来看，这种影响并不构成周期变动的主要原因。人为控制的因素方面所占的比例很小，因此影响也不大。这样一来，投资的变动似乎就成了引起经济周期变化的主要原因。

综上所述，凯恩斯主义经济周期理论是围绕投资分析展开的，要对投资变动的原因及其对经济周期的影响进行分析。凯恩斯主义的经济周期理论虽然分析的方法与众不同，分析的角度和得出的结论也不同，然而出发点都是凯恩斯关于国民收入决定的分析。如美国经济学家萨缪尔逊分析投资与产量之间的相互关系如何引起周期性波动的"乘数—加速原理相互作用"理论，以及英国经济学家卡尔多对事前投资、事后投资、事先储蓄和事后储蓄之间的差异如何引起经济周期的研究等，都是从凯恩斯的储蓄—投资关系出发的。

货币主义与理性预期学派是除了凯恩斯主义之外的不同经济周期理论学派。货币主义者从货币量变动对经济的影响来解释经济周期，强调的是货币因素的作用；而理性预期学派更同意预期失误是主要原因。此外，提出过经济周期理论的还有激进政治经济学派、新自由主义者等。

新一轮的世界经济周期面临的长期结构性问题累积下了大量风险，因此经济调整是避免不了的。但现在看来，调整幅度的不确定性还很大：一方面，有可能出现温和调整与局部衰退的局面；另一方面，一旦多种不利因素叠加起来，硬着陆的风险就很大，可能会引发全球性经济危机。据2010年新华国际报道，渣打银行认为全球经济正处于长期持续高增长的第三个"超级周期"，这是不可否认的，尽管西方国家觉得前途渺茫，而当时的超级周期是由亚洲引领的，最大受益者是中国。总体来看，世界经济增长在未来一段时间内面临的不确定因素很多，潜在风险增多。作为发展中大国的中国，我们自身在经历一段高速增长之后就面临着大量的中长期结构性问题，进一步加大了宏观调控的难度。因此我们就更应该冷静判断国内外形势，加强国内、国际两个大局的统筹，根据世界经济走势进行宏观调控。

房地产作为经济周期之母

城市化的进程往往会伴随房地产的巨大发展,在过去几百年房地产的巨大发展当中,也经历过几次房地产泡沫,而每一次泡沫的产生与破灭都会带来经济的大衰退。20世纪20年代中期,美国经济走到了短暂的繁荣期,建筑业日渐兴盛。佛罗里达州由于地理位置优越,出现了前所未有的房地产泡沫。棕榈海滩上一块在1923年价值80万美元的土地,到1924年几乎翻了一倍,到1925年就已经蹿到了400万美元,出现了一股炒卖房地产的狂潮。连一向保守冷静的银行界也在这种狂潮的催动下纷纷加入炒房者行列。好景不长,随着1926年佛罗里达州房地产泡沫的迅速破碎,许多企业家、银行家相继破产。这次房地产泡沫的破碎,也间接引发了20世纪30年代世界经济危机。

当前房地产行业受到了前所未有的关注，房价问题成了人们日常讨论的热题。长期以来，房地产行业带动起一大批产业的发展。显然，当今的房地产行业的发展早已远远超出人们传统居所的想法，已经影响到了我国经济发展的质量和速度。

曾经有个著名的专家提出过一个"四合院—黄金"理论，将房子与黄金作比较，看哪个的经济效益高。显然，在新中国成立后，伴随着中国城市化进程的持续，处于第三次人口生育高峰、多方力量参与炒作的情况下，房价上涨势头迅猛，房地产也就自然成了财富增值的香饽饽。那么黄金的作用又是什么呢？它是家庭财富的最后保障线，是最后的硬通货。试想一下，但凡世界上发生大动乱或经济危机，不管是20世纪70年代初的全球能源危机，还是美国的"9•11"事件，甚至是利比亚战争和美国债务危机问题，无一例外都会引起黄金价格的上涨。所以说，作为资产保值的工具，黄金和地产各有各的长处。不同的是，乱世应该选黄金，而太平盛世的话，房产比黄金的增值空间大。

当然，有涨有跌是经济的自然规律，财富的回报是公平的，房价不可能一直暴涨，涨得越多，跌得就越惨痛。用贷款炒房本身就包含巨大的风险。财务杠杆的特点是，挣钱的时候财富增长飙升迅速，然而一旦赔钱了，财富的消失也同样快。同样是只需要缴纳20%的首付，与上涨20%财富就能翻倍相对应，房产价格每下跌20%，交纳的首付款就会赔完。而一旦下跌超过20%，卖了房子不仅拿不回首付款，还得倒贴钱补回银行的贷款。但是在过去的10年里，基本就没听说过有人炒房赔钱的，因为房产价格始终在上涨，没有一点暴跌的迹象，到底是为什么呢？

这就要从房地产的需求与供给的关系说起。一般来说，房地产的需求主要有两种：第一种称为刚性需求，也就是人们的住房需求，这是必需的；第二种就是投资需求。对应的，房地产的供给也有两种：第一种是政府投资兴建的政策性保障住房，主要解决低收入人群的住房问题；第二种是开发商开发的商品房。从住房需求看，人口结构年轻化的国家，住房需求会比较旺盛，因为正处于生育高峰期；而处于人口老龄化的社会，由于出生率比较低，需求就会相应较少。投资需求主要是看房屋价值与价格的关系，受人们预期的影响，当人们普遍感到房子的价格偏低，预期到又升值的趋势时，出于投资需要买房的意愿就会比较强烈。供给方面，开发商的供给会受到多方面因素的影响，因而供给的变动性会比较大。每当出现比较突出的供需矛盾时，房地产价格往往会急剧攀升，这时为了抑制房价上涨过快，就要加大供给力度，尽量保障人们的住房需求。

无法战胜经济周期时，请对冲风险

经济周期无可逃避，这样就意味着经济低谷时的风险在所难免。当经济周期已经无法战胜的时候，对冲风险就成了当今热点。供需关系的变化和全球金融风暴导致商品价格的波动，企业面临着盈利的大幅波动。为控制盈利波动，避免出现危及企业生存的局面，许多企业就会选择采用对冲方法。

对冲操作是把双刃剑。应用得当可在财务、战略和运营上避免企业陷入财务困境，并带来效益。但如果处理失当，对冲操作会带来比原有风险更大的破坏。处理失当的对冲操作表现在单个业务单元对同一风险进行相对的双向对冲，或花费太多精力对无足轻重的风险进行对冲，还有可能是低估对冲操作的真实成本，或考虑到财务对冲的昂贵成本而忽视自然避险。对冲操作需要复杂的计算和艰难的权衡。但牢记一些简单的指导原则，就能使对冲策略更为有效，帮助企业有效避险并带来效益。

合理进行对冲操作需要计算企业面对的风险。企业的净经济风险存在于整个企业的集合风险，其中就包括间接风险。在拥有多元业务的企业组织中，如果各业务单元或各部门的管理层都只专注于控制自己的风险，容易形成忽略整体性风险的"孤

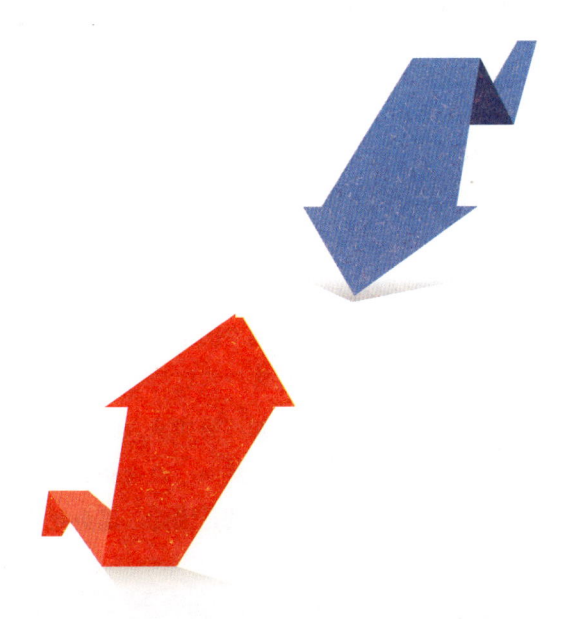

岛式"风险控制。例如，一大型企业中，一个业务单元决定对冲其向巴西出售7亿美元货物的外汇风险，同时另一个业务单元却从巴西采购了大约5亿美元的货物，该企业最终承受的不是2亿美元的自然风险，而是5亿美元的重大净风险。间接风险在某些情况下占到企业全部风险中的很大一部分。企业可能会因为其业务的具体做法（如与客户签订的合同条款）和市场因素而暴露于间接风险之中。例如，当加拿大的一家雪地摩托制造商的外汇风险是以加元计算，然而，该企业的美国竞争对手的成本是按正在贬值的美元计算的。因此，该企业的净经济风险，除了较高的制造成本，还应考虑顾客会购买更便宜的美国摩托而造成的销量的下滑。

有些情况下，企业的净经济风险可能因为行业结构和市场环境的影响小于表面风险。确定一家企业的真实经济风险的首要因素是确定所有业务风险的自然抵消，确保对冲活动不会扩大风险。确定和合并计算风险需要考虑整个企业，在协调一致的基础上研判全局。

许多风险管理者只关注直接交易成本，忽略了间接成本，导致对冲计划的成本远远超过了其收益。因此了解间接成本的类型也是进行对冲操作的必修课。

持有保证金的机会成本和损失的有利机会是值得讨论的两种间接成本类型。持有保证金的机会成本是指当企业实施对冲安排时，在资产负债表上持有的防范未来可能债务的额外资金。这份额外资金是容易被忽视的机会成本。损失的有利机会是指对冲计划实行时锁定的价格后来出现有利变化，从而造成有利机会收益的流失。损失的有利机会的间接成本取决于对商品价格下限和上限的预测。

除了了解成本以后，对冲操作的风险选择也应当引起重视。企业应该只对构成实质性影响，或威胁其战略计划的风险进行对冲。然而一些企业或单独的业务单元采用的对冲计划，很少或完全没有为股东创造价值。例如，一家综合性铝业公司坚持对其使用天然气的风险进行对冲却并未对其生产的铝进行风险对冲，该公司盈利波动幅度的75%以上都是由铝价推动的，受天然气影响很小。企业各业务单元为保护自己的业绩选择一些相关风险进行对冲操作的现象很普遍,可能这些风险对企业整体而言却无关紧要。这就是不明智的对冲做法。判断某种特定风险是否具有实质威胁,重点是了解一家企业的现金流能否满足其现金需求。

管理者容易基于一些假设情境来评估现金流,而不考虑情境发生的可能性。为确定某些风险对企业财务状况的实际影响,或预判企业陷入财务困境的可能程度,可运用一种比较有效的评估方法。这种评估方法首先绘出大概的现金流曲线用于反映在整个企业范围内计算出的风险大小和现金来源。然后将企业的现金需求从最少的可自由支配现金量开始,逐步增加到最大可自由支配现金量与现金流曲线进行比较,量化现金短缺的可能性,还应注意不同业务线面临风险的多样性。

不过,对冲操作并不是面对风险的唯一方法。假如考虑到对不可自由支配现金的需求,现金短缺的概率很高,企业陷入财务困境的风险很大,那么企业应该采取这样的对冲操作,以降低风险。但如果企业认为不进行对冲操作,它也能有把握地为自己的战略计划融资,就应该避免(或取消)成本昂贵的对冲计划。

为避免因对冲的复杂性而错误判断其内在逻辑和价值,我们需要广阔的战略眼光和常理分析。金融对冲与非金融杠杆相结合是降低风险的有效风险管理方法。企业容易忘记金融对冲的一些替代方式,如可以更有效、更廉价地降低风险的各种商业或运营策略,包括在合同中规定,将风险转嫁给交易对手;采取一些战略举措或进行运营变革。企业应该对每种方法的总成本与其收益进行定量比较,选择最有效的战略。

通过反周期削减开支来保护现金流

阴晴雨雪,气候交替。对于每一个行业来说,它的运行也是有一定周期可循的:谷底—复苏—成长—高峰—衰退—萧条—谷底—复苏……

这种经济周期的循环是周而复始、永不停止的。人们要学会掌握经济周期的规律,并利用其规律来采取行动,以达到趋利避害的目的。

众所周知,宏观经济政策一般都是反周期而行的,这样才能够起到平滑经济周期的作用。具体来讲,当一个经济体的增长速度较快、经济发展较好时,宏观经济政策倾向于从紧,这样经济发展的速度不至于过快、过热,以使经济能够相对平稳地发展;反之,当一个经济体的增长速度较慢,也就是增长速度开始减慢时,宏观经济政策则是适度宽松的,因为这样能够让经济增速的回落变得更加温和一些,不至于让市场一下子承受太大的压力。而且,这种适度宽松的宏观经济政策有的时候还能够对市场放出积极的信号,一旦这种预期达成共识的话,那么市场就有可能迎来较大规模的反弹行情。

也就是说，这种反经济周期政策能够在市场行情过热的时候给经济适当减速，在市场行情过冷的时候给经济适当加速。

对于一个企业来说，能不能"聪明"地利用反周期来制定企业运行发展的相关政策，并顺利施行这些政策，是决定这家企业能不能逆流而上，在经济低潮期绝境突起的重要因素之一。

对于企业经营者来说，在经济周期衰退的时候还没有处理掉手上的大量库存是一个有代表性的错误。全球500强企业思科公司的经营者在其公司发展历史中就曾犯过这样的错误。在经济衰退到来之际，他们非但没有减少产品的生产，反而增加产品的生产，并且积累存货。这么做会为他们带来多么糟糕的后果是很显而易见的。

反之，如果企业在预期到经济将要复苏的时候，手上没有大量的存货，而且生产跟不上，也会经常导致企业输在起跑线上。在这点上，著名的芯片制造商英特尔的行为简直可以称得上是人们的表率。英特尔是一家利润很高的公司，半导体行业周期中的衰退和低谷时机给英特尔人带来了机会，使得其能够得以持续开发新的产品。这样一来，英特尔就在下一轮的经济扩张中获得了更有利的地位，从而赢在了起跑线上。具体地说，2001年时，经济衰退，各行各业几乎都受到了很深的影响。然而，英特尔公司运用反周期规则，充分利用了这场经济衰退所带来的机遇。他们为了核心产品的创新而主动出击，这种反周期资本支出战略甚至已经构成了英特尔公司的管理哲学和文化基础。

所谓的"通过反周期削减开支来保护现金流"，指的就是在经济衰退开始前，企业经营者们运用反周期性法则，反周期地

削减资本支出，以此来保存各自的现金流。这种策略是周期掌控型战略中一项非常重要的措施。

1995年，潘石屹创立了SOHO中国公司——一家以建立新概念北京为口号的房地产开发公司。为了推广SOHO公司提出的"小型办公，家庭办公"这一新概念，潘石屹企图创立一种家居文化：中国的企业家可以在同一个地方办公和居住，居住地点和办公地点完全无界限。1997年，为了实现他的SOHO之梦，潘石屹开始系统性地利用一场中国房地产价格的崩溃。这一次的战场是在首都北京。当时，1997—1998年亚洲金融危机袭来，北京的房地产市场正经受着亚太金融危机所带来的影响。同时，由于中国政府采取了紧缩性的货币政策，当时的货币环境十分让人担忧，房地产市场上需求和投资都急剧下降。然而，独具慧眼的潘石屹注意到了不同寻常的一点：那就是土地收购价格也急剧下降。

当时的房地产市场看上去非常不景气，但是作为一个周期掌控型管理者，潘石屹在其中看到了两个重要的因素。一个因素是他习惯采用的被称为"储蓄指数"的客户指标正在健康发展，这说明居民储蓄增长得很快，随着储蓄的增加，人们积累了大量的现金——购买力！另一个因素是，作为一次对整个体系的十分积极的"调整性冲击"，在1998年，政府要求所有国有企业停止为员工"自建"住房，并且建立了一个住房融资体系以推动私人购买住房。正是因为潘石屹看到了这两个因素，他才迅速地扎进这一被重重围困的市场，开始大规模收购土地，反周期性地储备公司资产。

几年之后的情景又是怎样呢？仅仅在几年之后，公司就将其SOHO现代城项目引入了市场。到2001年的时候，北京最受欢迎的房产项目就是潘石屹的SOHO现代城，销售额达到了5亿美元。中国的企业家们即使是在经济衰退时期，也要学会如何通过反周期性地增加资本支出来夺取更多的市场份额。企业家们只有这么做，才能够保证当经济复苏到来时，各自的公司能够拥有新的生产能力和创新产品，从而赢在新一轮的起跑线上。

PART 02 通货膨胀——钱是如何"变毛"的

谁是通胀和紧缩的幕后黑手

当前社会,通货膨胀和通货紧缩的概念已经开始变得家喻户晓,即使我们不是经济学家,即使我们并不怎么关心经济学,也还是听过这两个名词。

所谓"通货膨胀",简称"通胀",指的是在纸币流通的情况下,当货币供给大于货币实际需求时,货币贬值,从而在一段时间内物价持续而普遍地上涨。究其根源,通胀也就是社会总需求大于社会总供给,说明供小于求。

关于通货膨胀的成因,流传最广的一个理论是:经济规模增长赶不上货币供给率,导致了通货膨胀。这个理论主张通过比较GDP平减指数和货币供给增长作为测量指标,而货币数量的维持则由中央银行来设定利率。美国经济学家弗里德曼说"通货膨胀是一定会到处发生的货币现象",因为货币供给量多于需求量是通货膨胀的根本原因。

在新中国成立之前，国民党在其统治区滥发纸币，造成长时间、大规模的恶性通货膨胀。1937年到1949年间，国民党累计发行了1400多亿倍的纸币。这种肆意妄为的行为产生的恶果就是物价暴涨。这种情况下的货币几乎就没有什么购买力可言，到最后几乎变成废纸。

马克思曾经说过："战争是对外的掠夺，通胀是对内的掠夺。"所以尽管通货膨胀有其积极的一面，比如说通胀期的低利率往往使得外来资金不愿流入，这样就可以缓解外来流动资金的涌入，保护本国企业，但是更多的，通胀给我们带来的都是不良的影响，包括经济发展、收入分配、对外关系等方面。

在经济发展方面，通货膨胀不利于经济的稳定、协调发展。通货膨胀导致的物价上涨，使得价格信号失真，容易误导生产者，带来盲目的生产与投资，造成国民经济的畸形发展，使产业结构和经济结构非正常化，从而使整个国民经济的比例失调。当通货膨胀引起的经济结构畸形化继续发展达到需要矫正的状态时，为了抑制通货膨胀，国家必定会采取相应措施，其结果就是生产和建设的大幅度下降，导致经济的萎缩。在收入分配方面，通货膨胀导致货币贬值，对于低收入人群来说，很多东西都买不起了，所以生活水平不断下降。当通货膨胀持续影响物价时，就会影响社会的稳定。在对外关系方面，通货膨胀会降低出口竞争能力，同时也会使汇率贬值。

每一次通胀就是一次社会财富的重新分配，通常会使得贫富差距的表现更加突出，富者愈富，贫者愈贫。物价的持续上涨，负面影响最大的是低收入阶层。控制通货膨胀就要依靠货币上与财政上的共同限制。政府既要控制借支,使其不能过于容易,其自身也不能超额贷款。这个观点的着重点在于中央政府预算赤字与利率,以及由经济生产力所推动的通货膨胀。

而所谓"通货紧缩",简称"通缩",指的是当流通中的货币减少,消费者持有的货币减少,消费者购买力下降,从而影响物价之下跌,形成通货紧缩。如果通货紧缩持续很长一段时间,则会对投资与生产产生抑制效果,还会导致失业率升高及经济衰退。与通货膨胀相反,根据基本的经济学理论分析,通货紧缩是由于过度供给与需求不足导致的。

全球金融危机爆发以后,在2008年召开的IMF第十八届部长级会议上,当时的央行副行长易纲强调,金融危机比预想中更严重地影响了实体经济,导致的信用紧缩已经明显增加了一些经济体通货紧缩的风险。他还明确提出:各主要国家政府和央行更要加强协调政策,既要继续抑制去年以来开始抬头的通胀压力,更要警惕通缩的出现。

尽管通货紧缩有助于提高消费者购买力,但持续的通货紧缩则会导致债务负担加重。消费者消费意识低迷,企业投资收益下降,使得价格下降与经济衰退相互影响、恶性循环,会使国家经济陷入严峻的局面。通缩的危害在于:表面上物价是下降了,但实际上,由于持有资产实际价值缩水了,银行的抵押贷款却没有减少,这就在暗中增加了

413

个人和企业的负债。拿按揭购房来说,通缩带来的后果就是使购房人所拥有的房产价值远远比他们所承担的债务低。

日本的经济紧缩已是世人关注的焦点。曾有多位著名经济学家合力写过一本关于这方面的书,名为《防止通货紧缩——从日本20世纪90年代的经验学功课》,由联准会发表。20世纪90年代初,日本经济在刚刚经历过泡沫破灭后,就又迎来了通货紧缩。其时,日本经济增长为负,这种负增长使日本的经济丧失了活力。不管是土地价格还是股票价格都急剧跌落,物价的下跌甚至一直持续到现在。严重的通货紧缩使得日本的经济形势更加恶化。

优先提高国民消费需求,再以政府的宏观调控为辅助,是解决通货紧缩行而有效的方法,有望舒缓通货紧缩威胁。

石油暴涨让菜篮子轻起来

1999年初,每桶石油价格约为10美元,到了2011年8月12日则涨到了85美元每桶,在2008年7月甚至出现了147美元每桶的历史天价。对于我国来说,每年平均石油消耗量约为4亿吨,这样支出就相当于增加了2000亿美元。

不但如此,飞涨的粮食价格、日化用品价格、农产品价格、各种装修装饰用品价格和汽油价格,都是由于石油价格暴涨引起的。随着石油价格对其他商品价格的进一步影响,中国的通货膨胀还将继续加深。为什么石油对于国民经济的影响会这么大?凭什么说石油价格上涨就能引起通货膨胀?这就要从石油的商品属性说起了。大宗商品主要包括能源商品、基础原材料和农副产品三个类别，石油就是能源商品的主要组成部分。大宗商品可进入流通领域，但非零售环节，具有商品属性，是用于工农业生产与消费使用的大批量买卖的物质商品。一般说来大宗商品都可在期货交易所进行交易，就如炒股中的龙头股，石油期货就是大宗商品的龙头。各类大宗商品的价格走势都是与石油期货的价格走势相对应的，石油期货上涨，各类大宗商品也随之上涨；石油期货下跌，各类大宗商品也随之下跌。

石油是我们生活中必不可少的，它支撑着我们的日常生活。实际上，石油不仅仅具有燃料的作用，还涵盖了我们生活的各个方面，包括我们的衣、食、住、行。在我们的日常生活中，我们也可以随处观察到，不得不承认，我们的生活几乎都靠石油在支撑着。

石油制品成千上万，所以石油有"工业的血液"之称，也可以说，现阶段的人类文明实质是"石油文明"。石油非常重要，也因此而成为大宗商品的龙头。所以，我们可以大胆地说，一旦石油价格上涨，我们所有的日常用品价格都会上涨。

2011年的日本地震使得全世界的目光聚焦日本。然而同时，以法国、美国为首的西方国家开始空袭利比亚。究其根源，都是因石油而引发的。核泄漏引发新能源的安全利用问题，新能源爆发安全危机，西方国家因此而对以石油为主的传统能源更为重视。由此看来，石油价格怎能不上涨，菜篮子怎能不变轻？

现在我们都已明白，石油价格左右着日常生活的成本，那么是什么决定石油的价格呢？主要是石油的供需关系和美国的

因素在起作用。

首先看石油的供需关系问题。因为石油价格上涨，引发全球性商品上涨，其中既存在通货膨胀推动的因素，也存在能源消耗越来越多而引发价格上涨的因素。美国的《油气杂志》2010年的数据表明，当年世界的石油和天然气总储量总共达到2013.9亿吨，而总生产量为40.54亿吨。依当时的消耗水平，专家推测，石油将在50年内消耗殆尽。如若在石油枯竭前还没有开发出新的能源利用方式，世界性的能源危机就很可能会发生，进而导致一系列的问题，现代人类文明面临衰弱的危险，第三次世界大战也很有可能因此而爆发。

阿拉伯国家是世界石油的主要生产区。然而全球陆地总面积达1.4亿平方公里，而阿拉伯半岛的国土面积只有300万平方公里，仅仅占世界陆地总面积的2%，却拥有世界最大的石油探明总储量。人们都说,上天是公平的,虽然阿拉伯国家本是贫瘠的沙漠地区,却是世界油库。但是,上天不可能事事公平。虽然阿拉伯人拥有世界最大石油储量和产量,却并不掌握石油的价格,这个权力为美国所掌握。

在美国因素方面,美国是如何掌握操纵石油价格的呢?是石油期货在起作用。

美国石油期货指的仅是在纽约商品交易所交易的轻质低硫原油期货。这种轻质低硫原油期货占世界石油期货中最大的成交量。该品种凭借良好的流动性和很高的价格透明度而成为世界石油市场的重要标尺,所以我们可以说,美国原油期货的价格水平就是世界石油的价格水平。

从另外一个角度看,美国原油期货交易以美元作为基本货币单位,也就是说原油在交易时以美元计价。这就将对我们日常生活起关键性作用的石油与美元挂上钩,并进而由美国控制其价格。一般来说,美国原油期货的价格走向和美元是相反的,美元走强就代表美元升值,石油期货的价格就下跌,反之亦然。

进一步分析就可以发现,美元的强弱是用美元指数表示的,而美元指数综合反映了美元在国际外汇市场的汇率情况,可以用来衡量美元对一揽子货币的汇率变化情况。在衡量美元强弱程度的时候,两者之间的走向是相同的:美元指数升高的同时美元走强,美元指数降低时美元就走弱。

其实在面对石油价格大幅度上涨的时候,我们可以采取相应措施来尽量防止自己的财富缩水,比如巧妙地运用以石油为龙头的期货。

假如恶性通货膨胀出现，谁会通知我

米尔顿·弗里德曼说过："通货膨胀是一种货币现象。"

经济学上，恶性通货膨胀是一种不能控制的通货膨胀，在物价迅速上涨的情况下，货币就失去了价值。尽管没有一个普遍公认的标准来界定恶性通货膨胀，但一般的界定为每月通货膨胀 50% 或更多，而多数经济学家认为的定义是"一个没有任何平衡趋势的通货膨胀循环"。

中国在 1937 年日本发动侵华战争后便陷入了恶性通货膨胀，在 1946—1949 年达到高潮。国民政府因开战而大为增加支出，但战后的中国通胀仍在继续。1947 年国民政府甚至曾冻结工资，亦无果而终。当时的舆论称：在百业萧条的中国，唯一仍在全力开动的工业是钞票印刷业。1947 年发行的钞票最高面额为 5 万元，到了 1948 年已到了 1.8 亿元，法币的发行量自抗战结束时的 5569 亿元增长到 1946 年发行的 8.2 万多亿元，而到 1948 年时已激增至 660 万亿元，当时甚至有造纸厂以低面额法币作为生产原料而获利。1948 年国民政府实施货币政策改革，用新发行的金圆券取代原有流通的法币，结果不到一年的时间，金圆券的发行额就增至 1000 万，甚至地区性银行曾在 1949 年发行了面额为 60 亿圆的纸币。

有关恶性通胀的肇因虽有很多争议，可是当货币供给有异常地增加或钱币大幅地贬值，且常与战争（或战后）、经济萧条及政治或社会动荡联系在一起时，恶性通胀便日益明显。西方学者认为，首先由于政府的需要，大量增加货币的供给，这就相当于为恶性通货膨胀的巨额预算赤字融资，这也是所有恶性通货膨胀的共同特征之一。随着货币供给的增加，通货膨胀迅速发展。另一方面，高通货膨胀引起税收实际价值的迅速下跌，反过来又增加了赤字。西方学者还认为，预算赤字与通货膨胀之间具有一种双向的互动关系，如果必须以货币手段融资的赤字太大，则因此而发生的通货膨胀就会发展为恶性通货膨胀。根据以往的事例，一旦持续的以货币融资的赤字为GDP的10%～12%，就足以引发恶性通货膨胀。

人们对恶性通货膨胀的了解比较少，光从名字来看，会觉得恶性通胀就是过度的通货膨胀。但这个说法不完全准确，因为通货膨胀可能不一定就是不好的现象。1913年美联储刚成立时，通货膨胀就一直维持在每年3.5%的平均水平，但是美国在20世纪仍然取得了前所未有的经济增长和财富创造成果。

恶性通货膨胀并不是通货膨胀的延伸或放大，两者是截然不同的。尽管看起来都是货币在某种程度上失去了购买力，但实际上它们并不相同。通货膨胀是经济过热时，由于经济增长，加上消费品价格上升，导致经济体的消费品需求量大增，迫使所有商品和服务价格上涨。而恶性通货膨胀是对货币失去信心。大多数情况下，外生性因素如主权货币被抛弃、战争、猖獗的贪污或政权更迭等，才是引发恶性通货膨胀的真正原因，而不是违背民意的政府赤字开支和高水平债务。这些外部事件导致了公众对货币失去信心，从而引起税务系统崩溃，迫使政府需要借助疯狂印钞来填补缺失的信心，然而信心缺失最终还是没有被填补，于是就引发了恶性通胀。

货币只不过是交换的媒介，一旦没有人承认它，发行再多也没有价值。在《当货币死亡》一书中，弗格森描述了魏玛共和国在1920年出现恶性通货膨胀的大萧条，那是一个饱受战争与动乱蹂躏的政府。经济的动荡使得《凡尔赛条约》中外国占领鲁尔、战争赔款等带来的国家财政的应变能力下降的问题加剧。

德国金融家卡尔·梅尔基奥尔很好地总结了1921年德国的情况："不用着急还钱……我们可以通过初期两三笔外国贷款援助来缓解危机。因为当时外国政府已经意识到，这么一大笔钱，只能通过庞大规模的德国产品出口来实现，可是这样就会对英国和美国的贸易造成巨大打击，所以那些债权人最终会找上门，然后自求削减德国对其债务。"

其实包括中国、美国在内的主流国家或多或少都存在这些因素，但是从货币的诞生到灭亡，或者说从经济的常态到恶性通货膨胀，要走的路很长。中国或者美国并没有出现货币崩溃的最重要因素。

假设美国或中国发生恶性通胀的概率极低，美国也从来没发生过经济崩溃而且又没有以外币计价的债务，这样的前提下一旦美国人的信心急剧下降，整个世界的货币储备体系也将毁灭。美国最大的问题也许就在于应对通胀时的政策是否行之有效。迄今为止市场对美国的CDS价格债券收益率维持在最低恰恰就说明了这一点。

不管怎么说，恶性通货膨胀不能简单地理解为高通胀。它是一种导致民众对主权货币信心完全丧失的无序的经济发展。政府债务和赤字开支会加剧通货膨胀，但是还达不到出现普遍恶性通货膨胀的条件。

如何应对通胀之后的通货紧缩

建立在"用借来的钱支持美国的消费和中国的投资"，从而对商品价格施加影响的基础之上的通货膨胀，由于劳动力过剩最终将会扼杀通货膨胀的预期，因而是不可持续的，今天的通货膨胀就是这种类型。经济周期的繁荣期过后，需求在债务负担的作用下将比劳动力过剩不存在的情况下下降得更多，而且就算生产能力比正常情况还高，需求还是会这样。这几种因素综合作用，就会使经济陷入通货紧缩。

一旦出现上述情况，央行就可能通过提高利率来预防生产成本降低引发的通货紧缩，这是"歪打正着"，动机也许是错误的，但是采取的行动是正确的。降低利率使得"过去诱发债务的泡沫正在缓解目前或者稍后的通货紧缩压力"，而正确的应该是以遏止资产泡沫以阻止未来很可能会出现的通货紧缩为动机。通货紧缩指的是物价的全面持续下降，并且和通货膨胀共同构成一个完整经济周期的两个阶段，像人呼吸时肺的收缩期和扩张期，一呼一吸间就构成了一个完整的循环。

当通胀持续影响经济发展与消费的时候，国家一般会采取相应的紧缩政策缓解通胀的危害，然而一旦出现严重的通货紧缩，产生的后果将会比严重的通货膨胀更加可怕。1923年凯恩斯分析了1914年到1923年英国物价水平的变动，并在《币值变动的社会后果》中指出："1914年到1923年间，所有国家都出现了通货膨胀现象，也就是说，相对于可购买的物品而言，支出货币的供给出现了极大扩张。从1920年起，重新恢复对其金融局势控制的那些国家，并不满足于仅仅消灭通货膨胀，因而过分缩减了其货币供给，于是又尝到了通货紧缩的苦果。"

在他看来，通货紧缩的后果就是社会生产活动陷入低谷期。他同时还指出："无论是通货膨胀还是通货紧缩，都会造成巨大的损害，两者对财富的生产也同样会产生影响，前者具有过度刺激的作用，而后者具有阻碍作用，在这一点上，通货紧缩更具危害性。"由于通货紧缩的再分配效应于生产者不利，而生产者大部分都是借来的生产资金，通货紧缩时消费低迷，社会需求减少，生产者就宁愿停止经营，减少借款，把实物资产变为通货，反而比辛苦经营更有益。这就是通货紧缩使社会生产活动陷于低落的原因。

通货紧缩的发生往往伴随物价的下跌，这时消费者为了买到更加便宜的商品，在消费之前会先观望一段时间，等待物价的进一步下跌。但是这样就会使商品的需求量越来越少，商品过剩问题会加剧，导致物价进一步下降。

通货紧缩分两种。第一种是短期通货紧缩，持续时间1—2年左右，通常出现在一个经济周期循环的衰退和萧条阶段。在中国，因为实行的是五年经济计划，因此每4—6年左右就会出现一次，在1998年4月至2000年1月之间、2002年1月至2002年12月之间、2008年11月到2009年10月之间出现的三次通货紧缩，就属于这种短期通货紧缩。

买债券和买股票一样，买的都是预期，因此一旦出现短期通货紧缩，债券就是比较理想的投资方式。在一轮短期的通货紧缩中，中央政府会在通缩开始之前就预期到通货紧缩将会出现，因此就会提前采取降息的政策。这个时候我们就应该买入债券，响应中央政府的预期，同时也能获得财富的增长。在2007年10月到2008年10月间的债券价格持续走高就属于这一类情况。

长期通货紧缩

短期通货紧缩

短期通货紧缩中,"买债券买的也是预期"的意思是:在短期通货紧缩开始之前,在国家预期到通货紧缩的到来而采用降息政策的时候,买入债券。一旦通货紧缩趋于稳定,国家预期到通货膨胀将成为未来趋势而采用升息政策的时候,就应该考虑减持债券了。

第二种就是长期通货紧缩,像日本的通缩那样。虽然目前为止中国还没有发生过,但也不排除出现的可能。那么,一旦出现长期通货紧缩,应该怎么办呢?

方法有两种:一是坚持以债券为主的投资方式;二是对股票、房产、黄金等价格波动较强的理财产品,进行波段操作。1994年到2011年间,日本股市的整体运行呈不断下跌趋势,不断刷新价格低点。这是长期通货紧缩,经济萎靡导致的必然现象。但是在此期间,日本股市也出现过三次大幅度的反弹,这是在通货紧缩的大趋势中,由经济回升在股市上所表现出来的中级反弹趋势。实际上,对于股票、房产等价格波动较为剧烈的投资品,在经济反弹的同时对其进行波段操作,算得上是一条可行的财富增长方式。

综上所述,假如是持续时间在1—2年的短期通货紧缩,那么在利率持续下降的时候应该以债券为主要的投资理财方式。通货紧缩趋于稳定之后,预期到未来经济将继续成长,不会再出现更差的情况了,就可以开始买入股票、房产等在将来会获得较好收益的投资品。而假如是长期通货紧缩,就应该以债券投资为主,对股票、黄金、房产等进行波段操作了。

始于华尔街的**全球金融海啸**

2008年9月,美国雷曼兄弟公司申请破产保护、美国银行收购美林证券……一场金融危机从华尔街开始,以前所未有的广度和深度冲击着全世界的神经。这有力地证明了美国次贷危机已经进入新的发展阶段。各国政府以及银行为避免国际金融秩序陷入混乱,纷纷出台一系列措施应对此次危机。金融危机其间,美国政府采取了大幅降息、巨额注资、增加市场流动性等多种方式救市,但均未扑灭华尔街熊熊燃烧的金融大火。贝尔斯登、雷曼兄弟公司、美林、房利美、房地美、美国国际集团……昔日华尔街一个个叱咤风云的角色相继"沦陷",或卖身求存,或被政府接管,或走上破产之路。美国媒体惊呼:华尔街正陷入20世纪30年代大萧条以来最严重的金融危机中。

反思本次次贷危机的过程,美国方面认为导致这场金融危机的最根本的原因究竟是什么?

美国当今的金融体系被舆论界喻为"一位处于重症监护的病人",并且已经病入膏肓,非市场自我治疗能解决。究其"病因",则是多方面的:

首先是举债过度。美联储前主席格林斯潘长期维持低利率政策,借款价格过低,间接鼓励了人们借贷搞房地产,引起了股市和房地产的泡沫。仅2002—2006年,美国家庭贷款就以平均每年11%的速度增长,远远超过了整体经济的增速,而金融机构的贷款年增速也达到了10%。一旦房价暴跌,贷款人却无力还款。

其次，美国金融监管结构没有跟上金融发展的脚步。在1998—2008年这十年间，金融业频频搞创新，衍生出各种令人眼花缭乱的产物，使得全球金融机构的联系盘根错节，这就使得此轮金融危机不同于历史上任何一次金融危机。此外，美国金融监管体系在经济扩张期内存在诸如负责整体经济稳定的美联储只负责监督商业银行，而无权监管银行的结构性漏洞。

随着美国著名的投行雷曼兄弟公司宣布破产，华尔街骤然掀起了人们始料不及的剧烈金融风暴，并迅速席卷美国及与美国相关联的全球经济。这条承载着美国梦想的著名金融街上，在这一危机中，著名的五大投行只剩下摩根和高盛公司，且硕果仅存的这两家公司宣布其主要业务将向传统银行方向转变。不仅美国经济因此陷入了危机，受其影响，巴西圣保罗股市也在发生着剧烈的动荡。2008年9月15日，圣保罗股市迎来"黑色星期一"，股指猛跌7.59%，成为"9·11"事件以来跌幅最惨的一天。16日，受美国政府出资挽救美国国际集团影响，圣保罗股市回升1.68%。不过，这种景气仅维持了一天。17日圣保罗股市刚开市就跌，当日股指跌到了2007年4月以来最低点。18日下午，股市"多云转晴"，股指回升，最后以48422点收盘。19日，美国政府出台应对信贷危机的一揽子计划后，圣保罗股市再次受到鼓舞，股指一天内上涨了9.57%，成为"9·11"事件后单日升幅最大的一天。巴西当地的媒体对股市的两起两落以及外汇市场风向的骤转，进行了一系列的报道，连老百姓也对此议论纷纷。

同时，为了应付市场动荡、稳定投资人信心，巴西政府也采取了一系列措施,再三强调国内经济并没有出现大的波动,并表示要增加政府信贷资金,同时也承诺会适时干预外汇市场。

身处东南亚的泰国的情况也大致相同。在金融危机期间,泰国中央银行表示,由于雷曼在泰国没有设立分行,泰国商业银行与雷曼的业务量也不大,因此雷曼兄弟的破产对泰国金融机构的影响是很有限的。泰国14家商业银行提交的资料显示,商业银行共持有雷曼兄弟信贷和债券43亿铢,约计1.24亿美元,占泰国商业银行在海外投资总额1020亿铢的1.3%,处在较低水平,不会动摇泰国银行体系的稳定性。受影响最大的是泰国最大的商业银行——盘谷银行,持有雷曼兄弟35亿铢的债券,折合1.02亿美元。泰国中央银行行长还表示,美国金融风暴总体而言不会直接影响泰国金融机构。目前泰国国内金融机构的资金流动性也仍处于良好水平,并不需要泰国中央银行注入额外资金,但是也承诺会密切追踪事态发展,在必要时注入资金。经历了1997年金融危机之后,泰国方面的风险意识已经大大增强。目前出现的主要问题是资金的外流。美国投资者正在抛售其在亚洲的资产,收回资金以帮助母公司。当时的总理颂猜已与财政部、泰国中央银行及证交所商讨,准备建立特别基金稳定股市。

随着经济全球化的进一步加深,中国经济同世界经济融为一体的趋势进一步增强。正是从这个意义上看,美国发生剧烈的金融危机,一定会对中国经济产生影响。但是华尔街危机对中国经济的影响有限,是基于当前中国经济增长的动力构成以及中美经济相关度的考虑。

当前,我国经济发展的内部困难不少,经济持续增长外部因素的不确定性也在加大。毕竟美国是巨大的经济体,对华尔街危机的影响还要继续观察,现在,华尔街危机对我国影响有向实体经济蔓延的势头。所以,要办好自己的事,强身健体,提高警惕,谨慎应对,加强监管,防范风险,稳定社会经济发展预期。

纵观历史，经济似乎有规律地交替着繁荣和衰退，这看似存在的规律，经济学家们命名为"经济周期"。

人们要学会掌握经济周期的规律,并利用其规律来采取行动,以达到趋利避害的目的。